KB081849

인물로
바라보는
대한민국

인물로 바라보는 대한민국

1판 1쇄 인쇄 | 2024년 8월 22일
1판 1쇄 발행 | 2024년 8월 29일

지 은 이 | 이경식
펴 낸 이 | 천봉재
펴 낸 곳 | 일송북

주   소 | 서울시 성북구 성북로 4길 27-19
전   화 | 02-2299-1290~1
팩   스 | 02-2299-1292
이 메 일 | minato3@hanmail.net
홈페이지 | www.ilsongbook.com
등   록 | 1998. 8. 13(제 303-3030002510020060000049호)

ⓒ이경식 2024
ISBN 978-89-5732-342-7 (03300)
값 22,000원

※ 잘못된 책은 구입처에서 교환해 드립니다.

윤석열과 「선택할 자유」

안데르센의 마음 오리 세계의 단원 사회

애덤 스미스의 분노와 신자유주의

이승만의 반공주의

이완용의 실용주의

인물로
바라보는
대한민국

애덤 스미스에서 윤석열까지

이경식 지음

최익현의 신념과 시간 여행

김지하의 변절 혹은 배신?

박인서의 「빨갱이」트라우마

박계가의 구름 위 선제

류성수의 「지배동의 땅」

알든북

CONTENTS

책을 시작하며

이 책의 애초 출발점은 『청춘아 세상을 욕해라』라는 책이다. 10년쯤 전에 냈던 책인데, 이 책에서 나는 아들과 아들이 속한 청년 세대에게 해주고 싶은 말들을 선배 세대로서 나름대로 조목조목 정리했었는데, 그 책을 바뀐 상황이나 조건에 맞게 수정·보완하고 싶다는 생각을 제법 오래전부터 했었다. 그러다가 마침내 용기를 내서 시도했다. 그런데 애초의 의도와 전혀 다른 책이 되고 말았다.

이 책은 『청춘아…』와 다르게 인물 중심으로 구성되었다. 요컨대 이 책은 대한민국이 지금의 모습을 갖추는 데 기여한 여러 역사적인 인물의(이에는 실제 인물도 있고 영화나 소설에 등장하는 인물도 있다.) 작은 평전을 모아놓은 형식이다. 평전 모음이라는 이 형식의 비평을 통해서 대한민국이 지금 어떤 모습일지 따져보면 내용이 조금 더 '인간적'이고 생생해지지 않을까 싶었다.

나는 역사학자도 아니고 경제학자도 아니고 또 정치학자도 아니다. 작가인 내가 대한민국을 이해하고 설명하기에 가장 쉽고 또 설득력 있는 접근법이 바로 평전이라고 생각했다. 어떤 인물을 주인공으로 내세운 평전이야말로 그 사람이 살았던 사회를 가장 생생하게 또 흥미진진하게 보여줄 수 있다고 믿었다. 그런 믿음 아래 현재의 대한민국 모습을 가장 잘 드러낼 수 있는 인물들을 뽑았고, 이 인물들의 작은 평전을 통해서 오늘날 대한민국의 민낯을 드러내고자 했다.

물론 이 인물들이 모두 각 분야에서 대한민국을 대표하는 인물은 아니다. 지금의 대한민국을 유용하게(혹은 유쾌하게) 들여다보기 위해서 내가 그저 매우 주관적인 관점으로 선택한 도구일 뿐이다. 예컨대, 부동산 전문가가 아닌 내가 속초해수욕장에 등장한 대관람차가 속초의 부동산 시장에 끼치는 영향을 설명하기 위해서 속초해수욕장의 모래사장에 떨어진 최신 브랜드의 무선 이어폰을 설명 도구로 동원할 때, 그 무선 이어폰과 같은 것이라고 여기면 된다.

이 책은 서장을 포함해서 총 열 개의 장으로 구성되어 있다. 서장은 이 책의 전체 주제인 신자유주의의 한국 현실을 총괄적으로 다룬다. 1~3장은 한국의 사회경제적인 구조가 지금과 같은 모습으로 형성된 데는 어떤 배경이 있는지 살펴본다. 4~8장은 한국 사회가 안고 있는 문제를 해결하기 위해서 지금까지 어떤 시행착오가 있었던지 또 앞으로는 어떻게 해야 할지 살펴본다.

…내가 쏟아내고 싶은 내 머릿속의 말들이 모두 지금 우리 사회에 꼭 필요한 말이면 좋겠다.

2024년 대한민국, 탐욕과 공포

지금으로부터 10만 년 전이다. 장소는 인류의 첫 고향인 아프리카의 사바나, 인류의 조상은 아직 원시인이다. 한 무리의 원시인이 새콤달콤 맛있는 딸기를 찾고 있다.

이 가운데 혈기왕성한 청년 하나, 이 청년은 다른 누구보다도 욕심이 많다. 딸기를 많이 따고 싶고, 이런 능력을 자기 가족은 물론이고 부족 내의 다른 사람들에게도 인정받고 싶다. 사실 이 청년에게는 마음에 드는 처녀가 있고, 어떻게든 이 처녀는 물론이고 그녀의 가족 마음에 쏙 들고 싶어 안달이다. 그렇게 어엿한 성인으로 인정받고 또 그 처녀와 결혼하고 싶다. 그래서 그는 낮이나 밤이나 그 처녀와 짝짓기를 하는 상상을 한다. 그리고 틈만 나면 다가가서 손이라도 잡아보려고 하지만 번번이 퇴짜를 맞는다. 아직 어린애라서 안 된다는 것이다. 자기 아버지만큼 딸기를 많이 따지도 못하고, 가젤 사냥에도 서툴다는 것이다. 지난번에 부족 사람들이 함께 가젤 사냥에 나섰을 때, 청년은 달려오는 가젤의 무서운 속도에 놀라 뒤로 나자

빠졌고, 그 바람에 다 잡았던 가젤을 놓쳤다. 그 뒤로 처녀는 이 청년을 대놓고 무시했다. 그러니 그가 그 처녀를 차지하려면 자기가 유능한 남자임을 입증해야 한다.

오늘 청년은 열심히 딸기를 찾는다. 그런데 오늘따라 유난히 딸기가 눈에 많이 띈다. 한 곳에서 다 따고 오른쪽으로 돌아서서 몇 걸음 가니 또 먹음직스럽게 빨갛게 잘 익은 딸기가 한 무더기 있다. 운수 좋은 날이다. 청년이 싱글벙글 웃으며 딸기 쪽으로 손을 뻗는 순간, 누군가의 고함이 들린다.

"사자다!"

청년은 벌떡 일어난다. 사람들이 달아나고 있다. 고함을 질렀던 사람은 청년에게 갈대가 우거진 곳을 황급히 가리키고는 뒤도 돌아보지 않고 달아난다. 그곳에서는 갈대가 흔들리고 있다. 그 흔들림이 청년 쪽으로 향하고 있다.

그 흔들림이 갈대숲에 몸을 숨긴 채 다가오는 사자의 움직임일 수도 있지만, 바람에 흔들리는 것일 수도 있다. 사실 그런 경우가 더 많았다. 사람들은 툭 하면 '사자다!' 또는 '표범이다!' 하고 고함을 질렀지만, 실제로 그 경고가 옳았던 경우는 거의 없었다. 스무 번에 한 번꼴도 되지 않았다. 그럼에도 사람들은 그런 고함만 들리면 무조건 달아났다. 청년도 그랬다. 그 바람에 먹음직스러운 딸기가 있던 곳을 나중에 다시 찾아가지만 못 찾거나 혹은 다시 찾았다 해도 다른 사람이 이미 다 따고 남아나지 않았던 경우가 한두 번이 아니었다. 청년은 투덜거렸고, 그때마다 늙은 아버지는 청년에게 이렇게 말했었다.

"사자에게는 단 한 번이라도 걸리면 목숨을 잃지만, 딸기를 한 번 못 먹는다고 해서 죽는 건 아니잖아. 좋은 소식은 무시해도 나쁜 소식에는 귀를 기울여야 해. 그래야 살아남을 확률이 높거든."

그럴듯했다. 하지만 이번에는 아니었다. 이날처럼 운수 좋은 날이 다시 또 올 것 같지 않았다. 이런 운수 좋은 날은 '실용주의적으로' 약간의 모험을 할 필요가 있다고 생각했다.

'저건 사자가 아니고 바람일 거야. 사람들이 도망가고 없을 때가 나에게는 기회야. 나 혼자서 여기 있는 딸기를 다 따야지!'

청년은 딸기를 한 아름 따서 돌아가는 자기 모습을 상상했다. 사랑하는 처녀가 자기의 청혼을 받아주는 모습을 상상하며 흐뭇하게 미소를 지었다. 탐욕이 공포를 이기는 순간이었다. 청년은 허리를 굽혀 먹음직스러운 딸기 쪽으로 손을 뻗었다. 그때 사자의 커다란 얼굴이 청년의 눈앞에 가득 나타났다. 청년은 사자의 엄니를 처음으로 그렇게 가까이서 바라보았다. 사자의 포효가 그렇게 큰 소리인지도 처음 알았다. 귀청이 떨어지는 줄 알았다. 곧 청년은 아무것도 보지 못하고 또 들을 수 없게 해체되었다. 욕심이 지나쳐 탐욕이 되고, 이 탐욕이 공포를 압도해버린 결과였다.

* * *

동영상 속에서 여자 아나운서가 묻는다.

"일본이 후쿠시마 원전 오염수를 방류해도 우리 바다와 수산물은 안전할까요?"

'국내 최고 전문가들이 말하는 후쿠시마 오염수의 진실'이라는 제목을 단 4분 25초짜리 유튜브 영상이며, 2023년 7월 7일에 '대한민국 정부' 공식 유튜브 채널에 올라왔다.

이 영상은 후쿠시마 오염수 방류가 안전하다고 주장한다. 그리고 마지막으로, 정부는 괴담이 아니라 과학적인 진실을 바탕으로 국민의 안전에 최선을 다한다고 말한다.

이 영상이 놀라운 것은 후쿠시마 오염수 방류가 안전하며 아무런 문제가 없다고 주장하는 내용 그 자체가 아니다. 제작비 3,800만 원을 대통령실 예산으로 집행했다는 사실이 놀랍고, 또 문체부가 정부 정책의 홍보 차원에서 10억 원의 예산을 들여서 이 영상의 송출을 맡았다는 사실이 놀랍다. 그렇게 우리 정부가 일본 정부 대신 우리 예산을 들여서 일본의 오염수 방류가 정당하다고 홍보한다는 사실이 놀랍다. 그리고 2024년도 정부 예산안에서는 후쿠시마 오염수 방류에 대응하는 예산으로 7,380억 원이 편성되었다. 이 중에서 어민 지원비가 약 6,800억 원이고 해양 방사능 검사와 관련된 비용이 약 580억 원인데, 이 돈은 순전히 일본이 오염수를 방류하는 바람에 지출해야 하는 돈이라는 사실이 놀랍다. 게다가 이런 예산이 일본에서 오염수를 방류하는 한 10년이고 50년이고 계속 지출되어야 한다는 사실이 또 놀랍다. 당장 2023년부터 2028년까지만 해도 3조 1,437억 원이 후쿠시마 오염수 방류 대응 예산으로 쓰일 것으로 집계되었다. (*후쿠시마 오염수 방류 대응…", 『뉴스투데이』, 2023. 10. 26.) 그리고 지출하지 않아도 될 이 막대한 예산을 지출하는 것에 대한 배상을 우리 정부가 가해국인 일본에 전혀 요구하지 않고 있으며 또 요구할 생각도 없다는 사실은 더욱 놀랍다.

그런데 여기에서 사람들은 놀라움을 넘어서서 두려움을 느낀다. 후쿠시마 원전 오염수와 관련한 이 일들이, 윤석열 정부가 들어서고 난 뒤에 진행되었던 일련의 사건들을 보면 그저 우연한 실수가 아닐지도 모른다는 생각이 들기 때문이다.

'지금 우리나라가 어떤 거대하고 암울한 음모 속으로 빨려들어가는 게 아닐까?'

충분히 그럴 수 있다. 2023년 3월 1일에 윤석열 대통령이 했던 3.1절 기념사를 봐도 그렇다. 이 기념사에서 대통령은 일본을 한국의 글로벌 '파트너(동반자)'라고 확정했다.

"3.1운동 이후 한 세기가 지난 지금, 일본은 과거 군국주의 침략자에서 우리와 보편적 가치를 공유하고 안보와 경제, 그리고 글로벌 어젠다에서 협력하는 파트너가 되었습니다."

강제노역에 대한 사과와 배상을 한사코 거부하며 독도를 자기네 땅으로 우기는 일본은 우리에게, 사안에 따라서 협력해야 하는 이웃 나라지만 끊임없이 경계해야 하는 경쟁국이 아닌가? 이런 일본이 우리나라의 동반자라고?

그로부터 두 주 뒤인 3월 15일에는 윤석열 정부가 더욱 놀라운 짓을 저질렀다. 외교부가 2018년 판 '일본 개황(개략적 현황)'을 개정해서 새롭게 게시했는데, 여기에는 2018년 판에 적시되었던 일본 정치인의 역사 왜곡 발언, 과거사 반성 언급, 독도 영유권 주장, 안중근 의사를 테러리스트로 규정한 발언 등 그리고 여기에 대한 우리 정부의 대응 내용이 통째로 빠져 있었다. 2018년 이전 사례를 지워버렸을 뿐만 아니라 2018년 이후 사례는 아예 기록조차 하지 않았다. 이것은 윤석열 정부가 일본에 대한 국민적인 공감대를 철저하게 무시하며 일본 정부의 한국 정책을 전적으로 지지한다고밖에 볼 수 없는 엄청난 일이다. 그리고 다음 날인 3월 16일에 윤석열 대통령은 일본을 방문해서 한일 정상회담에 참석했다.

또 대통령은 2023년 6월 28일에 한국의 대표적인 보수단체인 한국자유총연맹 창립 제69주년 기념식에 직접 참석해서 '빨갱이 바이러스'를 강력하게 호출했다('빨갱이 바이러스'에 대해서는 2장에서 자세하게 살펴본다.)

"왜곡된 역사의식, 무책임한 국가관을 가진 반국가 세력들은 핵 무장을 고도화하는 북한 공산집단에 대하여 유엔안보리 제재를 풀어달라고 읍소하고, 유엔사를 해체하는 종전 선언을 노래 부르고 다녔습니다. (…) 우리를 침략하려는 적의 선의를 믿어야 한다는 허황된 가짜 평화 주장이었습니다. (…) 6·25 직후에 자유 대한민국에 대한 적대 세력의 선전 선동으로부터 국가 정체성을 확립하기 위해 창립된 자유총연맹 (…) 회원 여러분의 용기와 열정을 기대하겠습니다."

또 후쿠시마 오염수 방류 문제로 국민의 반대 여론이 점점 뜨거워지던 2023년 8월 15일에는 광복절 경축사를 하면서, 일본으로부터의 독립과 해방이라는 말은 단 한마디도 하지 않은 채, 정부에 비판적인 세력을 반국가 세력으로 규정하고 물리쳐야 한다고 호소했다.

"공산전체주의를 맹종하며 조작선동으로 여론을 왜곡하고 사회를 교란하는 반국가 세력들이 여전히 활개치고 있습니다. (…) 공산전체주의 세력은 늘 민주주의 운동가, 인권 운동가, 진보주의 행동가로 위장하고 허위 선동과 야비하고 패륜적인 공작을 일삼아 왔습니다. 우리는 결코 이러한 공산전체주의 세력, 그 맹종 세력, 추종 세력들에게 속거나 굴복해서는 안 됩니다."

2023년 8월 28일 국민의힘 국회의원 연찬회에서도 그랬다. 대통령은 모두발언을 하면서, 지금 우리나라가 추구해야 할 가치로는 경제나 민생보다는 이념이 우선이니, 야당 지지 세력을 상대로 강력하게 싸워서 무찌르자고 목소리를 높였다.

"국가에 정치적 지향점과 국가가 지향해야 될 가치는 또 어떠냐, 제일 중요한 것이 이념입니다. (…) 지금 국회에서 여소야대에다가 언론도 지금 전부 야당 지지 세력들이 잡고 있어서, 그래서 24시간 우리 정부 욕만 합니다. (…) 이런 세력들하고 우리가 싸울 수밖에 없습니다."

그리고 비슷한 시기에 육군사관학교에 있는 홍범도 장군을 비롯한 무장 독립운동가 5인의 흉상을 철거하고 대신 그 자리에 백선엽 장군의 흉상을 세우자는 계획이 국방부와 대통령실 차원에서 구체적으로 준비되고 있음이 드러났다. 백선엽은 한국전쟁 때 혁혁한 공을 세우긴 했지만 일제강점기에 만주군의 간도특설대 간부로 독립군을 토벌했으며, 이 일로 친일반민족 행위자로 규정되었던 인물이 아닌가? 무장 독립운동가 5인의 흉상이 육군사관학교의 정체성과 맞지 않다는 해괴한 논리가 이 수상한 움직임에 동원되었다.
또 2024년 들어서는 이른바 '라인 사태'가 벌어졌다. 네이버의 글로벌 플랫폼 기업인 라인의 경영권을 일본 합작 회사인 소프트뱅크가 일본 정부의 힘을 빌어서 뺏어가려고 할 때, 우리 정부는 이런 시도를 막기는커녕 오히려 일본 편을 들고 나섰다. 라인의 지분 변경 시도를 놓고 한국 내 반일 여론이 드세니 전화로라도 한국 언론에 오해라고 말하라고 일본 총무성에 요청하며 훈수를 두고 나섰으니까 말이다.

수상한 징후는 또 있다. 대통령이 대통령실 청사 잔디 마당에서 기자 200여 명을 초대해서 대통령이 직접 만든 김치찌개와 계란말이로 저녁을 대접하는 것을 소통이라고 자랑하지만, 국경없는기자회(RSF)가 해마다 발표하는 세계 언론자유지수의 한국 순위는 2024년 기준으로 180개 나라 가운데 62위로 윤석열 정부 2년간 19단계 추락했다. 또 스웨덴 예테보리대학교의 민주주의다양성연구소(V-Dem)는 연례 보고서 『민주주의 리포트 2024』(2004년 3월)에서 한국의 민주주의가 '독재화'로 돌아섰다고 평가했다.

그리고 2024년 8월 15일을 며칠 앞두고 또 한 차례 놀라운 일이 일어났다. 윤석열 정부는 김형석이라는 뉴라이트 계열 인사를 독립기념관장에 임명했다. 독립운동의 성지이자 독립정신의 산실인 독립기념관을 대표하는 사람으로, 1948년에 대한민국 정부가 들어서기 전에는 대한민국은 존재하지도 않았다는 말로 독립운동 자체를 부정하며 일제의 식민 지배를 미화하고 찬양하는 인물을 임명한 것이다.

이 모든 말과 움직임이 빚어내는 갈대의 흔들림은 사악한 의도라고는 단 한 점도 개재되지 않은 한가로운 바람의 손길일까, 아니면 그 어떤 무서운 일이 가까이 다가왔다는 징후일까?

* * *

구석기시대 아프리카 사바나에서 사자의 밥이 되고 만 청년의 열성 유전자는 도태되지 않고 여전히 인류에게 남아 있다. 인간이 다른 포유류에서 진화한 그 길고 긴 시간에 비하면 구석기에서 2024년까지의 기간은 너무도 짧아서, 인간의 뇌가 아직도 구석기시대에 머물러 있어서 그럴지 모른다.

그러나 한 가지 사실만큼은 분명하다. 10만 년 전 아프리카의 사바나에서 탐욕에 눈멀었던 청년이 맞았던 비극을 당하지 않으려면, 좋은 결과를 기대하는 데서는 굳이 촉각을 곤두세울 필요가 없지만 만에 하나라도 일어날 수 있는 나쁜 결과에 대해서는 긴급하게 관심을 기울여야 한다.

애덤 스미스에서
윤석열까지

○ ○ ○

철 지난 신자유주의의 깃발이 나부끼고

글로벌 가치사슬과 기후·환경 문제로 전 세계가
하나로 묶인 다극화 세계주의 세상에서, 대통령이
신자유주의 깃발을 흔들면 어떤 일이 일어날까?
…

"국민이 부정식품을 먹을 자유를 보장하겠다!
국민이 한 주에 120시간 일할 자유를 보장하겠다!"

서장

1.

죽은 지 200년도 더 지난 애덤 스미스(1723~1790)가 도저히 못 참겠다면서 환생했다. 얼마나 분통이 터졌으면 그랬을까?

그는 '보이지 않는 손'과 관련해서 자기가 했던 말이 왜곡되는 걸 더는 지켜볼 수 없어서 환생했다고 말했다. 환생 시점은 2001년이었고, 장소는 미국이었으며, 루마니아 출신의 어떤 중년 노동자에게 빙의해서 나타났다.

환생한 스미스는, 자기가 그 유명한 애덤 스미스임을 믿지 않는 사람에게 자기가 새삼스럽게 세상에 다시 나타난 이유를 다음과 같이 설명한다.

사람들이 나를 아주 끔찍한 존재로 여기고 있어, 마치 괴물처럼 말이야. 내가 우스꽝스러운 존재가 되어버렸단 말이지. 내 자존심에 대한 얘기를 하자는 게 아니고… 우리의 자유 세계가 지금 극도로 불안정한 상태에 있다는 얘기야.(*조나단 B. 와이트, 『애덤 스미스 구하기』, 북스토리,

p. 49.)

　요컨대, 오늘날의 세상이 경제적으로 매우 불안한 상태인데, 이렇게 되고 만 이유가 순전히 '보이지 않는 손'이라는 개념을 처음 제시한 자기 탓이라고 세상 사람들이 잘못 알고 있다면서, 시장이 원활하게 돌아간다는 개념의 본질에 대해서 경제학자들이 잘못 알고 있는 내용을 애초에 자기가 생각했던 개념 그대로 소상히 밝히고 설명해서, 잘못된 사실을 바로잡고 또 더 나아가 불안하게 흔들리는 세상을 바로잡아야겠다고 했다.

　그러면서 그는, 자신이 『국부론』보다 훨씬 더 중요하게 여긴다고 말하는 저서인 『도덕감정론』에서 소개했던 우화를 들려준다. '빈자(貧者)의 아들'이라는 우화다.

　옛날에 가난한 사람의 아들로 태어난 사람이 있었다. 신이 화가 나서 이 아들의 마음에 야망을 심어주었다. 그러자 아들은 자기 주변을 돌아보면서 부자의 생활을 동경하기 시작했다. 아버지의 오두막집은 자기가 생활하기에 너무 좁다고 생각했다. 궁궐처럼 커다란 집에서 편안하고 편리하게 살면 좋겠다는 생각을 품었다. 또, (…) 자기도 마차를 탈 수 있으면 얼마나 편하고 좋을까 상상했다. 그리고 많은 하인을 거느리면 여러 가지 힘들고 성가신 일을 하지 않아도 되리라 생각했다. (…) 이 편하고 좋은 것들을 얻기 위해 나섰던 첫해에, 아니 첫날에 그는 그런 편하고 좋은 것들이 자기가 그동안 살아오는 동안에는 없었다는 사실을 깨닫고서, 그런 것들이 없는 상황에서 비롯되는 육체적 피로 정신적 불안함 그리고 온갖 걱정을 예전보다 훨씬 더 많이 느껴야만 했다. 그는 진절머리가 나도록 싫은 어떤 힘든 일에서 남들보다 두드러지게 잘하려고 죽어라 일했다. 또 자기가 경멸하는 사람에게는 억지로 아부를 하면서 잘 보이려고 애를 썼다. 그리고 그렇게 해서 마침내 그는 그토록 바라던 물질적인 부를 손에 넣었다. 하지만 어느새 그는 생의 마지막 단계에 와 있었다. 그의 육체는 오랜 노동과 질병으로 망가질 대로 망가졌다. 그의 정신은 그동안 겪었던 온갖 마음의 상처와 실망으로 황폐해져 있었다. 그제야 그는 부와 명성은 사소한 효용밖에 보장하지 않음을 깨달았다. 육체의 편함이나 마음의 평정을 얻는 효용을 놓고 보자면 작은 물건을 담아둘 때 부자들이 사용하는 작은 상자보다 나을 게 없음을 깨달았다.(*『애덤 스미스 구하기』, pp. 168~169.)

스미스는 자기가 이 우화를 굳이 『도덕감정론』에 담아서 사람들에게 소개한 이유가 무엇이었겠느냐면서, 자기가 바라는 것은 사람들이 물질적인 부유함보다 마음의 행복을 좇는 것이라고 했다. 그러면서 '자유'라는 이름으로 사람들을 유혹해서 사치와 편리함을 좇도록 만들지만 실제로는 이렇게 해서 사람들의 행복을 가로막고, 게다가 이런 짓거리들을 자기 이름을 내걸고서 뻔뻔하게 자행하는 나쁜 사람들에게 분통을 터뜨렸다. 그리고 이어서 세상 사람들이 진정한 행복의 열쇠를 회복하도록 돕고 싶다고 했다.

그러면서 또 그는 자기가 『국부론』에서 딱 한 번 언급했던 '보이지 않는 손'을 설명하면서, 도덕이나 공동체적 가치 등 돈으로 환산할 수 없는 소중한 덕목들이 사람들 사이에서 작동해서 사회를 건강하고 균형 있게 유지하는데, 이런 기능이 '보이지 않는 손'이 하는 역할이라고 했다. 그런데 모든 것을 돈으로 환산하며 도덕의 금전적 가치는 깡그리 무시하는 신자유주의자들이 나타나서는 자기가 말했던 '보이지 않는 손'의 기능을 '시장 기능'이라고 왜곡한다며 분통을 터트렸다.

애덤 스미스가 지금 한국에서는 또 어떤 사람의 몸을 빌려서 나타날지 모른다. 아닌 게 아니라 한국에서도 그를 만났다는 사람이 여기저기 많다. 당신 앞에 나타날 수도 있다. 혹시 그렇더라도 놀라지 마라. 충분히 있을 수 있는 일이니까.

2.

당신도 '보이지 않는 손'이라는 말을 들어보았을 것이다. 그런데 이 말을 처음 들었을 때가 언제인지 기억하는가? 기억한다면, 그때 어떤 기분이 들었는지 혹시 기억하는가? 어떤 '생각'이 아니라 어떤 '기분' 말이다. 생각과 기분은 확실히 다르다. 전자가 이성적인 논리라면 후자는 감성적인 느낌이다.

내가 그 말을 처음 들은 것은 고등학교 1학년 때였다. 사회 시간이었는지 국어 시간이었는지 정확하지 않지만, 그때 내 머리에는 곧바로 '야한 손'이 연상되었다.

'보이지 않는 손…. 아, 정말 야한데?'

그 나이 또래의 여자아이들은 볼펜이 또르르 굴러가는 것만 보고도 혹은 탁구공이 통통통 튀는 것만 보고도 깔깔거리며 웃어댄다. 그런데 어쩐 일인지 그 또래의 남자아이들은 모든 감각을 통해서 인식하는 모든 대상을 오로지 성적인 내용으로 해석하면서 진지해진다. 그러니 '보이지 않는 손'에서 야한 손을 연상했던 내가 특별히 이상할 것도 없다(설마, 나만 그런가?)

　아무튼 그때 나는 애덤 스미스라는 옛날 유럽 사람을 '빨간 책'에 등장하는 주인공으로 (요즘으로 치면 야동의 주인공으로) 연상했다. '보이지 않는 손'으로 무언가 야하고 엉큼한 수작을 부리는 어떤 사람으로 연상하면서 대책 없이 넘쳐나던 행복 호르몬에 취했다.

　그런데 자기가 살아가고 또 부대끼던 문제를, 애덤 스미스의 의도와 전혀 상관없이 그의 '보이지 않는 손'을 휘둘러서 해결하고자 한 사람은 또는 그렇게 하고자 하는 사람이 어찌 고등학생 시절의 나뿐이겠는가?

　…적어도 윤석열 대통령은 확실히 그렇다.

　그런데 가만히 생각해보면, 경제학의 아버지로 불리는 18세기의 저 유명한 철학자 애덤 스미스와 윤석열을 이어주는 어떤 '우주적인 끈' 혹은 '하늘의 기운'이 존재하는 게 분명하다. 그가 대한민국의 제20대 대통령 선거에서 당선된 날짜가 2022년 3월 9일이었는데, 지금으로부터 딱 300년 전인 (이 원고를 쓰는 시점으로는 300년 전이 맞다) 1723년에 태어났던 애덤 스미스가 21세기인 지금까지 이 세상의 경제를 호령하는 간판스타로 군림하게 만들었던 그의 저서 『국부론』이 출간된 날짜도 바로 3월 9일, 1776년의 3월 9일이었기 때문이다. 이런 일이 어떻게 신묘한 하늘의 기운 없이 가능하단 말인가!

　윤석열이라는 매우 독특한 캐릭터의 대통령이 대한민국에 등장하기까지는 또 한 사람의 노력도 동원되었다. 윤석열의 아버지였다. 2019년 7월, 검찰총장 후보자이던 윤석열은 인사청문회를 앞두고 국회에 보낸 답변서에서, 자신이 지금의 가치관을 형성하는 데 가장 크게 영향을 준 책은 1979년에 출간된 밀턴 프리드먼의 『선택할 자유(Free to Choose)』이며, 자기 아버지가 권해서 이 책을 읽었다고 했다.

그런데 밀턴 프리드먼이 누구인가? 애덤 스미스의 '보이지 않는 손'이라는 선의의 도덕을 신자유주의라는 불량한 깃발로 왜곡한 장본인이 아닌가!

윤석열은 이 책을 2021년 7월에 대통령 예비후보 자격으로 『매일경제』와 인터뷰를 하는 자리에서 또 한 번 언급했다. 그는 『선택할 자유』를 통해 배운 자유경쟁 시장의 철학이 지금도 맞다고 생각하느냐는 질문을 받고는, 이 책에서 깊은 감명을 받았으며 또 이 책이 밝히는 원칙에 따라서 검사의 직무를 수행해왔다고 대답했다.

"상부에서 뭐 이런 거 단속해라 저런 거 단속해라, 하는 (식품 위생) 단속 지시가 막 대검 부서를 통해서 일선 청으로 막 내려오는데, 이제 프리드먼의 책을 이렇게 보면 거기에 다 나와요, 이런 거는 단속하면은 안 된다. 왜냐하면 단속이란 것은 퀄리티 기준을 딱 잘라 줘가지고 이것보다 떨어지는 것은 전부 형사적으로 단속하라는 건데, 프리드먼은 그 아래도 완전히 정말 먹으면은 사람이 병 걸리고 죽는 거면 몰라도, 부정식품이라 그러면 없는 사람들은 그 아래 것도 선택할 수 있게… 더 싸게 먹을 수 있게 해 줘야 된다 이거야…. 이거 먹는다고 당장 어떻게 되는 것도 아니고…. 그러니까 예를 들면 햄버거를 50전짜리도 먹을 수 있어야 하는데, 그걸 팔면서 위생 기준이나 이런 퀄리티를 5불짜리로 맞춰놓으면은, 그거는 소비자가 선택할 자유를 제한하는 것이다."(*『매일경제』스페셜 인터뷰_윤석열 대통령 후보, 2021년 7월 18일)

또 같은 인터뷰에서 노동시간에 대해서도 이렇게 말했다.

"게임 같은 거 하나 개발하려고 그러면 정말 한 주에 52시간이 아니라 주 100시간, 한 20시간 일해야 된다는 거야. 그리고 한 2주 바짝 하고 그다음에 노는 거지"

그리고 그는 대통령에 당선된 뒤에는 취임사에서 '자유'를 무려 서른다섯 번이나 외쳤다.

"존경하는 국민 여러분, 세계시민 여러분, 저는 이 어려움을 해결해나가기 위해서 우리가 보편적 가치를 공유하는 것이 매우 중요하다고 생각합니다. 그것은 바로 자유입니다. (…) 인류 역사를 돌이켜보면 자유로운 정치적 권리, 자유로운 시장이 숨 쉬고 있던 곳은 언제나 번영과 풍요가 꽃 피었습니다. 번영과 풍요, 경제적 성장은 바로 자유의 확대입니다."

이렇게 해서….
애덤 스미스에서 밀턴 프리드먼으로, 밀턴 프리드먼에서 윤석열의 아버지로, 그리고 다시 윤석열로 이어지는 사람의 노력이 하늘의 기운을 만났고, 애덤 스미스의 '보이지 않는 손'은 애덤 스미스의 의도와 전혀 무관하게, 대한민국 대통령 윤석열을 통해서 대한민국을 주무르게 되었다.

— 국민이 부정식품을 먹을 자유를 보장하겠다!
— 국민이 한 주에 120시간 일할 자유를 보장하겠다!

윤석열 정부의 이 주무름은 '자유'라는 우아하고도 야한 옷을 입고 있지만 실제로는 무자비한 폭력이다.

3.

애초에 애덤 스미스가 말했던 '보이지 않는 손'은 선의를 가진 따뜻한 손이었다. 그가 『국부론』에서 '보이지 않는 손'을 언급했던 것은 독점으로 유지되면서 효율성과 공정한 분배를 가로막던 중상주의를 비판하기 위해서였다.

그런데 완전경쟁과 시장에서의 수요-공급 균형을 만능으로 여기는 신자유주의 경제학자들이 이 '보이지 않는 손'을 자기들의 균형이론에 꿰맞추어서 '시장 기능'으로 해석하기 시작했고, 결국 나중에는 이런 발상이 일반인들에게까지 보편화되었다. 결국 스미스는 신자유주의 이론의 초석을 놓은 사람으로 왜곡되고 말았다. 그러니 스미스로서는 분통이 터질 수밖에…. 그래서 스미스가 이것을 바로잡으려고, 죽은 지 200년도 더 지난 21세기에 환생한 것이다.

* * *

애덤 스미스가 태어나던 해인 1723년에 영국에서 『꿀벌의 우화』라는 책이 출간되었다. '개인의 악덕이 공공의 이익이다'라는 부제가 붙은 이 우화집의 내용은 이랬다.

"옛날에 꿀벌들이 인간 사회처럼 나라를 구성해서 살고 있었다. 이 나라에는 정직하고 선한 벌은 없었다. 사회의 모든 분야에 악당과 사기꾼뿐이었다. 그러니 날마다 범죄가 일어났고, 재판정의 판결은 뇌물의 크기에 따라 결정되었다. 이기주의와 부정부패로 사회는 썩어갔다. 하지만 그럼에도 불구하고 국가 경제와 가정 경제는 번성했다. 너나 할 것 없이 욕망과 허영을 채우려고 얼마 뒤면 금방 부서져 없어질 물건을 만드느라 일자리가 넘쳐났고, 또 다른 나라에서도 벌들이 일자리를 찾아 몰려들었기 때문이다. 그러던 어느 날, 이런 꼴을 보다 못한 권력자가 이 나라를 정직하고 성실한 벌들이 사는 나라로 만들기 시작했다. 왕과 귀족은 궁전과 사치품을 팔아 빚을 갚았고 침략과 약탈을 일삼던 흉악한 군대를 해산했다. 극장도 폐쇄됐으며 벌들은 건물에 사는 것도 사치라 생각하고 나무 구멍으로 이사했다. 그러자 물건 가격은 거품이 빠져 폭락하고, 수많은 범죄자 때문에 일자리가 보장되었던 경찰과 판사는 모두 일자리를 잃는다. 소비에 큰 돈을 들이는 이들이 없으니 귀중하고 만들기 어려운 물건들도 모두 시장에서 사라져버린다. 할 일이 없어지자 벌들이 자꾸 나라를 떠나고, 군사력이 약하니 다른 벌통과의 전쟁에서 지고 큰 피해를 입는다. 살아남은 벌들은 또다시 악덕 속에 빠질까 두려워한 나머지 제 나라를 버리고 떼를 지어 외국으로 도망하기 시작했다."(*다음에서 재인용. 이경식, 『미쳐서 살고 정신들어 죽다』, 휴먼앤북스, p. 185.)

저자는 네덜란드 출신의 버나드 맨더빌(1670~1733)이다. 영국에 패권을 내주기 전까지 한창 잘 나가던 때의 네덜란드 모습이 맨더빌이 묘사한 사악한 꿀벌 나라처럼 그랬다. 유럽 전역에서 사람과 돈이 일자리와 수익을 찾아서 네덜란드로 몰려들었다. 유럽에서 최초로 주식거래소가 등장한 곳도 네덜란드였다. 당시 유럽에서 자유의 아이콘이었던 네덜란드도 식민지 착취 및 반란 진압에서는 가차 없었다. 이런 네덜란드에서 태어나고 공부한 맨더빌은 상업과 경제의 발달이 어떤 것인지, 유럽 및 신대륙에서 경제적 패권을 장악한 영국의 본국 및 식민지에서 일어나는 현상이 어떤 것인지, 그 본질을 누구보다 정확하게 파악했다.

이 우화가 던지는 메시지는, 신이 부여한 도덕을 가차 없이 내팽개쳐야지 부(富)를 끌어모을 수 있다는 달라진 현실에 대한 풍자였다. 그러자 보수적인 사회는 벌집을 쑤신 듯 발칵 뒤집어졌다.『꿀벌의 우화』를 공개적으로 불살라 버리기도 했다. 그러나 맨더빌의 지적은 정확했다. 이제 사회의 변화와 발전을 추동하는 동력은 신이 마련한 도덕이 아니라 인간 개인의 욕망이었으니까 말이다.

『꿀벌의 우화』가 출간되고 36년 뒤인 1759년에 애덤 스미스가『도덕감정론』을 펴냈다. 도덕철학을 강의하는 교수였던 스미스는 이 책에서, 인간 사회는 맨더빌이 야유했던 꿀벌 사회처럼 그렇게 도덕적으로 타락하지 않을 것이라고 주장한다. 그리고 그 이유를 이 책의 본문 첫 부분, 즉 1부 1편 1장의 첫머리에서 설명한다.

"인간이 아무리 이기적이라고 해도 그렇다. 설령 자기는 다른 사람이 누리는 행복을 바라보기만 할 뿐 거기에서 아무런 이익을 얻을 수 없다 하더라도 다른 사람의 행복에 관심을 가지고 또 그들의 행복을 필요로 하는 성정이, 인간의 본성에는 분명히 있다."(*『미쳐서…』, p. 187.)

스미스는 인간 본성의 선함을 믿었다. 그리고 이 사실을 증명하고 또 사람들이 선하게 행동하게 하려고 평생에 걸쳐『도덕감정론』을 다섯 번이나 더 고쳐 썼다. 하지만 그를 유명하게 만든 것은 이 책이 아니라 그로부터 17년 뒤인 1776년에 펴낸『국부론』(원래 제목은 '국가의 부(富)의 본질과 원천에 대한 탐구')이었다.

스미스는 계몽주의자였지 경제학자가 아니었다. 그가 경제학에 관한 글을 썼기에 후대 사람들은 그를 경제학자로 바라보고 근대경제학의 아버지라고 부르지만, 애초에 그의 관심은 공장과 시장에서 진행되는 경제 원리를 밝히는 게 아니었다. 맨드빌이 야유했던 인간 사회의 야만성을, 경제 과정을 통해서 교정할 수 있는 어떤 규칙 혹은 원칙을 찾아내려는 게『국부론』의 목적이었던 것이다. 기본적으로 그는 인간의 역량을 무한히 신뢰하고 여기에 희망을 가졌던 계몽주의자였기 때문이다.

스미스 이전에는 사람들이, 한 국가가 보유하는 부(富)의 크기는 그 나라가 보유한 금과 은의 양에 의해 결정된다고 믿었다. 스미스는 이 중상주의적 관점을 비판하면서, 전 국민이 해마다 소비하는 생활필수품과 편의품의 양을 국가의 부(富)로 규정했다. 그리고 분업에 의한 노동생산력 증대 및 자유로운 시장경제를 보장할 때 국가의 부는 극대화된다고 주장했다. 스미스는 중상주의라는 말로 당시의 경제 정책을 묘사했는데, 이 말에는 상인과 제조업자의 편협한 경제관을 비판하는 의미가 담겨 있었다. 중상주의는 국가 간의 무역에서 한 나라가 이익을 보면 다른 나라가 손해를 본다는 '제로섬 게임'이라는 인식을 토대로 하므로 국가 간의 교역은 불화와 적개심의 온상지가 될 수밖에 없다는 것이었다.

『국부론』이 나온 1776년은 제임스 와트가 산업혁명의 동력인 증기기관을 발명한 지 채 10년도 지나지 않은 때였고, 식민지 미국이 만인 평등 원칙을 내세우며 모국인 영국의 가혹한 착취에 반기를 들고 '독립선언문'을 채택했던 바로 그 해이기도 했다. 그만큼 시민계급이 봉건적인 질서의 폐해에 고통 받았다는 뜻이고 또한 시민계급이 그만큼 성장했다는 뜻이다.

바로 이런 현실에서 스미스는 '인간의 천부적인 자유 및 완벽한 정의의 명백하고도 단순한 제도'를 소망하면서 『국부론』을 집필했다. 중상주의를 신봉하는 부패한 권력을 매개로 소수의 거대상인과 대자본가가 누렸던 독점과 배타적 특권을 옹호하는 기존 체제를 청산해 시장이 다수의 권익에 봉사할 수 있도록 하자는 것이었다.

"어떠한 사회라도 구성원 대다수가 가난하고 비참하면 결코 번영하고 행복한 사회라고 할 수 없다. (…) [소수의 거대상인과 대자본가가] 제안하는 상업적 법률·규제들을 늘 깊은 경계심을 가지고 지켜보아야 하며, 오랫동안 신중하게 검토한 뒤 채택해야 한다. (…) 그들의 이익은 공공의 이익과 결코 정확히 일치하지 않으며, 심지어 사회를 기만하고 억압하는 것이 그들에게는 이익으로 돌아가기 때문이다."(*『미쳐서…』, p. 190.)

또한 그랬기에 스미스는 시장과 사회에 대한 따뜻한 신뢰와 희망을 가지고서 '보이지 않는 손'을 언급했다. 푸줏간 주인과 양조장 주인 그리고 빵 굽는 사람이 선의가 아니라 순전히 이기심에 따라서 행동했지만, 이 사람들

덕분에 다른 사람들이 풍성한 저녁 식사를 할 수 있게 된다는 예를 들어서, 어떤 사람이 어떤 행위를 할 때 전혀 의도하지 않았던 결과가 그 사람 및 사회 전체에 이익을 가져다준다고 강조했다. 이 과정이 바로 '보이지 않는 손'이 작동한 결과라고 했다('보이지 않는 손'이라는 표현은『국부론』전체에서 여기에 딱 한 번만 나온다.)

　그러나 과연 스미스는 자신이 전혀 의도하지 않았던 결과가 사회 전체에 해를 끼칠 수도 있음을 예견했을까? 스미스는, 당대에 소수의 거대상인 및 대자본가에게 착취를 당하던 민중에게 자신이 부르짖은 '자유방임의 시장경제'는 개혁적이었지만, 수백 년이 지난 뒤에는 신자유주의자의 깃발이 되어 거꾸로 소수의 거대상인 및 대자본가의 이익을 대변하게 될 것임을 예감했을까?

　어쩌면 그랬을지도 모른다. 국가의 부를 증대시키려면 분업 체계가 필요하지만, 이 분업 체계 때문에 국민의 다수인 노동자는 무지해질 것이라고 전망한 것을 보면….

"평생 단순한 작업만 반복하며 살아온 사람은 (…) 이해력을 사용할 일이 없다. (…) 따라서 자연스럽게 그런 능력을 잃어버리고 아둔하고 무지해진다. (…) [무지에 따른 정신적 부패는] 육체 활동까지 부패시켜서 평생 익숙하게 했던 일 외에 다른 일은 제대로 할 수 없게 된다. (…) 정부가 이를 예방하려는 노력을 기울이지 않으면, 모든 문명사회에서 가난한 노동자인 국민 다수는 필연적으로 이런 상황을 맞을 것이다."(*『미쳐서…』, pp. 191~192.)

자유로운 상업 활동을 보장함으로써 빚어지는 결과는 맨더빌이 야유했던 바로 그 '꿀벌의 나라' 모습이었다. 인간이 가지고 있는 무한한 능력을 신봉한 계몽주의자로서 스미스에게 이런 상황은 끔찍한 것이었고, 그는 당연히 이런 상황을 바라지 않았다. 그랬기에 '정부가 이를 예방하려는 노력을 기울이지 않으면'이라는 단서를 달았다. 정부는 그런 상황을 예방하기 위해서 적극적으로 노력해야 한다는 뜻이었다.

그런데 정부가 이런 노력을 기울이지 않아야 한다는 주장이 1980년대에 들어서 미국에서 대세를 장악했고 곧 전 세계적으로도 그랬다.

— 정부는 문제의 해결책이 아니다. 정부 자체가 바로 문제다.

로널드 레이건이 1980년에 첫 번째 임기를 시작하면서 취임사에서 했던 발언이다.

미국에서는 1930년대의 경기불황을 정부의 적극적인 개입으로 극복한 뒤로 줄곧 정부가 문제 해결의 주체로 적극적으로 나섰다. 그러나 1970년대에 다시 불황이 찾아왔고 또 스태그플레이션이 이어지자 시대정신과 경제 정책이 보수주의로 회귀했는데, 이 보수주의 세상이 레이건 그리고 레이건보다 한 해 전인 1979년에 영국 총리로 선출된 마가렛 대처를 쌍두마차로 삼아서 본격적으로 펼쳐졌다. (대처의 신자유주의 선언이라고 할 수 있는 저 유명한 인터뷰 내용은 3장에서 확인하라.)

감세, 규제 완화, 노동조합 개혁, 민영화, 작은 정부….

이런 것들이 1980년대 이후의 시대정신이었고, 이런 흐름은 최소한 2008년 글로벌 금융위기 때까지 대세로 이어졌다.

감세는 부자의 세금을 덜어주는 것이고, 규제 완화는 기업이 자유롭게 이익을 추구할 수 있도록 온갖 법률적·구조적 장애물을 치워주는 것이며, 노동조합 개혁은 최대치 이익 추구에 방해가 되는 노동조합을 탄압해서 무력하게 만드는 것이고, 민영화는 철도, 전기, 수도 등과 같은 부문에서 사회적 약자를 보호하기 위해 국가나 지방 자치 단체가 경영하던 사업을 민간의 경쟁에 맡겨서 마음껏 수익을 내도록 하는 것이다. 또 작은 정부는, 이런 식으로 해서 정부가 경제적으로나 사회적으로 국민의 생활에 개입하는 것을 최소한으로 줄이자는 것이다.

그리고 그 흐름을 주도하고 대표했던 인물들 가운데 한 명이, 레이건 대통령과 대처 총리에게 경제 자문 자격으로 이론적인 토대를 제공했던 인물이자 윤석열 대통령이 그토록 찬양하는 경제학자인 밀턴 프리드먼이다.

4.

"세상에 공짜 점심은 없다."

아주 오래전부터 전 세계 어느 문화권에서든 있었던 말이겠지만, 밀턴 프리드먼이 자주 인용하면서부터 '경제학적으로' 유명해진 말이다.

공짜가 없다는 말은 당연하다. 누군가로부터 공짜 대접을 받았다면 어떤 식으로든 보상을 해야 한다. 이 보상은 돈으로 환산되는 가치 말고도 따뜻한 말 한마디나 마음 씀씀이로도 가능하다. 예를 들면 공짜 점심을 먹어주는 것 자체가 점심을 사는 사람에게 베푸는 보상이 될 수도 있다.

그러나 프리드먼이 했던 말의 맥락은 그게 아니다. 그는 철저하게 돈으로 환산되는 가치를 따진다. 그렇게 따지는 사회가 되는 게 바람직하다고 했고 또 그런 문화가 자리를 잡아야 한다고 했다. 그는 1970년『뉴욕타임스』매거진에 '기업의 사회적 책임은 더 많은 이윤을 챙기는 것이다'라는 직설적인 제목의 글을 기고했는데, 이 글에서 기업이 사회적인 양심을 가지고 있다고 생각하거나 고용 창출, 차별 철폐, 오염 방지 그리고 현대 개혁가들의 캐치프레이즈와 관련된 책임을 심각하게 받아들이는 사업가들을 겨냥해서, 이런 사람들이야말로 지난 수십 년 동안 자유사회의 토대를 허물어뜨리는 꼭두각시 역할을 해온 사람들이라고 비판하면서 다음과 같이 주장했다. (*이종오, "기업이 돈을 벌고 쓰는 '게임의 룰'이 바뀌고 있다", 『프레시안』, 2020. 1. 10.)

"기업의 유일한 사회적 책임은 게임의 규칙을 준수하는 한에서 기업의 이익을 증대시키기 위해 자원을 사용하고 계획된 활동에 전념하는 것이다."

프리드먼은 사회적 책임이라는 것은 오로지 개인적인 차원에서만 이루어져야 하는 의무라고 말한다. 주주가 고용한 전문경영인이 사회적 책임을 수행한다는 명목으로 기업의 자원을 기업의 이익과 무관한 곳에 투입하는 것은 주주의 이익과 어긋나는 도덕적 해이를 낳고, 결국 기업의 생존을 위험하게 만드니까, 기업은 오로지 주주를 위해 존재해야 하며 또 오로지 주주들에게만 책임을 져야 한다는 것이다. 그랬기에 프리드먼은 저 유명한 다음 글귀를 자신만만하게 사람들 앞에 내걸었다.

"기업의 본분은 돈을 버는 일이다(The business of business is business.)"

그러나 이런 발상은 '환경과 사회와 투명한 지배구조(ESG)' 경영이 기본적인 전제가 되어 있는 지금의 세상에서는 전혀 설 자리가 없다. (*ESG 경영은 재무적 성과뿐 아니라 환경 보호, 사회적 책임, 기업의 지배구조와 같은 비재무적 요소를 고려하여 투자 결정을 내리는 경영을 말한다.) 탄소 배출과 재생에너지 사용이 시장 활동에서 중요한 전제조건이 되는 오늘날의 시장에서는 이런 주장을 하는 국가 지도자나 기업의 CEO가 있다면 외계인 취급을 받거나 실컷 두들겨맞고 쫓겨날 판이다.

아닌 게 아니라 2022년 10월에 영국에서 실제로 그런 일이 일어났다.

리즈 트러스 영국 총리는 취임한 지 44일 만에 초고속으로 몰락하고 끝내 사임했다. 자유주의 시장 정책을 강력하게 밀어붙였지만 결과가 좋지 않았기 때문이다. 애초에 그는 고소득층의 소득세와 법인세를 깎아 영국 경제에 활력을 다시 불어넣겠다면서 파격적인 감세안을 내세워서 집권 보수당의 대표에 당선되었다. 물가가 계속 오르는 상황에서 섣불리 감세안을 추진하면 정부 재정이 악화되고 서민의 고통이 커질 것이라는 우려가 있었지만, 트러스는 감세 정책을 마구잡이로 밀어붙였다. 금리는 가파르게 올랐고 파운드화 가치는 폭락했다. 집권 보수당의 지지율도 20퍼센트 아래로까지 떨어졌다. 영국에서 이런 소동이 일어난 것은 트러스 총리가 40년 전의 대처리즘이나 레이거노믹스 등의 신자유주의 경제철학에 충실했기 때문이다.

이 사건을 두고 영국의 일간지인 『가디언』은 다음과 같이 평가했다.

트러스 총리는 영국인을 실험실에 갇힌 쥐로 만들어 이데올로기 실험을 한 것과 다를 바 없다. (…) 이 이데올로기 실험은 세계 자유시장주의 이념에도 '죽음의 키스'를 남겼다.(*"트러스 몰락, 우파 이념 매몰돼 영국인 실험쥐 삼은 때문", 『연합뉴스』, 2022. 10. 21.)

이처럼 신자유주의적인 정책은 지금 전 세계에서 철 지난 옛날 이야기로 치부된다.

그런데도 윤석열 정부의 신자유주의 정책은 강경하기만 하다. 이미 한국은 과거에 성급한 경제자유화 때문에 1997년에 외환위기를 겪었고, 이 위기를 극복하는 과정에서 도덕적 해이가 만연했으며 불평등이 급속하게 심화되는 것을 경험했는데도 말이다.

한국에서는 모든 게 거꾸로 흘러가고 있다. 아닌 게 아니라 지금 한국에서는, 리즈 트러스가 총리로 있던 영국에서 그랬던 것처럼 감세안 때문에 정부의 재정 적자가 심각해져서 서민의 고통이 계속 커지고 있다. 예를 들어 2023년 10월에 확인한 통계치만 보더라도 그렇다.

기획재정부가 10월 12일에 발표한 '월간 재정동향(10월호)'에 따르면 8월 말 정부의 누계 총수입은 전년보다 44조 2,000억 원 감소한 394조 4,000억 원으로 집계됐다. 국세 수입은 241조 6,000억 원으로 전년보다 47조 6,000억 원 줄었다. 부동산 거래 급감과 기업실적 악화 등으로 인해 소득세(13조 9,000억 원)·법인세(20조 2,000억 원)·부가가치세(6조 4,000억 원) 등 주요 세목들이 일제히 쪼그라들었다. 정부의 총지출(425조 8,000억 원)은 1년 전보다 63조 5,000억 원 감소했다. 코로나19 대응 사업의 축소, 지방교부세·교부금 감소 등으로 예산 지출이 16조 9,000억 원 줄었다.(*"지출·재정적자 모두 줄었지만…", 『문화일보』, 2023. 10. 12.)

불황에서는 정부가 재정 지출을 늘려서 불쏘시개로 삼아 경제의 불을 지펴야 하지만, 윤석열 정부는 감세를 전제로 하는 '작은 정부'를 지향하며 긴축재정을 꾸려나갈 생각이다. 2023년 8월 24일에 정부가 발표한 2024년 예산안 규모는 2023년 예산안보다 2.8퍼센트 늘어난 656.9조 원이다. 전년도 증가율인 5.1퍼센트의 절반밖에 되지 않는다. 2005년 이후로 19년 만에 최저인 이 증가 규모는 인플레이션을 고려하면(2024년의 경상수지 증가율 예상치가 4.9퍼센트다.) 실질적으로 감소하는 것이다. 이 예산안은 3천억 원 정도 줄어든 656.6조 원으로 2023년 12월에 국회에서 통과되었다.

윤석열과 『선택할 자유』

윤석열 대통령은 후보 시절에, 밀턴 프리드먼의 『선택할 자유』를 통해서 자유경쟁 시장의 철학을 배웠으며 이 책으로 깊은 감명을 받았다고 했고 또 만약 대통령이 된다면 이 철학을 토대로 국정을 펼쳐나가겠다고 암시했다. 그리고 이 책을 2003년에 출간했고 2021년 4월에 재출간했던 출판사는, 윤석열이 대통령에 당선되자 이 책을 전격적으로 다시 손질해서 2022년 7월에 새로 내놓았다.

그런데 이 책의 출판 주체가 예사롭지 않다. 자유기업원이라는 연구단체이기 때문이다. 이 단체는 자유시장경제와 자유민주주의를 구현하겠다는 목적을 내세워서 1996년에(애덤 스미스가 분통을 터뜨리며 환생하기 5년 전에!) 설립되었는데, 이 설립을 주도한 주체가 전국경제인연합회(전경련)였다. 그 뒤로도 자유기업원은 전경련의 지원금을 받아서 운영되었다.

또 이 단체는 박근혜 정부 때 역사 교과서 국정화 정책을 둘러싸고 찬반 논의가 격렬하게 벌어졌을 때, 대한민국의 교과서 시장 및 사학계가 운동권 출신의 좌파 성향 학자들에게 장악되었다면서 교과서를 국정화해서 시장의 왜곡 문제를 해소해야 한다고 주장했다. 예를 들어서 소설가 복거일은 자유경제원 홈페이지에 다음과 같이 썼다.

이처럼 대한민국을 적대적 세력이 완전히 장악해서 공급과 소비가 제대로 이루어지지 않는 시장을 그냥 버려둔 것은 정부의 잘못이다. 애초에 정부는 공교육을 독점한 터이다. 당연히, 그런 독점적 지위에 따르는 책임을 지고서 잘못된 국사 교육을 시정해서, 어린 학생들이 올바른 역사 지식을 얻어 사회화의 과정을 제대로 밟도록 해야 한다.

그런 방안으로 나온 것이 정부가 직접 국사 교과서를 공급하는 방안이다. 국정 교과서는 자유로운 시장이 애초에 존재하지 않는 우리 사회에서 단 하나의 현실적 대안이다.(*복거일, "국사 교과서의 공급 방식", 자유경제원 홈페이지, 2015. 10. 7.)

자유기업원은 자유의 가치를 실현하기 위해 노력한 각 분야의 인물을 선정하여 감사의 의미를 전하는 시상식을 개최하는데, 시상 부문은 자유경제입법상, 자유경제자치상, 자유기업인상, 자유경제교육상, 자유등대상, 자유인상 등 총 6개 부문이다.

이 상의 수상자 면면을 보더라도 이 단체의 성격을 알 수 있는데, 예를 들어 2022년에는 탈북자 출신의 태영호 의원(서울 강남구갑) 등이 자유경제입법상을 받았다. (태영호는 2020년 6월에 1세대 1주택자에게 종합부동산세를 부과하지 않는다는 법안을 내놓았는데, 이때 그는 "1가구 1주택이나 납세의무자가 실제 거주하고 있는 주택은 가격이 상승하더라도 처분하지 않는 이상 미실현 이익에 불과하고 투기 등 가격 안정을 저해하는 원인으로 볼 수 없기에 종부세 과세 취지에 부합하지 않는다."라는 설명을 하면서 신자유주의 경제 원칙에 충실한 모습을 보였다.) 그리고 역사 교과서 국정화를 주장했던 복거일이 2014년에 자유인상을 수상했고, 2015년에는 만화가 윤서인도 자유인상을 수상했다. 윤서인은 제20대 대통령 선거 직전에 국민의힘 언론특보단장에 임명되었다가 해촉되었던 인물인데, 해촉 이유는 "친일파 후손들이 저렇게 열심히 살 동안 독립운동가 후손들은 뭘 한 걸까. 사실 알고 보면 100년 전에도 소위 친일파들은 열심히 살았던 사람들이고 독립운동가들은 대충 살았던 사람들 아니었을까?"라는 글을 자기 페이스북에 올려서 독립운동을 모욕했기 때문이다.

이쯤이면, 밀턴 프리드먼『선택할 자유』-자유기업원-전경련-국민의힘-윤석열로 이어지는 일련의 연관성은 굳이『선택할 자유』를 펼쳐 보지 않더라도 쉽게 알아볼 수 있다.

…그래도 굳이 펼쳐보자.

다행히도 조류는 변하기 시작하고 있다. 미국에서, 영국에서, 유럽의 여러 나라에서, 그리고 세계 곳곳에서 거대 정부의 위험에 대한 인식이 거대 정부의 정책에 대한 환멸이 점차 커지고 있다. 의중뿐 아니라 정치적 영역에까지 이 운동은 반영되고 있다. 국회의원들에게도 이 새로운 사조에 맞추어 입을 놀리는 것이 유리해지고 있으므로 아마도 그들의 춤도 달라지는 것이 좋을 것이다.(*『선택할 자유』, p. 35.)

이 책이 처음 출간되었던 1979년에는 분명히 그랬다. 유럽의 맹주이던 영국에서 마거릿 대처 총리가 이 조류를 전격적으로 이끌었고, 미국에서도 그런 분위기가 무르익어서 1980년에 로널드 레이건이 전격적으로 신자유주의를 수용했으니까 말이다. 그러나 지금은 다르다. 미국에서도 영국에서도 신자유주의는 철 지난 유행가가 되었다.

그런데도 윤석열 대통령은 '자유'라는 신자유주의의 깃발을 높이 들고 한국을 이끌려고 한다. 이런 사실은 그의 취임사에서도 분명하게 확인할 수 있다.

"존경하는 국민 여러분, 세계시민 여러분, 저는 이 어려움을 해결해나가기 위해서 우리가 보편적 가치를 공유하는 것이 매우 중요하다고 생각합니다. 그것은 바로 '자유'입니다. (…) 인류 역사를 돌이켜보면 자유로운 정치적 권리, 자유로운 시장이 숨 쉬고 있던 곳은 언제나 번영과 풍요가 꽃 피었습니다. 번영과 풍요, 경제적 성장은 바로 자유의 확대입니다. (…) 자유민주주의는 평화를 만들어내고, 평화는 자유를 지켜줍니다. 그리고 평화는 자유와 인권의 가치를 존중하는 국제사회와의 연대에 의해 보장이 됩니다."

다시, 『선택할 자유』에서 복지 문제를 어떻게 바라보는지 보자.

보건·교육·후생국 자체 계산에 의하면 매년 사기, 남용, 낭비 때문에 손실되는 돈은 5만 달러 이상의 주택을 10만 호 이상을 짓고도 남을 액수라는 것이다. 이런 낭비는 고민거리다. (…) 이 정책들은 가족을 약화하고, 일하고 저축하고 혁신하고자 하는 유인을 감퇴시키고, 자본 축적을 감소시키며, 우리의 자유를 제한한다. 이러한 사실들이야말로 이 정책을 평가하는 근본적인 기준들이 되어야 한다.(*『선택할 자유』, p. 252.)

복지에 투자되는 예산은 자산 증식에 투자되지 않음으로써 그저 '낭비'되고 말 뿐이라는 게 프리드먼과 신자유주의자의 시각이다. 요컨대 '공짜 점심'을 주면 사람들은 일을 하지 않게 되고 자본이 축적되지도 않으며 자유가 제한되므로, 공짜 점심을 주면 안 된다는 것이다. 여기서는 공짜 점심이 꼭 필요한 사회적 약자에 대한 배려는 없다.

이런 발상은 2023년 한국의 복지 정책에도 녹아 있다.

2023년 5월 31일에 정부는 '국민이 체감하는 선진 복지국가 전략'을 발표했다. '지속가능한 복지국가'라는 비전 아래 '약자 복지', '서비스 복지', '복지재정 혁신'을 중점적으로 추진하고, 핵심 과제로 이른바 '사회보장제도 통합관리 방안'과 '사회 서비스 고도화 추진 방향'을 제시했는데, 윤석열 정부 출범 직후부터 준비했다는 이 전략은 핵심 과제부터 추진 과제까지 사회 서비스의 공공성을 무너뜨리고 시장화를 가속화하는 내용이다. 민영화를 통해서 민간기업의 배를 불린다는 말이다(해당 업계의 노동조합이 이것을 비판한 성명서는 3장 69쪽에서 확인하라.)

이번에는 『선택할 자유』가 평등 문제를 어떻게 바라보는지 살펴보자.

평등(결과의 평등)을 자유보다도 앞세우는 사회는 결국 평등도 자유도 달성하지 못하게 될 것이다. 평등을 달성하기 위해 힘을 사용하면 자유가 파괴될 것이며, 좋은 목적을 위해 끌어들인 것일지라도 힘은 결국 자신의 이익을 증진시키기 위하여 그것을 사용하는 사람들의 손에 들어가게 될 것이다. 한편, 자유를 제일로 하는 사회는 결국 다행스러운 부산물로 보다 큰 자유와 보다 큰 평등을 둘 다 달성할 것이다.(*『선택할 자유』, p. 294.)

이른바 '낙수효과'를 얘기하고 있다. 기업과 부자가 돈을 많이 벌면 떡고물도 그만큼 많아져서 노동자와 가난한 사람들에게도 떡고물이 돌아간다는 말이다. 그러니 평등을 주장하지 말고 '잘난 놈'과 '될 놈'을 밀어주자는 말이다.

2022년 10월 5일 여의도 국회에서는 기재부를 상대로 기획재정위원회의 국정감사가 이루어지고 있었다. 조세 정책이 감사 대상이었고, 핵심 쟁점은 정부의 2022년도 세제 개편안이었고, 이 자리에서 여야는 이른바 '부자 감세' 논쟁을 벌였다. 몇몇 대화를 발췌하면 다음과 같다.

이수진(민주당): 윤석열 정부의 세제 개편안은 60조 2,000억 원을 감세하는 것이다.

(…) 약 80개 '초대기업'이 4조 1,000억 원을 감세받고, 10만 개에 달하는 중소·중견기업 감세액이 2조 4,000억 원에 불과한데, 이것은 '초대기업 편향 세제 개편'이다. (…) 경제 활력을 제고하기 위해 법인세를 내리고 낙수효과를 기대하신다는 건데, 하버드대 교수들도 '감세 성장은 사기꾼 감언이설, 가짜 만병통치약'이라고 직설적으로 비판했다.

(…)

정태호(민주당): 바이든 미국 대통령이 28%로 법인세를 인상하는 공약을 했고 보리스 존슨 전 영국 총리는 작년에 현재 19%인 법인세율을 25%로 인상하는 안을 발표했다. (…) 자본주의 국가의 최첨단에 있는 두 국가의 수장조차도 법인세 인상을 공약하거나 계획을 발표하지 않았느냐.

조해진(국민의힘): 법인세는 단기적으로는 감세지만 장기적으로는 증대한다. (…) 주력 기업이 잘 되면 골목 상권까지 햇빛이 쨍쨍 쬐는 것이고, 주력기업이 힘들어지면 전체가 싸그리 힘들어진다.(*"법인세 인하 격돌", 『뉴시스』, 2022. 10. 5.)

철 지난 주제를 두고 벌어지는 코미디다. 대체 언젯적 낙수효과일까? 이런 일이 어떻게 경제 규모 세계 10위라는 한국에서 아직까지 일어날 수 있을까?

이번에는 『선택할 자유』에서 노동자 문제를 어떻게 바라보는지 살펴보자.

노동조합이 특정 작업에의 참여를 제한해서 조합원들의 임금을 인상한다면, 이때 인상된 임금은 고용기회가 줄어든 다른 노동자들을 희생시켜 얻는 것이다. 정부가 공무원들에게 임금을 인상해 준다면, 이때 인상된 임금은 납세자를 희생시켜 얻는 것이다. 그러나 노동자들이 자유시장을 통해 임금을 인상하고 노동조건을 개선한다면, 그리고 기업들이 서로 가장 우수한 노동자를 확보하기 위해 경쟁하거나 노동자들이 서로 가장 좋은 일자리를 얻기 위해 경정함으로써 임금이 인상된다면, 이때 인상된 임금은 그 누구의 희생도 치르지 않고 얻어지는 것이다. 임금의 인상과 노동조건의 개선은 생산성이 향상되고, 자본투자가 증대되고, 기술이 더욱 광범하게 확산됨으로써 비로소 가능해진다. 그리하여 분배될 절대액이 거쳐서 노동자에게 돌아갈 몫이 커짐은 물론 사용자 투자자, 소비자, 나아가 국세청 직원에게까지도 돌아갈 몫이 각각 커진다.(*『선택할 자유』, pp. 486~487.)

신자유주의에서 노동조합 개혁은 노동조합 때리기이고, 윤석열 정부는 노동 개혁을 주장하면서 노동조합을 때렸다.

윤석열 대통령은 2023년 2월 21일의 국무회의를 이례적으로 생중계로 진행하면서, 건설노조가 불법 행위를 하고 있다며 '조폭'에 빗대어 '건폭(건설 현장 폭력)'이라 규정하며 뿌리뽑겠다고 공언했다.

"아직도 건설 현장에서는 강성 기득권 노조가 금품 요구, 채용 강요, 공사 방해와 같은 불법 행위를 공공연하게 자행하고 있습니다. (…) 이러한 불법 행위로 인한 피해는 결국 국민에게 전가됩니다. (…) 폭력과 불법을 보고서도 방치한다면 국가라고 할 수 없습니다."

그리고 이어서 '건폭'이 뿌리뽑힐 때까지 엄정하게 단속해 건설 현장에서 법치의 원칙을 확고히 세우겠다며 이른바 '건폭 수사단'을 출범시켰다. 이런 태도에는 노동조합이 기업의 돈벌이에 방해가 된다는 인식이 밑바닥에 깔려 있다.

이렇게, 2008년 금융위기 때 이미 전 세계적으로 '죽음의 키스'를 받은 철 지난 신자유주의가 대한민국에서는 여전히 낡은 '자유'의 깃발을 힘차게,

매우 힘차게 흔들어댄다.

5.

　환생한 애덤 스미스는 지금도 세계 곳곳을 돌아다니고 있다. 아마 우리 나라에도 왔을 것이고, 많은 사람이 그를 만났을 것이다. 어쩌면 『애덤 스미스의 따뜻한 손』의 저자인 어떤 교수도 그런 사람일지 모른다. 다음과 같이 주장하기 때문이다.

　애덤 스미스는 『국부론』을 두고 당시의 경제이념인 '중상주의에 대한 맹렬한 공격'이라고 했습니다. (…) 과거 중상주의나 오늘날 신자유주의는 피지배층을 희생하여 지배층만 이익을 보는 경제구조인 것입니다. (…) 이제 신자유주의자들이 왜곡한 애덤 스미스에 대한 통념을 깨야 합니다. 이념의 덫에서 벗어나 애덤 스미스의 원래 사상으로 돌아가야 합니다. 그래야 벼랑 끝에선 자본주의의 위기를 극복할 수 있습니다. (…) 자유방임주의는 결국 불평등 방임주의이고, 을에 대한 갑의 착취를 방임하는 것이 됩니다. 정부는 부의 양극화를 더 이상 방치하지 말고 소득재분배에 적극적으로 나서야 합니다. 그것이 경제를 활성화하는 방법입니다.(*김근배, 『애덤 스미스의 따뜻한 손』, 중앙북스, pp. 349~350)

　애덤 스미스의 '따뜻한 손'을 찾는 사람들은 김근배 말고도 많이 있다. 그런데 적어도 윤석열 대통령은 환생한 애덤 스미스를 만나지 못한 것 같다. 설령 만났어도 스미스가 그를 설득하지 못한 것 같다.

윤석열 정부 인수위원회는 정부 출범을 앞두고 있던 2022년 5월 3일에 '6대 국정 목표'를 기준으로 '국민께 드리는 20개 약속'을 공표했었다. 정부 출범 1년 반이 조금 더 지나간 시점에서 바라볼 때, 그때의 그 약속은 과연 얼마나 지켜질까?

상식이 회복된 반듯한 나라

1. 상식과 공정의 원칙을 바로 세우겠습니다.

⇒ 대통령의 '본인·부인·장모' 의혹에 대해서는 아직도 모르쇠로 일관한다.

2. 국민의 눈높이에서 부동산 정책을 바로잡겠습니다.

⇒ 정부는 건설사의 눈높이에서 미분양아파트를 국민의 세금으로 매입해준다.

3. 소통하는 대통령, 일 잘하는 정부가 되겠습니다.

⇒ 검찰과 방송통신위원회를 앞세워서 언론 탄압을 대놓고 한다. 국경없는기자회(RSF)가 해마다 발표하는 세계 언론자유지수의 한국 순위가 2024년 기준으로 1년 만에 15계단, 윤석열 정부 2년간 19계단 낮아진 62위로 추락했다. 스웨덴 예테보리대학교의 민주주의다양성연구소(V-Dem)는 연례 보고서 『민주주의 리포트 2024』(2004년 3월)에서 한국의 민주주의가 '독재화'로 돌아섰다고 평가했다.

한국 경제 규모(GDP)의 세계 순위 추이 (세계은행 기준)
2018년 10위
2019년 12위
2020년 10위
2021년 11위
2022년 13위
2023년 14위

민간이 끌고 정부가 미는 역동적 경제

4. 경제 체질을 선진화하여 혁신 성장의 디딤돌을 놓겠습니다.

⇒ 경제를 안보의 도구로 삼는 바람에 모든 경제 지표가 1년 만에 엉망이 되었다. 2023년에는 1992년 한·중 수교 이래 처음으로 대중 무역수지가 적자를 기록했고, 적자 폭은 갈수록 커진다.

5. 핵심 전략산업의 육성으로 경제 재도약을 견인하겠습니다.

⇒ 네이버의 국제적인 플랫폼 기업인 라인의 경영권을 뺏어가려는 일본 정부 및 기업의 움직임에 국내 여론이 들끓자 우리 정부는, 한국 내 반일 여론이 드세니 전화로라도 한국 언론에 오해라고 말하라고 일본 총무성에 요청했다.

6. 중소·벤처기업이 경제의 중심에 서는 나라를 만들겠습니다.

⇒ 공약으로 내걸었던 대·중소기업 상생위원회(상생특별위원회)는 2022년 9월에 출범해서 3개월 만인 12월에 활동을 종료했다.

7. 디지털 변환기의 혁신금융시스템을 마련하겠습니다.

⇒ KB국민은행의 알뜰폰사업(MVNO) 허용에서 볼 수 있듯이, 정부의 금융규제 완화 정책들은 금융기관들이 일반 산업에 진출할 수 있도록 금산 분리 원칙을 무너뜨린다.

8. 하늘·땅·바다를 잇는 성장 인프라를 구축하겠습니다.

⇒ 일본의 후쿠시마 오염수 해양 방류를 정부가 방임했고, 그 바람에 수산업의 전망은 암울해졌다.

따뜻한 동행, 모두가 행복한 나라

9. 필요한 국민께 더 두텁게 지원하겠습니다.

⇒ 소액생계비 대출 20대 이용자의 24.5퍼센트는 이자도 내지 못할 정도로 궁핍하다. (*한도 100만 원 소액생계비 대출", YTN, 2023. 8. 22.)

10. 노동의 가치가 존중받는 사회를 만들겠습니다.

⇒ '건폭'이란 용어를 만들어낸 윤석열 정부는 우리 사회의 약자인 노동자를 잠재적인 범죄자로 취급한다.

11. 문화 공영으로 행복한 국민, 품격 있는 대한민국을 만들겠습니다.

⇒ 준비 소홀로 세계잼버리대회를 망쳤고 엑스포 유치전에서 사우디에 29 대 119로 참패하는 바람에 전 세계적으로 망신살이 뻗쳤다.

12. 국민의 안전과 건강, 최우선으로 챙기겠습니다.

⇒ 일본의 후쿠시마 오염수 해상 방류를 방임한 것으로 볼 때 정부는 국민의 안전과 건강보다는 일본과의 관계 정상화를 우선으로 챙겼다.

13. 살고 싶은 농산어촌을 만들겠습니다.

⇒ 일본의 후쿠시마 오염수 해양 방류를 정부가 막지 못했고, 그 바람에 적어도 어촌의 전망은 암울해졌다.

자율과 창의로 만드는 담대한 미래

14. 과학기술이 선도하는 도약의 발판을 놓겠습니다.

⇒ 2024년도 국가 주요 R&D 예산을 2023년도보다 16.6퍼센트 줄였다.

15. 창의적 교육으로 미래 인재를 키워내겠습니다.

⇒ 대통령의 킬러 문항 지적에 따른 소동으로 교육 전문가들이 두 손을 들었다.

16. 탄소중립 실현으로 지속가능한 미래를 만들겠습니다.

⇒ 윤석열 정부의 중반 이후에 신규 원전 건설이 본격적으로 시작될 전망이다. (*"재생에너지만으론 역부족", 『헤럴드경제』, 2023. 7. 11.) 한국의 실질 탄소세율이 2022~2023 2년간 OECD 및 G20 회원국 44개국 중에서 세 번째로 크게 하락했다. (*"'넷제로' 한다더니…", 『국민일보』, 2023. 12. 25.)

17. 청년의 꿈을 응원하는 희망을 다리를 놓겠습니다.

⇒ 청년 관련 예산을 2023년도 대비 1조 5000억 원가량 삭감했다. 상대적으로 소득 수준이 높은 중산층 청년 지원은 늘어났다. (*"윤석열 정부 청년예산", 『한겨레』, 2023. 5. 9.)

자유·평화·번영에 기여하는 글로벌 중추국가

18. 남북관계를 정상화하고, 평화의 한반도를 만들겠습니다.

⇒ 2018년에 남북이 합의한 9·19 군사합의를 파기해서 모처럼 마련된 남북 평화 공존의 첫걸음을 무산시키려 한다. 평화통일을 위한 다리를 놓아야 할 통일부는 현재 개점휴업 상태다.

19. 자유민주주의 가치를 지키고, 지구촌 번영에 기여하겠습니다.

⇒ 한국을, 자국의 이익을 위해 중국을 상대로 신냉전을 추구하는 미국과 일본의 돌격대로 만들었다.

20. 과학기술 강군을 육성하고, 영웅을 영원히 기억하겠습니다.

⇒ 독립운동의 역사를 지워서 일본의 조선 강제합병을 조선인이 원했던 것으로 왜곡하겠다는 구상 아래에서, 독립유공자들의 흉상을 육군사관학교 교정과 국방부 건물에서 철거할 계획을 세웠다.

* * *

구석기시대, 딸기를 따던 어떤 사람의 눈에, 저 멀리 갈대숲에서 갈대가 일렁이는 수상한 모습이 포착된다. 사자가 몸을 숨긴 채 원시인을 노리고 살그머니 다가오는 것일 수도 있고, 바람 때문일 수도 있다. 사자일 가능성이 아무리 낮아도 무조건 백퍼센트 사자라고 확신하고 즉각 달아나야 한다. 단 2퍼센트의 확률이라도 한 번 걸리면 끝장이기 때문이다. 딸기를 따지 못하는 아쉬움은 생존의 문제에 비하면 사소하다. 사소한 것에 목숨을 걸어서는 안 된다. 그러나 목숨이 걸린 문제에는 모든 가능성을 열어두어야 한다. 망한다는 것은 10년이나 20년 혹은 그보다 훨씬 더 긴 시간 동안 우리와 우리 자손을 고통스럽게 할 것이기 때문이다.

35년 동안의 일제 강점은 그때뿐만 아니라 그 뒤로도 우리에게 얼마나 큰 고통을 줬던가? 24~25년 전의 IMF 외환위기 때 얼마나 많은 가정이 무너지고 얼마나 많은 사람이 고통을 당했던가? 그 고통은 지금까지도 숱한 사람들의 가정과 기업에 그늘을 드리우고 있지 않은가. 하지만 우리의 경제 주권을 아이엠에프에 넘겨주기 이틀 전까지도 정부 관료와 못된 중앙 일간지들은 우리 경제는 끄떡없다고 거짓말했었다. 용감한 국군이 인민군을 격퇴하고 있으니, 또 대통령이 저만 살겠다고 한강철교를 폭파하고 달아날 일은 절대로 없을 것이니, 조금도 동요하지 말고 서울을 지키라고 했었다. 사자가 아니고 바람이니 아무 걱정하지 말고 딸기나 열심히 따라고 했었다.

신자유주의의 깃발만 흔들어대면 아무 문제가 없을 것이라는 낙관이 잘못된 것임을 인정하는 게 불편할 수 있다. 그러나 불편해도 받아들여야 한다. 엄연한 현실이기 때문이다. 갈대숲에서 갈대가 수상하게 일렁거리기 때문이다.

그렇다.

현실주의자가 되어야 한다(실용주의자가 아니라 현실주의자!)

모든 것을 돈으로 환산하며 도덕의 금전적 가치를 깡그리 무시하는 신자유주의자들이 퍼뜨리는 불온한 낙관주의를 믿지 말아야 한다. 세상에 공짜 점심은 없다는 그럴듯한 말의 속내를 들여다보아야 한다. 그들이 신봉하며 떠받드는'보이지 않는 손=만능의 시장 기능'이라는 주술에서 깨어나야 한다. 그들이 말하는 실용이 누구를 위한 실용인지 깨달아야 한다.

우리 앞에 우산 하나가 펼쳐져 있다. 우산살 하나가 (어쩌면 두 개 혹은 세 개가!) 빠져서 챙이 찌그러진 채 펼쳐진 우산이다. 우리는 이 우산을 현실주의자의 눈으로 바라보아야 한다. 저대로 그냥 두고 불편함을 감수할까? 불편함을 감수할 수 없다면, 혹은 감수할 순 있지만 굳이 그렇게 하고 싶지 않다면, 어떤 식으로든 그 문제를 해결해야 한다.

그 문제는 무엇일까, 무엇이 어디에서부터 잘못되었을까?

그 문제를 바로잡을 의지가 우리에게 있는가?

그 문제를 바로잡으려면, 지금 우리가 (혹은 당신이) 가지고 있는 자원들 가운데 어떤 것들을 어떤 순서로 또 어떤 조합으로 동원해야 할까?

이완용의
실용주의

○ ○ ○

누구를 위한 실용인가?

봉건성과 근대성이 충돌하는 극단의 시대에서
정부 고위 관료가 근대적인 합리성에 사로잡혀
실용주의를 주장할 때 어떤 일이 일어났을까?
그 실용주의는 누구를 위한 것이었을까?

1장

1.

친일반민족행위나 이런 행위자를 바라보는 두 개의 관점이 있다. 하나
는 민족주의적인 관점의 '외국 침략자 ↔ 피해자' 대립으로 바라보는 것이
고, 다른 하나는 민족주의적인 관점이 배제된 '자본가 집단 착취자 ↔ 피해
자' 대립으로 바라보는 것이다. 전자의 관점에서 보자면 친일파는 욕심에
눈이 먼 나머지 조선 민중을 착취하는 일본 제국주의자의 앞잡이 역할을 했
기 때문에 나쁘고, 후자의 관점에서 보자면 친일파는 자본가의 처지에서 손
익 관계를 냉정하게 따진 뒤에 일본 제국주의자와 한 몸이 되어 (즉, 그 둘을
구분할 이유가 없다.) 조선 민중을 착취했기 때문에 나쁘다. 전자는 친일파
를 애국적-매국적 '품성'에 초점을 맞추어서 바라보고, 후자는 친일파를 자
본주의적 착취-피착취의 '관계'에 초점을 맞추어서 바라본다.

* * *

신자유주의와 애덤 스미스를 다루는 서장 원고를 마무리할 즈음에 문득 이런 생각이 들었다.

'우리 사회가 그리고 우리 사회의 구성원들이 신자유주의의 주술에서 깨어나서 불온한 낙관주의를 떨쳐내려는 노력을 하지 않는다면, 또는 그런 노력이 부족하다면, 한국은 어떻게 될까?'

그때 그 이름이 떠올랐다. 이완용. 을사오적 가운데 한 명···. 그런 이완용이 수도 없이 많이 나타나서 활개를 치고 다니겠지. 그리고 이어서 또 이런 생각이 들었다.

'이완용은 오로지 개인적인 탐욕을 채우겠다는 욕심으로 눈이 시뻘겠던 인물이 아니었을지도 모른다. 적어도 『춘향전』에 나오는 변학도처럼 주색잡기와 개인적인 치부에만 몰두했던 탐관오리는 아니었을 것이다. 이완용은 서예가로 이름이 높았으며, 또한 실무 현안들을 훤하게 꿰고 또 장악하고 있던 중앙정부의 고위 관료가 아니었던가! 그러니 이완용이 비록 냉철한 이성으로 무장한 사이코패스였을지는 몰라도, 개인적인 탐욕을 채우겠다는 단 하나의 이유 하나만으로 자기 나라를 일본에 팔아넘기지는 않았을지도 모른다.'

그리고 여기에서 다시 또 하나의 생각이 꼬리를 물었다.

'이완용이 나라를 팔아넘기기로 한 결정은, 오늘날의 신자유주의자들이 그런 것처럼 실용적이고 계량적인 관점에 서서 조선의 몇 가지 대안적인 미래를 놓고, 또한 그 미래 속에서 자기가 누릴 혜택과 자기가 받을 비판을 두고, 나름대로 비용편익분석을 한 끝에 내린 결정이 아니었을까?'

그러니까··· 이완용은 반만년 역사를 이어온 우리 민족을 배신한 매국노이기 이전에 철저한 실용주의자가 아니었을까 하는 말이다. 즉, 그가 나라와 민족을 배반했던 것은, 국가니 민족이니 하는 도덕적인 차원의 가치는 철저하게 배제하고 모든 것을 금전적인 가치로 환산하는 실용주의적인 관점에 철저했기 때문에 가능했지 않겠느냐는 말이다.

2020년대의 한국에서도 마찬가지다. 한국 사회가 자신이 지닌 도덕과 전통 등의 가치관을 떠나서 오로지 금전적인 가치와 효용만을 중시하는 신자유주의적인 철학과 정책과 계산법만을 내세울 때, 100여 년 전에 이완용이 주도했던 매국 사건은 얼마든지 일어날 수 있다. 아니, 서장에서 살펴본 것처럼 이미 일어나고 있는지도 모른다.

2.

"이제 곧 바르지니가 협상을 제의할 거다. 네가 가장 신뢰하는 사람을 통해서, 안전을 보장할 테니 한번 만나자고 할 거야. 그 자리에 나가면, 넌 바로 죽은 목숨이다. 내 말 잘 들어라. 바르지니의 말을 전하러 오는 사람, 그자가 바로 우리 패밀리를 배신하는 배신자다. 명심해라."

영화 「대부」에 나오는 대사다. 늙고 병들어 일선에서 은퇴한 아버지 돈 꼬를리오네가, 마피아 조직들 간에 벌어질 전쟁 속에서 자기 뒤를 이어 패밀리를 이끌어가야 할 아들 마이클에게 당부하는 말이다.

얼마 뒤에 아버지는 죽고, 장례식장에서 아버지의 심복이었던 테시오가 마이클에게 귓속말로 뭐라고 속삭인다. 바르지니파가 협상을 하고 싶다고 자기에게 연락을 해왔다는 내용이다.

그렇다면 테시오는… 배신자다!

강자 집단과 약자 집단이 싸울 때 혹은 싸움을 준비할 때, 배신자는 약자 집단에서 더 많이 나온다. 배신자는 두 집단의 객관적인 전력을 '합리적'으로 분석해서 자기가 속한 집단이 질 게 뻔하다고 결론을 내린다. 그리고 만일 실제로 싸움이 벌어지고 이 싸움에서 자기 집단이 진다면 자기는 돈으로든 목숨으로든 패배의 대가를 치러야 하는데, 배신자는 그게 두렵기 때문에 싸움 대신 협상을 주장한다. 협상이 집단의 손실을 최소화해줄 것이라는 게 이 배신자가 내세우는 실용주의적인 명분이다. 그리고 배신자는 협상을 통해서 집단이 얻을 수 있는 손실 최소화보다 훨씬 많은 혜택을 배신의 대가로 강자 집단에게서 얻어낸다.

이완용이 그랬다. 돈 꼬를리오네의 충직한 심복인 테시오가 조직을 배신했듯이 그는 자기를 철저하게 믿고 중용했던 고종을 배신했다. 이 배신자는 일제로부터 귀족 작위를 받고 토지를 받아 호의호식했다.

이 이야기를 조금 더 자세하게 해보자.

　　　* 　* 　*

1906년에 창간한 천도교 기관지인 『만세보』에 우리나라 최초의 신소설이 연재되기 시작했다. 이인직(1862~1916)이 쓴 『혈의 누』였다. '피의 눈물'이라는 뜻이다. 이 소설은 청일전쟁의 회오리바람이 막 지나간 뒤끝이라 피비린내가 채 가시지 않았던 평양의 어느 거리에서 서른 살쯤 되는 여인이 옷을 풀어헤친 채 허둥거리는 장면에서부터 시작된다.

일청전쟁의 총소리는 평양 일경이 떠나가는 듯하더니, 그 총소리가 그치매 사람의 자취는 끊어지고 산과 들에 비린 티끌뿐이라. 평양성의 모란봉에 떨어지는 저녁볕은 뉘엿뉘엿 넘어가는데, 저 햇빛을 붙들어 매고 싶은 마음에 붙들어 매지는 못하고 숨이 턱에 닿은 듯이 갈팡질팡하는 한 부인이….

이 부인은 주인공 옥련의 어머니다. 줄거리는 이렇다. 일곱 살 난 옥련이 청일전쟁의 난리통에 평양에서 부모와 헤어지지만 일본 군의관의 도움으로 상처를 치료받은 뒤에 그의 양녀가 되어 일본으로 건너가서 성장한다. 그리고 부국강병의 뜻을 품고 조선을 독일의 바이마르 공화국처럼 만들어야 한다고 생각하던 청년 구완서를 만나 미국으로 함께 공부하러 떠나면서, 새로운 문명을 꽃피운 신학문을 배운 뒤에 나라를 위해 봉사할 것을 다짐한다.

『혈의 누』는 청일전쟁의 참상을 생생하게 묘사하는 한편, 옥련의 아버지 김관일의 입을 빌려 평양감사가 또 한 명의 염라대왕이라고 규탄하며 봉건제가 안고 있는 문제점들을 격렬히 비판한다. 그러면서 신교육과 신문명을 도입하는 일이 시급하게 중요하다는 메시지를 전한다. 내용뿐만 아니라 형식적으로도 문어체와 묘사체를 구사해서 전근대적인 때를 벗었다. 우리나라 최초의 신소설이라는 영예와 찬사를 받는 것도 이 때문이다.

하지만 이 '근대'는 합리주의와 실용주의로 무장해서 제국주의적 침탈에 나서고 있던 서구적인 의미의 근대였다. 따라서 이 개념은 조선 침탈에 나선 일본 제국주의의 논리와 맞아떨어지는 것이었다.

이런 사실은 우연이 아니다. 이 소설의 작가인 이인직은 친일파로 시작해서 매국노로 일생을 마쳤기 때문이다. 1900년 관비 유학생으로 일본에 유학해서 도쿄정치학교를 졸업했으며, 러일전쟁 때는 일본군 통역으로 복무했다(이런 경력 때문인지 『혈의 누』에서 묘사되는 일본군의 모습은 지나칠 정도로 우호적이다. 또 이 소설에서 그 전쟁은 '청일전쟁'이 아니라 일본 관점의 '일청전쟁'으로 표기된다.).

『혈의 누』 연재가 끝나던 1907년에 이완용은 이인직을 앞세워서 친일 내각의 기관지 역할을 하게 될 『대한신문』을 창간했다. 그리고 연극 관람이니 종교적 목적이니 하는 명목으로 이인직을 밀사로 활용해 일본을 뻔질나게 드나들게 하며 일본 정객들과 손을 잡고 매국의 막후공작을 펼쳤다. 이완용은 이런 공작을 기반으로 해서 경쟁자였던 일진회를 따돌리고 자신이 주도하여 한일 강제병합을 주도했다.

그렇다면 이완용은 어떤 사람이었을까?

김윤희의 『이완용 평전』은 그를 다음과 같이 묘사한다.

이완용은 부조리한 사회의 구조와 관행이라는 거대한 힘에 맞서 승산 없는 싸움을 할 만큼 분노와 투지를 가진 인물이 아니었다. 그렇다고 지방 향리 및 양반 토호와 한패가 돼서 진흙탕 속에 자신을 내던질 만큼 탐욕스러운 인물도 아니었다. 목민관으로서의 자세를 되새기면서 자신만이라도 오롯이 지켜내려 노력하는 완고한 원칙주의자도 아니었고, 주위의 시선을 무시하고 과감하게 관행을 잘라내는 과격한 행동주의자도 아니었다. 그는 주어진 상황에서 어느 누구에게 일방적으로 피해가 가지 않는 방법을 찾아내서 가능한 한 무리수를 두지 않고 일을 처리하려 하는 현실주의자, 합리주의자, 실용주의자였다.(*김윤희, 『이완용 평전』, 한겨레출판, p. 157~158.)

이완용은 조선의 세도 있는 집안 자손이 그랬듯이 어린 시절에 이미 고전을 섭렵했다. 또 과거에 급제한 뒤에는 왕실 교육기관이던 육영공원 (育英公院)에서 영어를 배웠다. 육영공원은 1886년에 미국 교사를 초빙해서 세운 공립교육기관으로 외교에 필요한 어학 특히 영어를 중점적으로 가르쳤다. 이완용은 자기가 이 학교에 들어간 이유를 다음과 같이 설명했다.

"나는 20세까지는 한학을 숭상하고 산림학(山林學)에 종사하였으나, 갑오경장의 운이 도래하여 존도숭유(尊道崇儒)의 기풍이 퇴색하고 외국과의 교통이 확장됨에 서양과의 교제가 절실하다고 생각했다. 예전의 학문을 고수하기 곤란해서 서양 학문으로 전환하려고 했다."(*이완용의 조카이자 그의 비서관으로 일했던 김명수가 이완용을 가리기 위해 1927년에 펴낸 『일당기사(一堂紀事)』가운데서. 다음에서 재인용. 『이완용 평전』, p. 36.)

참으로 실용적인 판단이다. 그 뒤 그는 주미 조선공사관의 참찬관 자격으로 미국에서 1년 동안 머물면서 영어와 실용적인 업무 능력 및 처세술을 익혔다. 이 미국 생활을 통해서 그는 서양의 근대적인 지식을 두루 갖추었다. 또 그는 서양의 근대적 지식의 저변에 흐르는 합리주의와 실용주의에 근거해서 자기의 선택을 능등적으로 결정했다. 하지만 이 철학이라는 것이 사실은 힘의 논리였다.

— 우세한 쪽에 붙어라, 그러면 살 것이다.

영화 「대부」에서 테시오는 조직의 약점을 팔아서 적과의 협상을 중개한다. 영화 「대부 3」에서도 마이클의 형 프레도는 조직을 배신한 일을 추궁당하자, 그렇게 하면 경쟁 조직과의 협상이 쉽게 마무리될 것이라고 믿었기 때문이라고 하면서, 그렇게 하는 것이 조직에 또 자기에게 이익이 되리라 믿었었다고 털어놓는다. 그렇게 그들은 자기 조직의 이익과 개인적인 이익이 일치하는 방안을 실용주의적으로 선택했다.

또 그렇게 이완용은 자신의 이득을 좇아서 우세한 쪽을 찾아 미국에, 러시아에, 그리고 최종적으로 일본에 붙었다. 그리고 협상을 중개하며 조선의 국권을 일본에 넘기는 데 앞장섰다. 그러면서도 그는 자기의 선택이 어디까지나 '조선을 위한 것'이라는 명분을 내세웠다. 그리고 그 명분에 따라서 한일병합조약으로 세 가지 조건을 일본에 요구했다.

첫째로 민심이 불복하지 않도록 인민의 생활 방도에 힘쓸 것. 둘째로 황실에 대한 대우가 민심을 움직이는 변수가 되므로 이들을 후하게 대우할 것, 셋째로 조선인이 일본인에 비해 열등한 지위에 떨어지지 않도록 교육에 관한 행정기관을 설치하여 일본인과 동일한 교육을 실시할 것 등이었다. 병합 조건으로 내건 세 가지는 평소 그가 나라의 발전을 위해 필요하다고 생각했던 교육과 경제 문제였다. 그는 주권이 없더라도 황실과 대한제국민이 편안하다면 그것이 더 나은 선택이라고 보았다. 명분, 대의, 정의보다는 실리를 추구하는 근대 실용주의적 사고를 가지고 있었다.(*『이완용 평전』, p. 259.)

대한제국의 주권을 포기하는 대신에 조선 인민이 문명화된 사회에 살게 된다면 그것이 실리를 확보하는 것이라고 생각했던 것이다. 이런 점만 보더라도 이완용이 근대적인 합리성을 추구하는 실용주의적 사고로 무장하고 있었음은 분명하다. 이런 사실은 1926년에 그가 죽었을 때, 조선에서 일본어 잡지인 『조선급만주(朝鮮及滿洲)』를 발행하던 일본인 샤코 이쿠오가 썼던 장문의 추모사에서도 확인할 수 있다.

"…침착함은 돌과 같고 냉정함은 얼음과 같다. 그러나 생각이 치밀하고 과단성 있는 행동이 뛰어나다. 한국병합의 대사건이 무풍 상태하에서 해결된 것도 그의 이 돌과 같고 얼음과 같은 성격과 주밀한 사려와 과단력에 의존한 바가 매우 크다고 생각한다. (…) 그는 배일파와 독립파로부터 끊임없이 표적이 되어 모든 박해를 받고 완전히 생사의 갈림길에서 병합조약을 체결하고 오랜 악정과 국가적 불안에서 조선인을 구출한 은인이다. (…) 실로 안타까운 일이다…."(*http://gall.dcinside.com/history/550462)

성격은 돌처럼 침착하고 얼음처럼 냉정하며, 생각은 치밀하고, 행동은 단호한 인물…. 이런 이완용은 인물 유형이라는 점에서 보자면 『춘향전』에 나오는 탐관오리 사또인 변학도와는 전혀 다르다.

합리적인 이성의 힘을 믿는 근대적인 인물이었음이 분명한 그는 죽을 때까지도 자기가 내렸던 판단이 올바른 선택이었다고 믿었다. 1919년에 3·1만세운동이 전국으로 퍼져나갈 때도 '사리를 분별하지 못하는 경거망동에 몸을 그르치고 세상을 버리지 말라'고 세 차례에 걸쳐서 만세운동에 참가한 사람들을 향해서 진심으로 충고했다.

"(…) 이번에 조선독립운동이라 칭하여 경성 기타에서 행한 운동이라는 것은 사리를 분별하지 못하고 국정을 알지 못하는 자의 경거망동으로 내선 동화를 해치는 것이라 말하지 않을 수 없다."(*1차 경고, 1919년 4월 5일, 『매일신보』)

이완용은 죽음을 앞둔 시점에 아들에게, "힘없는 다리를 부축해 달라고 남에게 부탁한 것이 어떻게 나라를 팔아먹은 일이라고 매도당해야 하는가. 억울하다."라고 유언 삼아 말했다고 한다. 그로서는 진정으로 그렇게 믿었기 때문에 뉘우칠만한 잘못이 없었고 또 매국노라는 비난 역시 진정으로 억울했다. 자기로서는 일본 제국주의라는 부조리한 현실에서 조선에게 (그리고 자기 자신에게!) 가장 유리한 선택을 했던 실용주의자였기 때문이다.

『이완용 평전』의 저자는 이완용을 '극단의 시대에 합리성에 포획된 근대적 인간'이라고 규정했다. 이 규정에 나는 부분적으로만 동의한다. '포획'되었다는 말은 자기 의지와 무관하게 혹은 자기 의지와 다르게 '사로잡혀 옴짝달싹 못한다'는 뜻이다. 그러나 돌처럼 침착하고 얼음처럼 냉정한 성정을 가지고 있었던 이완용은 치밀하게 생각한 끝에 단호하게 친일을 선택했다고 보는 것이 옳다. 처음에는 친미의 길을 선택했다가, 나중에 친러의 길을 선택했다가, 때로는 아무 선택도 하지 않고 물러나서 정세를 관망하다가, 마침내 최종적으로 친일의 길을 선택했다. 그리고 성공했다.

『이완용 평전』은 이완용이라는 친일 인사의 모습에서 오늘날 우리의 모습을 발견하는 일이 불편하기 짝이 없지만 그 불편함을 무릅써야 하는 이유를 다음과 같이 설명한다.

글을 써나갈수록 당혹스러워졌다. 주어진 현실 앞에서 어쩔 수 없다고 (…) 현실에 순응하여 실리적인 선택을 하는 것이 현명한 세상살이라고 생각하는 오늘날의 합리성이 (이완용의 행적에서) 발견되었기 때문이다. (…) (우리 사회는) 사회적 가치의 부름에 호응해왔던 사람들이 있어 왔고, 또 그들에 의해 변화가 주도되어왔기 때문이다. 지금은 국가와 민족의 가치보다는 인권·공공·자유·평등의 가치가 호명되고 있고, 여전히 부름에 호응하는 또는 호응할 준비를 하는 사람들이 존재한다. 그래서 오늘날의 이완용은 '매국노'로서보다는 '부조리한 현실에 분노할 줄 모르는' 또는 그것을 '극복하려는 사람들이 호명하는 가치에 호응할 줄 모르는' 인물로 비판되어야 할 대상이다.(*『이완용 평전』, p. 12, 15.)

친일 행위는 결과이지 목적이 아니니만큼, 결과인 '친일 매국노'라는 성격에 비판의 초점을 맞추기보다는 친일 행위의 목적에 초점을 맞추자는 말이다. 그래서 '부도덕한 실용주의' 즉 사회 전체 구성원의 일반적인 가치에 어긋나는 실용주의의 실체를 드러내자는 말이다.

아닌 게 아니라 지금 윤석열 정부는 위에서부터 아래까지, '돌처럼 침착하고 얼음처럼 냉정하며, 치밀하게 생각하고, 단호하게 행동하는' 이완용들, 부도덕한 실용주의자들이자 신자유주의의 전도사들이 강력한 영향력을 행사하는 온갖 자리를 틀어잡고 앉아서, 애덤 스미스의 '보이지 않는 손'을 선정적으로 흔들어대며 자본의 무자비한 효율성과 시장 논리를 외치고 있다.

— 세금을 줄여라! 이윤 극대화를 위해서, 보다 더 많은 돈을 기업 활동에 투자하라!

— 민영화를 추진하라! 이윤 극대화를 위해서, 사회적 약자를 위한 사회복지는 최소한으로 하라!

— 정부의 개입을 최소화하라! 이윤 극대화를 위해서, 아무리 사람들이 죽어 나자빠져도 정부는 될 수 있으면 개입하지 마라. 각자도생하도록 하라!

3.

21세기의 이완용들은 일제강점기의 당당하던 이완용과 마찬가지로 자기가 하는 주장과 행위를 부끄러워하지 않는다. 실용주의라는 확실한 신념으로 무장했기 때문이다.

예를 들어 조갑제는 "박정희가 친일파라면 나는 매국노"라는 글을 2003년에 썼고, 그 뒤로도 이 글을 조금씩 수정해가면서 꾸준하게 자기 매체에 올렸다.

(…) 대한민국이 없었던 시절인데 일제(日帝)를 거부한다는 것은 두 가지 방법에 의해서였다. 하나는 만주나 미국으로 건너가서 독립운동을 하는 길이었다. 다른 하나는 국내에서 반일(反日) 운동을 하다가 감옥에 가는 길이었다. 이 험난한 길을 선택하지 않았다고 친일파라고 욕하는 사람들이 있다면 그런 인간들은 위선자다. (…) 한국인 전부가 김구처럼 중

국으로 건너가서 독립운동만 했다면 해방이 왔을 때 누가 공장을 돌리고 누가 군대를 만들었겠는가. 일제에 순응하는 척하면서 그 일제로부터 선진 과학과 기술을 배우고 그렇게 배운 기량을 대한민국 건국 후에 조국과 민족을 위해 썼던 많은 사람은 만주의 독립운동가 못지않은 애국자들이다. (…)

이런 논리에 따라서 일본군 소속의 간도특설대 복무 경력이 있는 백선엽(1920~2020)도 애국자로 둔갑한다. 간도특설대는 만주국 영토에서 무장 항일 투쟁을 벌이던 팔로군, 동북항일연군 등 공산당 계열 독립군들을 토벌하고 치안을 확보하기 위한 목적으로 설립된 부대였으며, 대원의 대부분은 간도 현지의 이주 한인 청년들이었다. 백선엽은 1943년에 간도특설대로 전입되어 박격포소대 소대장에 보임되었다. 이 부대를 대표하던 노래 "간도특설대 부대가"의 가사는 다음과 같았다.

시대의 자랑, 만주의 번영을 위한
징병제의 선구자, 조선의 건아들아!
선구자의 사명을 안고
우리는 나섰다 나도 나섰다
건군은 짧아도
전투에서 용맹을 떨쳐
대화혼(大和魂)은 우리를 고무한다
천황의 뜻을 받든 특설부대
천황은 특설부대를 사랑한다

.(*'대화혼'은 무사적·전투적 용기로 일본의 문화적 우월감과 인종적 우수성을 주장하며 패권주의와 침략주의를 미화하는 일본 정신을 뜻한다.)

이 경력에 대해서 백선엽은 나중에 일본에서 발간한 회고록에서 다음과 같이 회고했다.

우리들이 추격했던 게릴라 중에는 많은 조선인이 섞여 있었다. 주의 주장이 다르다고 해도 한국인이 독립을 위해 싸우고 있었던 한국인을 토벌한 것이기 때문에 이이제이(以夷制夷)를 내세운 일본의 책략에 완전히 빠져든 형국이었다. 그러나 우리가 전력을 다해서 토벌했기 때문에 한국의 독립이 늦어졌던 것도 아닐 것이고, 우리가 일본을 배반하고 오히려 게릴라가 되어 싸웠다고 해서 한국의 독립이 빨라졌다고 할 수도 없을 것이다.(*백선엽, 『對ゲリラ戰ーアメリカはなぜ負けたか(대(對)게릴라전-아메리카는 왜 졌는가)』, 原書房, 1983, p. 29.)

군대에서 또 경찰에서 자발적으로 일제에 부역했던 이런 집단은 해방 후에도 여전히 그 자리를 지키며 영향력을 유지했다. 국내에 집권 기반이 필요했던 이승만이 그들을 비호하며 자기 세력으로 끌어안았기 때문이다. 백선엽은 해방된 뒤에 국방경비대를 거쳐 대한민국 육군에 소속되었다. 그리고 한국전쟁 때는 혁혁한 전공을 세우며 육군참모총장이 되었고 또 한국군 최초의 4성 장군이 되었으며, 마침내 반공 영웅의 상징적인 인물이 되었다.

그런데 이 반공 영웅에게는 '친일반민족행위자'라는 불편한 딱지가 붙어 있다. 민족문제연구소에서 2009년에 발간한 『친일인명사전』 제2권 백선엽 편에는 "간도특설대에게 살해된 항일 무장 세력과 민간인은 172명에 달했으며, 그 밖에 많은 사람이 체포되거나 강간·약탈·고문을 당했다."라는 설명이 붙어 있다. (*다음에서 재인용. "친일파의 재산 - 백선엽 1", 『오마이뉴스』, 2023. 2. 26.)

그런데 어쩐 일인지 (아니, 당연하게도!) 윤석열 정부가 이 불편한 딱지를 떼어내겠다고 나섰다. 2023년 7월이었다. 박민식 국가보훈부 장관이 한 언론사와 통화하면서 다음과 같이 말했다.

국가보훈부와 국립 현충원 홈페이지에서 백 장군의 안장 기록을 검색하면 비고란에 '친일반민족행위자'라는 문구가 같이 뜬다. (…) 보훈부 차원에서 이 문구를 삭제하는 방안을 검토 중이다. (…) 이승만 전 대통령이 대한민국이라는 국가를 세운 사람이라면, 백 장군은 국가 수립 이후 최대의 위기였던 전쟁에서 대한민국을 지켜낸 존재다. (…) 이런 분이 진영 갈등 탓에 역사의 험지에 남는 것을 그대로 둘 순 없다.(*"박민식 '백선엽 친일반민족행위자' 문구 삭제 검토", 『중앙일보』, 2023. 7. 5.)(*강조는 저자. 해당 부분에 대해서는 2장에서 자세하게 살펴본다)

보훈부 장관은 백선엽 장군이 친일 행위를 한 게 아니라는 데 장관직을 걸겠다는 말까지 했다. (간도특설대 장교로 복무했던 사람이 친일 행위를 하지 않았다는 주장도 우습지만, 그 말에 장관직을 걸겠다는 말은 더 우습다.) 그리고 얼마 뒤에 장관은 독립유공자 재평가 작업을 하는 심사위원회에 당연직 위원으로 포함되어 있던 광복회장을 배제했는데, 그러자 광복회는 나라의 정체성을 뒤흔드는 중대한 사안이라며 즉각 반발하며 단체 행동에 나설 수 있다고 경고했다. 그러나 결국 보훈부는 2023년 7월 24일에 국립대전현충원 홈페이지의 '안장자 검색 및 온라인 참배' 란에 게재된 백선엽 장군의 '친일반민족행위자'라는 문구를 삭제하기로 결정했다

보훈부뿐만 아니라 윤석열 정부 전체는 과거의 친일 행위뿐만 아니라 일본과 관련된 현재의 여러 쟁점에 대해서도 일본에 더할 나위 없이 우호적이다. 독도 문제, 위안부 문제, 강제노역자 배상 문제 등에서 그렇다.

2023년 3월 6일에 박진 외교부 장관은 강제노역자 배상 문제의 처리 방안을 발표했는데, 그 내용이 황당했다. 일본 전범 기업인 일본제철을 대신해서 한국의 기업들이 추렴해서 내놓은 기금으로 일제 강제노역 피해자 배상금을 대납하게 하겠다는 것이었다. 일본과 전범 기업이 피해자에게 사과한다는 조건도 빠져 있었다.

그러자 일제 강제 동원 피해자를 지원하는 시민·사회단체들이 강하게 비판하고 나서서 "2023년 3월 6일은 대한민국 헌정사상 최악의 날, 제2의 국치일로 기록될 것"이라고 했으며, 피해 당사자로 손해배상 소송에서 최종 승소했던 양금덕 할머니와 김성주 할머니는 "윤석열은 어느 나라 사람인지 모르겠다. 하루속히 물러가라", "일본 사람들이 우리를 끌고 갔는데 어디다 사죄를 받으라고 요구하나?"라고 각각 울분을 터트렸다. (*"윤석열은 어느 나라 사람인가?", 『미디어인뉴스』, 2023. 3. 7.)

그러나 정부 여당 소속의 정치인이자 충북도지사인 김영환은 달랐다. 그가 정부의 이 방안을 환영하면서 3월 7일에 자기 페이스북에 '내 무덤에도 침을 뱉어라'라는 제목으로 글을 하나 올렸는데, 이 글은 윤석열 정부가

바라보는 친일이 어떤 의미인지 적나라하게 보여준다.

　"나는 오늘 기꺼이 친일파가 되련다. (…) 나는 오늘 병자호란 남한산
성 앞에서 삼전도의 굴욕의 잔을 기꺼이 마시겠다. (…) 삼전도에서 청나
라에 머리를 조아린 것이 문제의 본질이 아니다. 그때 남한산성에는 15일
도 버티지 못할 식량 밖에는 남아 있지 않았다. 임진왜란을 겪고도, 겨울
이 오면 압록강을 건너 세계 최강의 청나라군대가 쳐들어올 것을 대비하
지 않은 조선의 무기력과 무능력에 있었다. 그래, 김상헌 등의 '척화'를 했
으면 나라를 구할 수 있었을까? 그 호기는 턱도 없는 관념론이다. (…) 나
는 솔직히 윤석열 대통령과 박진 장관의 애국심에 고개 숙여 경의를 표한
다. '통 큰 결단'은 불타는 애국심에서 온다. (…) 오늘 윤석열 대통령의 결
단은 '지고도 이기는 길'을 가고 있다. 진정 이기는 길은 굴욕을 삼키면서
길을 걸을 때 열린다. 일본의 사과 참회를 요구하고 구걸하지 마라! (…) 왜
이리 이 나라에는 애국자들이 많은가? 내 마음이 훈훈하다. (…)"

　우리가 힘이 없고 무능하므로 뭐라고 손에 넣으려면 기꺼이 무릎을 꿇
어야 하고, 그것이 애국이라는 주장이다. 이 주장은 100년 전에 이완용이
내세웠던 바로 그 실용주의 논리다. 2023년에 김영환이 했던 이 주장을
1919년에 3·1만세운동에 대해서 이완용이 발표했던 세 번째 경고문과 비교
하면 내용상으로 완벽하게 똑같다.

　"(…) 아아, 우리 조선이 국제경쟁이 과격하지 아니하던 시기에도 일

국의 독립을 완전히 유지하지 못했음은 제군의 아는 바라, 하물며 오늘날 처럼 구주대전(1차 대전)으로 인하여 전 세계를 개조하려는 시대를 당하였으니 우리가 이만천여 방리에 불과한 강토와 천백여 만 정도의 인구로 독립을 높이 외침이 어찌 허망타 아니하리오. 이는 필시 제군이 세계의 대세는 알지 못하고 단지 평일의 감정이 쌓였다가 풍문을 듣고 일시에 뿜어냄이라, (…) 혹시 사정을 잘 알지 못하고 경거망동하는 무리가 있을지면 그것은 즉 조선 민족을 멸망케 하며 동양 평화를 파괴하라는 우리의 적으로 봄이 마땅하리로다."(*3차 경고, 1919년 5월 30일, 『매일신보』)

윤석열 정부가 일본을 대하는 방식

윤석열은 대통령 후보 시절에 이미 일본에 우호적인 태도를 공공연하게 드러냈다. 선거를 며칠 앞둔 시점이던 2022년 3월에 3·1절 특별성명을 발표하며 다음과 같이 말했다.

"(…) 3·1정신은 무조건적인 반일(反日), 배일(排日)이 아니다. (…) 해묵은 반일 선동만으로는 국제 사회의 거대한 변화에 맞설 수 없다는 것을 3.1 독립선언문은 이미 예견했다. (…)"(*강조는 저자)

'해묵은' 반일 선동이라는 표현은, 효과도 없고 의미도 없는 즉 '전혀 실용적이지 게' 무턱대고 반일 선동을 해댄다는 뜻을 담고 있다. 그런데 그로부터 1년 뒤인 2023년 삼일절에 윤석열은 대통령은 기념사에서 일본을 향해 훨씬 더 적극적으로 우호적인 태도를 드러냈다.

"(…) 우리는 세계사의 변화에 제대로 준비하지 못해 국권을 상실하고 고통받았던 우리의 과거를 되돌아봐야 합니다. (…) 일본은 과거 군국주의 침략자에서 우리와 보편적 가치를 공유하고 안보와 경제, 그리고 글로벌 어젠다에서 협력하는 파트너가 되었습니다. 특히, 복합 위기와 심각한 북핵 위협 등 안보 위기를 극복하기 위한 한미일 3자 협력이 그 어느 때보다 중요해졌습니다. (…)"(*강조는 저자)

3·1절 기념사로는 역대급으로 짧은 분량이었지만, 분량만이 문제가 아니었다. 3·1절 기념사에 일본의 제국주의적 침략을 비판하는 내용은 단 한마디도 들어가지 않았다. 일본의 잘못을 질타하고 또 못다 이루어진 진정한 사과와 배상을 촉구해야 했지만 윤석열 대통령은 일본이 잘못한 게 아니라 우리가 잘못해서 일본의 지배를 당했다는 식으로 말했다. 이것은 전형적인 식민지 근대화론의 논리이자 일본 정부가 지금 한국에게 드러내는 논리다. 독도를 자기 영토라고 우기고 강제노역 피해자에게 사과와 배상도 하지 않는 일본을 글로벌 어젠다에서 협력하는 동반자로 인정하는 윤석열의 태도는 이완용이 표방했던 실용주의와 똑같다.

영화 「대부」에서 자기가 속한 조직보다 강해 보이던 경쟁 조직과 내통해서 협상을 이끌어내려고 했던 테시오와 마찬가지로, 윤석열은 일본과 한국 사이의 불편한 관계를 편안한 관계로 바꾸고 싶었다.

그 불편한 관계는, 2019년에 한국의 대법원이 일본제철이 강제노역 피해자에게 손해를 배상하라는 판결을 내리는 것에서부터 시작되었다. 물론 그즈음에 일본의 초계기가 독도 상공을 침범했을 때 우리 군대가 적극적인 대응한 것도 양국의 긴장을 강화했다. 이런 한국의 대응에 일본은 2019년 7월 1일부로 반도체 및 디스플레이 제조 핵심 소재의 수출을 제한하기로 발표했다. 무역 분쟁이 시작된 것이었다. 소재·부품·장비(소부장) 산업이 일본에 의존하는 비중이 높았으므로, 일본의 수출 제한 조치로 한국의 해당 산업은 당장 큰 피해를 입었다. 그러나 한국에서는 일본 제품 불매운동이 벌어졌고, 한국의 해당 산업은 소재·부품·장비의 국산화에 박차를 가했다. 그래서 결과적으로는 오히려 일본의 생산 기업들이 상품을 수출하지 못해서 손해를 보고 있었다.

이런 상황에서 새로 들어선 윤석열 정부로서는, 일본의 사과를 받아내고 한국 대법원의 판결 내용이 집행되도록 했어야 하지만 그렇게 하지 않았다. 2023년 3월 16일로 예정되어 있던 한일 정상회담에서 가시적인 성과를 얻어낸다는 명분으로 3·1절 기념사에서부터 일본을 향해서 유화적인 제스처를 취했으며, 3월 6일에는 이른바 '강제노역 피해배상금 제3자 변제안'을 마련했다. 한국의 기업들이 돈을 모아서 피해자들에게 돈을 주고 일본 정부는 일본으로 유학하는 한국인 학생들에게 장학금을 지급하는 장학재단을 만든다는 방식이다. 윤석열 대통령은 이 방안을 가지고 3월 16일 일본 총리와 정상회담을 했으며, 아무런 성과도 없는 회담이 끝난 뒤에는 긴자 거리의 음식점에서 만찬을 즐기고 또 일본식 돈가스와 오므라이스의 발상지로 알려진 또 다른 음식점으로 자리를 옮겨서 2차로 돈가스와 생맥주를 즐겼다.

이 과정에서 일본 총리는 강제노역 피해자에 대한 사과는 전혀 하지 않았고, 윤석열 대통령도 여기에 대해서는 아무 말도 하지 않았다. 2023년이 다 가도록 일본은 그 어떤 성의도 보이지 않았다. 오히려 12월 21일에 한국의 대법원이 일본 기업의 손해배상 책임을 인정하며 강제 동원 피해자와 유족들의 손을 들어주는 판결을 다시 또 내리자, 이 판결을 '결코 받아들일 수 없다'고 반발하면서 주일한국대사관 정무공사를 초치해서 항의했다. 일본의 이런 조치에 대해서 정부는 통상적인 '소통'의 방식이라면서, '제3자 변제안'으로 처리하겠다는 입장을 굽히지 않았다.

도쿄전력과 일본 정부가, 후쿠시마 원자력 발전소의 녹아내린 핵 연료를 냉각하기 위하여 투입된 냉각수 및 여기에 유입된 지하수가 합쳐진 오염수를 처리하는 방식에 대해서 윤석열 정부가 보이는 태도는 비굴하기까지 하다.

오염수에 포함된 삼중수소를 처리하는 방법에는 여러 가지가 있다. 오염수를 끓여 수증기로 배출하는 방법, 지하에 일정 깊이까지 구멍을 파고 주입하는 방법, 전기분해를 통해서 삼중수소를 수소로 환원한 다음에 대기로 배출하는 방법, 오염수를 시멘트로 섞어서 고체화한 다음에 지하에 매설하는 방법, 그리고 바다에 방류하는 방법 등이 있다. 그런데 도쿄전력과 일본 정부는 가장 값싼 방식인 해양 방류를 결정하고 밀어붙이고 있다.

한국 국민 가운데 80퍼센트 이상이 후쿠시마 오염수 해양 방류에 반대하고 있음에도, 윤석열 정부는 일본 정부 대변인 역할을 하며 자국민을 향해서 일본 편을 들고 있다. 그래서 전국의 온갖 크고 작은 지방자치단체들 및 민간 단체들 그리고 해외 단체들이 들고 일어나서 윤석열 정부를 규탄한다. 예를 들어 미국에서도 환경운동연합, 그린피스, 시민방사능감시단, 미국 원자력과학자협회, 미국과학자연맹, 미국 환경법단체, 환경정의센터, 천연자원방어위원회 등이 2023년 6월에 일본 정부의 후쿠시마 오염수 방류에 반대하는 성명서를 발표했는데, 내용을 간략하게 정리하면 다음과 같다.

우리는 일본 정부가 후쿠시마 원전 오염수를 방류하는 계획에 강력히 반대한다. 이 계획은 미국과 전 세계의 해양 생태계에 심각한 위협이 될 것이다. (…) 일본 정부는 오염수를 안전하게 처리할 수 있는 다른 방법을 찾아야 한다. 우리는 일본 정부의 후쿠시마 오염수 방류 계획에 강력히 반대하며, 이 계획이 중단될 때까지 싸울 것이다.

한편 국내의 반대 목소리는 생존이 걸린 문제라서 한층 더 처절하다. 예컨대 제주에서는 2023년 6월 13일에 신제주 일본국 총영사관 앞에 어업 종사자 1천여 명이 모여서, 후쿠시마 오염수 해양 방류 계획을 규탄하며 일본 제국주의 침략의 상징 욱일기를 찢고 불태웠으며, 7월 6일에는 조천읍 함덕 정주항 앞바다에서 욱일기를 바다에 펼쳐 놓고 그 주위에 어선 12척이 학익진으로 포위하는 퍼포먼스를 벌였다. 그리고 해녀 경력 53년의 어떤 주민은 이렇게 말했다..

"위안부 할머니가 얘기했듯이 윤석열이가 조선 사람인지 일본 사람인지 구분이 안 됩니다. 솔직히 말해서 대통령이나 돼서 우리 국민을 무시하고 일본 편만 드는 식으로 나오면 안 되죠. 첫째로 우리 국민을 먼저 생각해줘야지요. 정부는 오염수를 정확하게 검사해야 하고요. 그리고 일본 정부는 오염수가 정말 괜찮다면 자기네 생활용수로 쓰든지, 농업용수도 쓰든지, 풀장을 만들든지 자국 내에서 알아서 하면 될 일 아닌가요?"(*"대통령이 돼가지고 일본 편만 들다니", 『오마이뉴스』, 2023. 7. 18.)

　국내외에서 거세게 일어나는 반대 시위와 규탄 운동에도 윤석열 정부와 집권 여당은 꿈적도 하지 않는다. 오히려 직접 예산까지 들여가며 일본 정부와 도쿄전력을 거들고 나선다. 대한민국 정부가 세금으로 후쿠시마 오염수 방류가 우리나라에 위험하지 않다는 광고를 제작해 유튜브에 광고비를 지급하고 게재한 것이다.

　2023년 7월 11일에 유튜브에 후쿠시마 오염수 옹호 광고가 나왔다. 유튜브 무료 이용자가 영상을 재생할 때, 앞·뒤·중간 등에 광고 영상이 붙는데 여기에 대한민국 정부가 의뢰한 광고가 나온 것이다. 해당 광고에 활용된 영상물은 '대한민국 정부' 공식 유튜브 채널에 7월 7일 올라온 '국내 최고 전문가들이 말하는 후쿠시마 오염수의 진실'(4분 25초) 영상과 '대한민국 오늘 정책' 유튜브 채널에 지난 10일 올라온 '후쿠시마 방류한다는데, 우리 수산물 안전할까요?'(1분) 영상이다.

　이것도 모자라서 국무총리가 나서서 후쿠시마 오염수를 기꺼이 마실 수 있다고 목소리를 높였고, 또 집권 여당인 국민의힘 소속 의원들은 수산시장에 가서 활어 수조에 담긴 바닷물을 실제로 마시면서 후쿠시마 오염수가 안전하다고 강변했다. (그 수조의 물과 후쿠시마 오염수가 무슨 관련이 있다고, …더럽게!)

　그런데 2023년 현재 일본의 후쿠시마 오염수 방류를 적극적으로 찬성하는 김기현 국민의힘 대표를 포함해서 국민의힘 소속 의원들은 모두 문재인 정부 때는 말할 것도 없고 윤석열 정부 초기에도 그 방류를 적극적으로 반대했었다. 그랬던 사람들이 그야말로 하루아침에 태도를 바꾼 것이다.

동일한 사안을 두고 입장이 바뀐 이유가 무엇일까?

일본의 오염수 방류를 도우며 일본과 거래를 해서 얻을 수 있는 이익이 오염수 방류를 반대할 때 얻을 이익보다 더 크다는 실용주의적인 계산 때문이다. 백 년 전에 이완용이 친미에서 친러로, 다시 친일로 갈아탔듯이, 오늘날의 이완용들이 후쿠시마 오염수 방류 반대에서 방류 찬성으로 갈아탔을 뿐이다. 거기에, 비록 어업 종사자와 바다와 해산물을 즐기고 사랑하는 수많은 사람을 희생시키더라도, 자기의 이득을 보장하는 무언가가 있기 때문이다. 일본의 조선 강제병합이, 비록 대부분의 조선 백성의 노동과 조선의 자원이 착취되고 유출된다고 하더라도, 이완용에게 실용적인 이득을 보장해주는 무언가가 있었듯이 말이다.

4.

지금까지 친일파를 자본가적 착취-피착취의 '관계'에 초점을 맞추어서 바라보았다. 친일파를 애국적-매국적이라는 관점의 민족주의적 '품성'에 초점을 맞추어서 바라보는 경우는 어떨까?

어떤 지한파 일본인 작가는, 이런 민족주의적 관점이 우리나라에 지나칠 정도로 강해서 이웃에 사는 일본인인 자기가 보기에 민망하고 딱할 정도라고 썼다.

민족주의, 민족의식, 민족주체성, 민족의 긍지 등등 한국에서는 민족이란 말이 난무하고 있습니다. 일본의 식민지 지배를 받았던 쓰라린 역사나, 독립해도 강대국 사이에 끼여서 살아야 할 지정학적인 조건의 불변함을 생각하면 민족의 존엄과 불가침성은 아무리 강조해도 지나치지 않을 겁니다. 그렇지만 그런 주장이 운동이 되었을 때 안이한 수단으로서 제 고장 자랑-자기의 무조건 긍정에 치우치기 쉽습니다.(*한국인의 '통속민족주의'에 실망합니다", 『신동아』, 1990년 8월호. 다음에서 재인용. 『일본산고』, 박경리, 다산책방, p. 139.)

이렇게 통속민족주의가 성행하면서부터 한국의 품위가 떨어지는 느낌이 든다고 했다.

식민지 지배의 문제에 대해서는 일본 측이 반론할 수 있는 여지는 전연 없습니다. 따라서 이 문제에 관한 한 한국 사람은 안심(?)하고 마음껏 일본을 공박할 수 있습니다. 한국 측이 침략의 역사를 들고 일본을 규탄하고 일본 측은 오로지 사죄하는 모습을 보인다는 관계는 금후에도 계속될 것입니다. 마음의 상처는 무한대의 넓이와 깊이를 갖고 있기 때문입니다. 다만 그 과정에서 규탄의 소리는 점점 소구력·타격력을 잃어갈 것입니다. 왜냐하면 거기에는 거부의 반일(反日)이 가졌던 긴장이 없기 때문입니다.(*"일본인은 한국인에게 충고할 자격이 없다", 『일본산고』, p. 147.)

무려 30년 전에 어떤 지한파 일본인 작가가, 일본을 규탄하는 소리가 점점 소구력과 타격력을 잃어버리는 현상이 나타날 것이라고 예견했는데, 이런 현상이 지금 일제의 강제 동원 피해자 보상 문제나 후쿠시마 오염수 처리 문제를 둘러싸고 실제로 일어나고 있다.

예를 들면, 2023년 5월에 정부가 일본 후쿠시마 오염수 현장에 시찰단을 파견하는 것을 두고 더불어민주당이 오염수 방류의 정당성만 더해주는 것이라며 철회를 촉구하자, 국민의힘 대변인은 다음과 같이 반박했다.

민주당은 반일(反⑪) 팔이에 집착해 국민의 불안감을 키우는 터무니없는 모략과 언행을 중단하라. (…) 민주당은 우리 정부의 검증이 시작되기도 전에 양국의 노력을 폄훼하고 또다시 오염수 괴담을 유포하며 정치 선전에 나섰다. (…) 비과학적·무지성적 태도로 오직 정부를 공격하고 반일 선동을 하기 위해 발버둥 치는 민주당의 모습은 국정을 혼란시키려는 의도가 아니고 무엇인가?(*2023년 5월 13일, 김예령 대변인)

그러나 통속민족주의라는 용어를 동원한 일본 작가의 지적에 대해서『토지』의 작가 박경리는 우리에게는 반일(反日)의 민족주의적 관점이 조건부로 필요하다면서 다음과 같이 단호하게 대꾸했다.

일본을 이웃으로 둔 것은 우리 민족의 불운이었다. 일본이 이웃에 폐를 끼치는 한 우리는 민족주의자일 수밖에 없다. 피해를 주지 않을 때 비로소 우리는 민족을 떠나 인간으로서 인류로서 손을 잡을 것이며 민족주의도 필요 없게 된다. (…) 일본인에게는 예(禮)를 차리지 말라. 아첨하는 약자로 오해받기 쉽고 그러면 밟아버리려 든다. 일본인에게는 곰배상.(*상다리가 휘어지게 음식을 잘 차린 상)을 차리지 말라. 그들에게는 곰배상이 없고 상대의 성의를 받아들이기보다 자신의 힘을 상차림에서 저울질한다.(*『일본산고』, p. 161, 164.)

가해자인 일본이 반성하고 뉘우치지 않는 한, 즉 강자의 여전히 건재하는 한, 반일(反日)은 촌스러운 민족주의가 아니라 생존의 무기임은 분명한 사실이다.

* * *

이완용이 채택했던 실용주의는 힘이 세다. 이익을 위해서라면 기꺼이 친일파가 되겠다고 공언하는 김영환 충북도지사의 당당함을 봐도 그렇고, 후쿠시마 오염수 방류에 아무 문제가 없다는 IAEA의 보고서를 지지한다며 일본 정부의 손을 들어주는 윤석열 대통령의 단호함을 봐도 그렇다.

그렇다, 지금 이완용의 실용주의가 한국을 지배하고 있다.

2023년 7월, 장마로 큰비가 내린 가운데 정부의 안이한 대처로 청주 오송 지하차도에서 14명이 사망하는 참사가 빚어졌다. 이날 늑장 대처로 공분을 샀던 김영환 도지사는 참사 며칠 뒤에 희생자들의 합동분향소를 찾아가서 "(내가) 거기(사고 현장)에 (일찍) 갔다고 해서 상황이 바뀔 것은 없다고 생각한다."라고 말했다. 그런데 이 발언은 그 며칠 전에 나토 회의 참석차 리투아니아에 갔던 윤석열 대통령이 한국에서 역대급 강수량을 기록하며 잇달아 참사가 터지는 상황에서 굳이 새로운 일정을 만들어 전쟁 중인 우크라이나를 방문한 일을 두고 "당장 한국으로 뛰어가도 수해 상황을 크게 바꿀 수 없기에" 그랬다고 변명한 것과 똑같다.

참사나 피해를 되돌릴 수는 없다는 말은 '실용주의적으로' 맞는 말이다. 그러나 이런 발언에는 피해자나 희생자의 아픔에 공감하는 마음은 조금도 담겨 있지 않다. 도지사나 대통령에게서는 공감과 연민이 지니는, 금전적인 가치를 초월하는 인간적인 가치의 존재를 아예 모르는 것 같다. 실용주의를 처세와 사업과 정책을 결정하는 데서 방법론상의 철저한 원칙으로 삼는 사람들에게 공통적으로 나타나는 모습이다.

실제로 김영환과 윤석열 사이에는 근본적인 공통점은, 최종 판단의 근거를 실용적인 실리로 삼는다는 점이다.

김영환은 김대중 대통령이 이끄는 새정치국민회의 소속으로 정계에 데뷔해서 민주당 쪽에서 4선을 한 국회의원이었다. 그러다가 민주당을 떠나 안철수를 따라 국민의당으로 이동했고 그 이후 바른미래당으로 옮긴 후 미래통합당으로 이동했으며, 윤석열이 대통령 후보로 나서자 거기에 줄을 서서 이른바 '친윤'이라는 도장을 찍고 국민의힘에서 충북지사 공천을 받아 충청북도지사에 당선되었다.

윤석열은 문재인 정부에서 박근혜를 포함한 그 정부 인사들을 기소하는 것으로 공을 세웠으며 또 검찰 개혁의 과제를 충실히 수행하겠다고 약속하며 검찰총장이 되었지만, 문재인 정부를 배신하고 자기 정치를 하며 보수당의 힘을 빌려서 대통령에 당선되었다. 이완용이 자신을 철저하게 신뢰하고 중용하던 고종을 배신하고 실리를 좇아서 힘이 센 일본의 앞잡이가 되었던 것과 다르지 않다.

이완용도 그랬고 백선엽도 그러지 않았던가, 자기가 친일을 하지 않았다고 해서 한국의 독립이 빨리 이루어질 일도 없지 않았느냐고….

지금 우리나라에는 수많은 이완용이 판을 치고 있다. 돈이 되는 곳이나 정보를 모을 수 있는 곳이면 어디에나 순진한 얼굴의 가면을 들이밀고 미소를 짓는다. 이 매국 행렬에 국가기관이 앞장서고, 정치인과 관료가 목에 핏대를 세우며 그럴듯한 말로 국민의 판단을 흐리고, 대기업이 팔짱을

끼고 서서 흐뭇하게 바라보며 손뼉 치고, 정체를 숨긴 채 곳곳에 박혀 있는 밀정들은 돈이 될 만한 정보를 팔아 제 잇속을 챙기고, 멋모르는 사람들은 이완용들이 활개를 칠수록 경제가 살아나서 다들 잘살게 될 것이며 좋아하니, 이 일을 어쩌랴.

이러다간 지금 당장 우리나라 헌법이 바뀐다고 하더라도 이상할 게 없다.

대한민국 헌법은 전문과 10장 130조 그리고 부칙 6조로 구성되어 있다. 이 가운데 특히 전문은 시대의 이념이나 가치, 추구해야 할 목표를 가장 함축적으로 표현하는데, 현재의 헌법 전문은 1987년에 개정된 것이다.

"유구한 역사와 전통에 빛나는 우리 대한국민은 3·1운동으로 건립된 대한민국임시정부의 법통과 불의에 항거한 4·19 민주 이념을 계승하고, 조국의 민주개혁과 평화적 통일의 사명에 입각하여 정의, 인도와 동포애로써 민족의 단결을 공고히 하고, 모든 사회적 폐습과 불의를 타파하며, 자율과 조화를 바탕으로 자유민주적 기본질서를 더욱 확고히 하여 정치·경제·사회·문화의 모든 영역에 있어서 각인의 기회를 균등히 하고, 능력을 최고도로 발휘하게 하며, 자유와 권리에 따르는 책임과 의무를 완수하게 하여, 안으로는 국민생활의 균등한 향상을 기하고 밖으로는 항구적인 세계평화와 인류공영에 이바지함으로써 우리들과 우리들의 자손의 안전과 자유와 행복을 영원히 확보할 것을 다짐하면서 1948년 7월 12일에 제정되고 8차에 걸쳐 개정된 헌법을 이제 국회의 의결을 거쳐 국민투표에 의하여 개정한다. 1987년 10월 29일"

이것이 다음과 같이 '이완용의 실용주의적으로' 즉 신자유주의 철학을 담는 내용으로 바뀔 수 있다.

"유구한 역사를 자랑하는 우리 국민은 1948년 건국의 아버지 이승만 대통령과 함께 시작된 대한민국의 국민임을 자랑스럽게 여기며, 한반도의 근대화에 기여하며 건국의 기초를 닦는 데 도움을 주었던 일본과 건국 이후 비약적인 근대화를 지지했던 미국의 인도적이며 평화적인 우호선린 정신과 반공 이념을 계승하고, 조국의 자유주의적 개혁과 북한의 흡수 통일이라는 사명에 입각하여 기회가 닿는 대로 시장의 확대를 도모하고, 효율성에 어긋나는 모든 사회적 폐습과 불의를 타파하며, 힘의 논리에 따른 경쟁을 바탕으로 자유민주주의를 더욱 확고히 하여, 정치·경제·사회·문화의 모든 영역에 있어서 각인의 기회를 능력에 따라서 차별함으로써 각인이 무한경쟁 속에서 자기 능력을 최고도로 발휘하게 하며, 자유와 권리에 앞서 책임과 의무를 차별적으로 완수하게 하여, 안으로는 부익부 빈익빈의 윤리를 완성하고 밖으로는 국적 없는 자본의 이동과 번성에 이바지함으로써 우리와 우리의 자손의 안전과 자유와 행복이 세계화 속에서 영원히 함께할 것을 다짐하면서 1948년 7월 12일에 제정되고 9차에 걸쳐 개정된 헌법을 이제 국회의 의결을 거친 뒤 국민투표에 의해 개정한다. 20**년 **월 **일"

정신 차리자. 일제강점기를 살았던 시인 이육사가 시 「절정」에서, '서릿발 칼날 진 그 위에 서 있어' 무릎을 꿇을 곳은커녕 한 발 재겨 디딜 곳도 없다 했던 바로 그 상황이다. 지금 우리 사회 곳곳에 스며들어 있는 위험한 실용주의, 자본과 그 주변에 튼튼하게 똬리를 틀고서 '그들만의 이익'을 추구하는 신자유주의 경제의 배타적인 실용주의를 걷어내자. 돌처럼 침착하고 얼음처럼 냉정하며, 치밀하게 생각하고, 단호하게 행동하는 이완용들, 사회 전체의 이득을 명분으로 내세우면서 개인의 이득을 추구하는 부도덕한 실용주의자들, 신자유주의의 전도사들을 몰아내자. 바꾸고 또 바꾸자.

　…그런데 잠깐.

피드백을 바라며 한 친구에게 이 책의 초고를 보여주었는데, 이 친구는 국가 정책의 철학으로서 실용주의는 나쁘지 않다고 했다.

"야, 다 맞는 말이긴 하다. 그래도 실용주의가 바탕이 되어야 자원의 효율적인 배분이, 효율성이 보장되지 않겠어?"

이 의견을 반박도 할 겸 한마디만 더 덧붙인다.

사람은 사회적인 동물이라서 음식과 물만큼이나 다른 사람의 관심과 인정을 받아야만 생존할 수 있다. 실용주의가 판을 치는 세상에서는 실용적인 가치가 없는 사람에게는 관심이 주어지지 않으므로 이 사람들은 투명인간이 되고, 따라서 삶의 조건을 박탈당해서 생존할 수 없게 된다. 우리가 바라는 사회가 과연 이런 사회일까?

그래도 고개를 갸우뚱하는 친구를 위해서 비유를 하나 들어본다.

어떤 유부남이 혹은 유부녀가 멀리 다른 도시 혹은 다른 나라로 며칠 출장을 갔고, 거기에서 어떤 여자 혹은 남자와 하룻밤을 즐겼다고 치자. 그리고 이 사람이 집으로 돌아오는 기차 혹은 비행기에서 그 하룻밤의 일탈을 돌이켜보면서 무슨 생각을 할까?

만약 이 사람이 계량주의적인 이득보다 자기와 배우자 사이의 사랑과 두 사람의 공동체인 가정을 소중하게 여기는 사람이라면 죄책감을 느낄 것이다. 그러나 만약 이 사람이 실용주의자라면 자기가 바람을 피운 사실이 배우자나 자기가 속한 사회에 발각될 경우의 이해득실을 따지면서 걱정할 것이다. 이런 사람에게는 죄책감보다 걱정이 앞서고, 그렇기에 이런 사람은 자기의 이해득실이 걸린 문제에 관한 한 얼마든지 뻔뻔할 수 있다. 자기가 속한 사회나 공동체 전체의 가치나 가치관보다는 자기 혹은 자기가 포함된 집단(남자들, 혹은 여자들, 혹은 어른들)의 이익을 먼저 생각하기 때문에 그토록 뻔뻔할 수 있다. 이 사람들에게는 바람이든, 친일 행위든, 학교폭력이든, 탈세든, 주가 조작이든, 위장전입이든 간에 실용주의적으로 효율적이고 이득이 되기만 하면 뭐든 좋은 것이다.

자 그렇다면, 바람을 피우고 난 뒤에 가족이 공유하는 믿음을 저버렸다는 죄책감을 느끼는 사람과 바람을 피우고 난 뒤에 이해득실을 따지면서 걱정하는 사람이 있다고 할 때, 이 두 사람의 가족 공동체 가운데서 어느 쪽이 더 행복할까? 어느 쪽에 속한 사람이 더 행복할까? 가족이 아니라 사회이고 국가라면 또 어떨까?

똑바로 바라보자, 누구를 위한 실용인지.

정신 차리자. 그리고 바뀌고 또 바꾸자.

박완서의
'빨갱이' 트라우마

○　○　○

공황 발작으로 점철된 현대사에서의 생존법

대한민국에서…
'반공'은 신자유주의적 실용주의의 천박함을 가려주는
우아한 예복이자 비장한 전투복이고,
트라우마는 살아남은 자가 치러야 하는 대가다.

2장

1.

따지고 보면 아무것도 아닐 수도 있다. 그러나 인연이라면 확실히 인연이다. 누구나 세상 살면서 한 번씩은 '이게 운명이 아닐까?'라고 느끼지 않을까? 이런 순간을 맞닥뜨리면, 우주에서 일어나는 모든 일이 미리 결정되어 있고, 거기에 따라서 내 인생의 온갖 일이 한 치의 착오도 없이 착착 진행될지도 모른다는 생각이 들기도 한다. 내 인생에서 일어난 그런 일들 가운데 하나가 소설가 박완서와 얽히게 된 일이다.

그 일은 1977년에 시작되었다.

그해에 나는 고등학교 2학년 학생이었고, 1학기의 어느 시점에선가 국어 선생님이 수업 시간에 이런저런 이야기를 하다가 『휘청거리는 오후』라는 소설을 읽어보라고 했다. 작가는 박완서이고, 여자라고 했다. 휘청거리는 여자? 야한 소설인가?

"임마들아, 이런 소설들도 좀 읽어보고 그래야지 사람이 똑똑해진다."

선생님은 이렇게 수업 시간에 가끔 우리나라 현대소설을 소개하곤 했다. 김동리의 『사반의 십자가』나 조해일의 『왕십리』를 그렇게 해서 삼중당 문고판으로 읽었고, 또 『휘청거리는 오후』도 그랬다.

그 1학기가 끝난 뒤의 여름방학이던 어느 날, 무척이나 덥고 심심하던 그날 나는 소설 『휘청거리는 오후』를 샀고, 공부를 하거나 이 소설책을 읽거나 둘 중에 하나는 하겠다는 생각으로 학교로 향했다. 그런데 그날이 얼마나 덥던지, 버스정류장에서 내려 학교까지 걸어가는 길에 뜨거운 열기에 녹아내린 아스팔트 위로 한 걸음씩 걸을 때마다 운동화가 바닥에 쩍쩍 달라붙는다는 느낌이 들었다. 그때 나는 '휘청거리는 오후'를 실감했다. 그 느낌은 야한 것보다 더 강렬했다. (나중에 알고 보니 그날 대구의 기온은 39.5도였다.) 그 강렬한 느낌을 나는 공부 대신 그 소설을 읽어야 한다는 계시로 받아들였다. 그게 내 기억에 남는 박완서와의 첫 번째 만남이다.

그리고 그로부터 1년 반쯤 지났을 무렵에 박완서와의 두 번째 만남이 이루어졌다.

그 겨울의 어느 날 나는 대학입시에 떨어진 사실을 확인했다.

"미역국 드셨습니다."

대구매일신문사에서 그 중년 대머리 남자는 분명히 그렇게 말했다. 똑같은 말을 하더라도 입시에 실패한 수험생에게 어떻게 그렇게 얄밉게 말할 수 있을까?

그때는 지금처럼 대학교 입시의 합격 여부를 인터넷으로 확인할 수 없었다. 지원했던 대학교에 직접 가서 게시판에 붙여 놓은 합격자 명단에서 자기 수험번호를 확인하거나, 그렇지 않으면 합격자 명단을 확보한 지역 신문사에 가서 간접적으로 확인해야 했다. 나는 서울까지 갈 수는 없었고,

그래서 대구 YMCA 건물 근처에 있던 대구매일신문사로 찾아갔고, 거기에서 그 말을 들었다.

"미역국 드셨습니다."

빌어먹을!

나는 신문사에서 나와서 동성로로 갔고, 동성로를 따라서 그냥 대구백화점 쪽으로 터덜터덜 걸어갔다. 아마도 세상을 다 잃은 심정이었을 것이다. 무슨 생각을 했던지 기억은 나지 않지만 분노와 실망과 좌절과 쓰라림과 뭐 그런 것들이었을 것이다. 나에게는 위로가 간절하게 필요했다. 나를 토닥여줄 사람이 필요했다. 그런 상태로 나는 거리를 배회했다. 그러다가 대구백화점 근처의 (혹은 백화점 안에 있었던) 서점에서 그 문구를 보았다.

'꼴찌에게 보내는 갈채'

박완서의 수필집 제목이었고, 그 갈채는 나를 위한 것이었다. 나는 경쟁에서 진 꼴찌였으니까…. 나는 그 책의 제목만으로도 충분히 위로를 받았다. 따뜻한 말 한마디가 그렇게 큰 힘이 될 수 있음을 처음 깨달았다.

그리고 세 번째 만남은 그로부터 7년쯤 뒤에 있었다. 이 만남을 위해 내가 먼저 그를 찾아나섰고, 이 만남의 결과물은 1986년에 완성한 나의 석사학위 논문 「박완서 장편소설 연구」였다.

이 논문의 서론에서 연구 목적과 텍스트 선정 이유를 설명하면서 나는 다음과 같이 썼다.

박완서는 1970년 『여성동아』의 여류 장편소설 공모에 『나목』이 당선되면서 문단에 발을 들여놓은 이래로 수많은 작품을 발표해왔다. 아래에서 예시하겠지만, 그의 작품 세계를 논하는 대부분의 평자 사이에서 일치되는 견해는, 그의 작품들의 바닥에 깔려서 작품의 성격을 규정하는 정신이 소시민적 인생관과 삶의 방식에 대한 강렬하고도 신랄한 비판의식이라는 점이다.

그의 소설 세계가 가지는 이 비판의식은 어디에서 연유하며, 또 이것은 무엇을 지향할까?

이 질문은, 그로부터 37년이 지난 지금도 여전히 유효하다.

물론 이런 판단은 나의 개인적인 의견일 뿐이다. 그리고 지금 나는 이 의견을 독자에게 설명하고 독자를 설득할 참이다.

2.

박완서가 태어났던 식민지 조선의 1930년대는 일본이 만주를 침략하면서 한반도를 침략 전쟁에 필요한 병참 기지로 만들겠다는 계획 아래 한반도에서 공업화를 진행하던 시기였다. 국제 정세도 긴박했다. 미국에서 시작된 공황이 전 세계를 타격했고, 세계의 열강들은 시장과 식민지를 확보하기 위해 전쟁을 불사했으며, 마침내 1939년에는 제2차 세계대전이 발발했다. 그리고 1941년 12월에 일본이 진주만을 기습적으로 공습하면서 전쟁이 발발하였다.

이런 1930년대의 두 번째 해이던 1931년은 실용주의 친일파 이완용이 67세로 사망한 지 5년이 되던 해이기도 했다. 또 평양의 평원 고무공장의 여성 노동자 강주룡이 고공 농성을 하다가 체포된 해이기도 했다(이 공장에서 회사가 임금 삭감을 결정하자 여성 노동자 49명이 단식 투쟁을 했는데, 경찰이 이들을 끌어내자 강주룡이 여기에 반발해서 을밀대 지붕 위에 올라갔고, 사장이 와서 임금 삭감을 취소하기 전에는 절대로 내려가지 않겠다면서 시위를 했던 것이다. 그러나 이 시위는 무력으로 강제해산되면서 끝났다.) 박완서는 바로 그 1931년에 경기도 개풍군(지금의 황해도 개풍군)에서 태어났다.

위로 열 살 터울의 오빠가 있었고, 아버지는 완서가 네 살 때 병사했는데, 어머니는 아버지의 삼년상을 마치자마자 완서를 조부모와 숙부모에게 맡기고 오빠만 데리고 서울로 떠났다. 오빠에게 좋은 교육을 시키기 위함이었다. 그리고 두어 해 뒤에 어머니는 완서도 서울로 데리고 갔다. 이렇게 해서 세 식구의 가난한 서울살이가 시작되었다.

이사간 날, 첫날밤 세 식구가 나란히 누운 자리에서 엄마는 감개무량한 듯이 말했다.

"기어코 서울에도 말뚝을 박았구나. 비록 문밖(사대문 바깥 지역)이긴 하지만…."

문밖에 살면서 일편단심 문안에 연연한 엄마는 내가 그 동네 아이들과는 격이 다른 문안 애가 되길 바랐다.(*박완서, 『엄마의 말뚝』, 세계사, p. 66.)

엄마는 자식들이 좋은 교육을 받고 성장해서 식민지 조선에서 우월한 사람이 되길 바랐다. 엄마가 딸에게 바라던 구체적인 모습은 그가 '신여성'이 되는 것이었다. 이런 바람은 소설『엄마의 말뚝 1』엄마의 입을 통해서 다음과 같이 묘사된다.

"신여성은 서울만 산다고 되는 게 아니라 공부를 많이 해야 되는 거란 다. 신여성이 되면 머리도 엄마처럼 이렇게 쪽을 찌는 대신 히사시까미.(*비녀 없이 머리 뒤끝을 둥글게 마무리하는 머리 모양)로 빗어야 하고, 옷 도 종아리가 나오는 까만 통치마를 입고 뾰족구두 신고 한도바꾸.(*핸드백) 들고 다닌단다."(*같은 책, p. 33.)

"신여성이란 공부를 많이 해서 이 세상의 이치에 대해 모르는 게 없 고 마음먹은 건 뭐든지 마음대로 할 수 있는 여자란다."(*같은 책, p. 34.)

박완서는 중학생 시절인 열네 살 때 해방을 맞는다. 1950년에는 서울 대학교 문리대 국어국문학과에 입학한다. 그러나 곧 한국전쟁이 일어나고, 해방 직후의 좌익 활동 경력 때문에 납북되었던 오빠가 서울이 수복된 뒤에 집으로 돌아왔다. 하지만 이때 이미 오빠는 정신적으로 망가져 있었고, 결 국 죽는다. 박완서에게 한국전쟁 경험의 핵심이라고 할 수 있는 이 오빠의 죽음을 그는 한 산문에서 다음과 같이 묘사한다.

오빠는 서서히 죽음을 당했다. 그것도 정신과 육체가 따로따로. 오빠 가 완전히 죽기까지는 장장 일 년이 걸렸다. 나는 지금까지도 어느 쪽이 오빠를 죽였는지 확실히 말할 수가 없다. 한쪽에선 오빠를 반동으로 몰아 갖은 악랄한 수단으로 어르고 공갈치고 협박함으로써 나약한 지식인에 지 나지 않았던 그를 마침내 폐인으로 만들어놓고 말았고, 다른 한쪽에선 폐 인을 데려다 빨갱이라고 족치기가 맥이 빠졌는지 슬슬 가지고 놀며 장난 치다 당장 죽지 않을 만큼의 총상을 입혀서 내팽개치고 후퇴했다.(*박완

서, "나에게 소설은 무엇인가", 『모든 것에 따뜻함이 숨어 있다』, 웅진지
식하우스, p. 32.)

오빠의 이 죽음은 그의 여러 소설에서 다양한 모습으로 묘사되지만, 오
빠가 이념 대립의 광기 속에서 사망한다는 설정은 동일하며, 이 경험은 박
완서의 소설들이 독자에게 전하는 메시지를 관통하고 있다.

　『엄마의 말뚝 2』에서는, 여든여섯 살의 어머니가 낙상사고를 당한 뒤에
다리 수술을 받는데, 그 후 어머니가 헛것을 본다. 아들이 죽임을 당하던 과
거의 상황이 현재진행형으로 어머니에게 일어났던 것이다.

　"그놈 또 왔다. 뭘 하고 있냐! 느이 오래빌 숨겨야지, 어서."
　"엄마, 제발 이러시지 좀 마세요. 오빠가 어디 있다고 숨겨요?"
　(…)
　어머니의 손이 사방을 더듬었다. 그러다가 붕대 감긴 자기의 다리에
손이 닿자 날카롭게 속삭였다.
　"가엾은 내 새끼 여기 있었구나. 꼼짝 말아. 다 내가 당할 테니"
　어머니의 떨리는 손이 다리를 감싸는 시늉을 했다. 그때부터 어머니의
다리는 어머니의 아들이었다. (…)
　"군관 동무, 군관 선생님, 우리 집엔 여자들만 산다니까요"
　어머니의 눈의 푸른 기가 애처롭게 흔들리면서 입가에 비굴한 웃음
이 감돌았다. 나는 어머니가 환각으로 보고 있는 게 무엇인지 알아차렸다.
가엾은 어머니, 차라리 저승의 사자를 보시는 게 나았을 것을….(*박완서,
『20세기 한국소설 35 – 박완서』, 창비, p. 146.)

아주 오래전에 있었던 그 끔찍한 일이, 까맣게 잊고 있었던 바로 그 힘든 고통이 의식의 현실로 튀어나온 것이다. 그러고 보면 그 기억은 언제든 현실이 되길 기다리고 있었던 모양이다. 아니, 늘 현실이었다.

박완서는 자기 소설의 주제가 전쟁과 이념 갈등의 경험 및 고통으로 끊임없이 회귀하는 것을 두고 이렇게 말했다.

웬만한 기억들은 뒤로 물러나서 시간적 거리를 설정할 수도 있고, 역사적 안목으로도 바라보게 되는데, 6.25의 체험만은 그렇지를 못하고 항상 저를 바짝 따라다니고 있습니다. 그 밀착감은 바로 어제의 일 같기만 하여 6.25라는 큰 덩어리를 전체적으로 보는 것을 방해하면서 제 체험의 언저리에서만 맴돌게 합니다.(*구상 외 기획좌담 "6.25 분단문학의 민족 동질성 추구와 분단극복 의지", 『한국문학』(1985년 6월), p. 55.)

6.25의 체험이 늘 자기를 바짝 따라다닌다는 표현은 피동적이다. 그러나 실제로 박완서는 그 문제에 관한 한 피동적이지 않았다. 그 반대로 적극적이었다. 박완서는 그 체험을 '지금 당장'의 현실로 끌어들이고 또 되살렸다.

한국전쟁의 개인적·가족사적 체험을 다룬 소설로 박완서라는 작가의 이름을 독자에게 또 문학사에 뚜렷하게 새긴 작품이 『엄마의 말뚝』 연작이다. 이 연작은 총 세 편인데, 1편과 2편은 1980년과 1981년에 발표되었고 3편은 1991년에 발표되었다. 그런데 2편의 마지막 문장이 "어머니는 아직도 투병 중이시다."인데, 그로부터 10년이 지난 뒤에 나온 3편의 첫 문장은 "어머니는 그 후 7년을 더 사셨다."이다.

군이 이렇게 설정한 것은 자기 소설에서 소설적 진실과 체험적 진실의 경계를 지워버리기 위함이라고 어떤 평론가는 설명한다. 즉 어머니를 괴롭히는 질병이 표면적으로만 보자면 수술 후유증이지만 사실은 일본 식민지에서의 삶 및 그 연장선에 있던 한국전쟁의 경험이 안겨준 아픔이며, 이 아픔이 지금껏 치유되지 않은 채 세대에서 세대로 이어져서 사람들 사이에서 널리 퍼져 있다는 말이다. 요컨대 우리 사회 전체가 그 아픔으로 투병하고 있다는 말이다.

박완서가 굳이 이렇게 소설적 진실과 체험적 진실의 경계를 지워버리는 선택을 한 이유가 무엇인지 그리고 이렇게 함으로써 그가 무엇을 기대하는지는, 『엄마의 말뚝 2』로 이상문학상을 받은 뒤에 밝힌 수상 소감에서 확인할 수 있다. 그는 이 작품이 "소설이기 이전에 참아내지 못한 한바탕의 통곡 같은 것"이었다고 말하며, 이 이야기가 객관적이고 냉혹한 마음에서 쓰인 것이 아니라 자기가 오랫동안 움켜쥐고 살아낸 아픔이었다고 밝혔다. 요컨대, 허구가 아니라 생생한 진짜 경험이었다.

우리 겨레의 분단은 이제는 하나의 기정사실입니다. 분단은 오래전에 피 흘리기를 멈추고 굳은 딱지가 되었고 통일을 꿈꾸지 않은 지도 오래된 것처럼 보입니다. (…) 통일이 직업인 사람은 될 수 있는 대로 많은 구호를 만들어내어 분단을 치장하면 되겠지만, 진실로 통일이 꿈인 사람은 끊임없이 분단된 상처를 쥐어뜯어 괴롭게 피 흘리게 할 수밖에 없습니다. 고통스럽지만 방법은 그것밖에 없습니다. 토막 난 채 아물어버리면 다시는 이을 수 없게 되리란 걸 알고 있기 때문입니다.

(…)

아물었으되 피 흘리고 있음을, 딱지 앉았으되 곪고 있음을, 잘 차려입었으되 벌거벗었음을, 춤추고 있으되 몸부림치고 있음을 보고 느끼고 말하는 게 문학의 운명적 형벌이자 자존심이라면 저도 잠시 한낱 비통한 가족사를 폭로한 것 같은 수치심에서 벗어나 제 선배 수상자들이 그랬듯이 이 상 앞에서 늠름하고자 합니다.

그래서 '내 상처에서 아직도 피가 흐르고 있는 이상 그 피로 뭔가를 써야 할 것 같다. 상처가 아물까 봐 일삼아 쥐어뜯어 가면서라도 뭔가를 쓸 수 있는 싱싱한 피를 흐르게 해야 할 것 같다. 왜냐하면 그건 내 개인적인 상처가 아니라 우리 모두의 무참히 토막 난 상처이기 때문이다.'라는 말로 소설이 자기에게 가지는 의미를 규정했다. (*『모든 것에 따뜻함이 숨어 있다』, p. 32.)

그래서 박완서는 자기가 경험한 개인적인 고통을 역사 속에서 문학으로 증언하고자 한다. 이런 모습은 그의 소설들에서 흔히 나타난다. 1992년에 발표한 소설『그 많은 싱아는 누가 다 먹었을까』에서도 그렇다. 총기 사고로 두 다리를 쓰지 못하는 오빠 때문에 그의 가족은 서울이 다시 공산 치하가 될 때 피난을 가지 못하고, 사람들이 모두 피난 가고 없는 동네인 현저동의 어느 빈집을 골라서 들어가는 것으로 이야기의 매듭지워지는데, 이 소설의 마지막 부분에서 박완서는 화자의 입을 빌려서 나중에 꼭 이 기막힌 사연을 글로 쓰겠다고 다짐한다.

천지에 인기척이라곤 없었다. 마치 차고 푸른 비수가 등골을 살짝 긋

는 것처럼 소름이 쫙 끼쳤다. 그건 천지에 사람 없음에 대한 공포감이었고 (…) 인공기라도 꽂혀 있다면 오히려 덜 무서울 것 같았다. (…) 그래, 나 홀로 보았다면 반드시 그걸 증언할 책무가 있을 것이다. 그거야말로 고약한 우연에 대한 정당한 복수다. (…) 그건 앞으로 언젠가 글을 쓸 것 같은 예감이었다. 그 예감이 공포를 몰아냈다. (…) 겁나지 않았다.(*박완서, 『그 많던 싱아는 누가 다 먹었을까』, 웅진닷컴, pp. 268~269.)

생존을 위협받는 절박한 상황에서 자기의 이 경험을 언젠가 세상에 드러내겠다는 이런 태도는 트라우마 생존자에게 공통적으로 드러나는 현상이라고 어떤 평론가는 지적한다.

그들은 자신의 이야기를 들려주기 위해서 살아남겠다는 의지를 다질 뿐만 아니라, 그 이야기를 들려주는 것이 그들에게는 생존의 길이 되기도 한다. 즉, 내가 살아남아서 반드시 이것을 증언하겠다는 욕구가 생존의 이유가 되고, 또한 생존하기 위해서라도 자신의 경험을 증언할 필요가 있는 것이다.(*양혜원, 『박완서, 마흔에 시작한 글쓰기』, 책읽는고양이, p. 93.)

트라우마는 살아남은 자가 치러야 하는 생존의 대가다. 그러므로 트라우마는 살아남음의 결과인 동시에 목적이다. 그렇기에 트라우마를 가진 사람은 끊임없이 '상처를 쥐어뜯어 괴롭게 피 흘리게' 한다. 박완서는 이상문학상 수상 소감에서 밝힌 대로 그렇게 했고 또 그의 소설이 그랬다. 위로와 공감을 받고 싶어서였다. 트라우마의 본질은 위로와 공감을 기대하는 간절함이니까….

그래서 박완서는 소설을 쓸 때 자기 이야기를 최대한 있는 그대로 풀어놓으려고 했다. 예를 들면 소설 『그 많은 싱아는 누가 다 먹었을까』의 '작가의 말'에서도 그는 이 소설이 사실은 '자화상을 그리듯이 쓴 글'이라고 고백했다.

이런 글을 소설이라고 불러도 되는 건지 모르겠다. 순전히 기억력에만 의지해서 써 보았다. 쓰다 보니까 소설이나 수필 속에서 한두 번씩 우려먹지 않은 경험이 거의 없었다. 그러나 그때그때의 쓰임새에 따라 소설적인 윤색을 거치지 않은 경험 또한 없었으므로, 이번에는 있는 재료만 가지고 거기 맞춰 집을 짓듯이, 기억을 꾸미거나 다듬는 짓을 최대한으로 억제한 글짓기를 해보았다.

이것은 박완서가 스스로 소설이 되는 과정이었다. 박완서의 딸인 수필가 호원숙도 자기 어머니의 삶은 그 자체가 문학이었다고 증언했다.

스스로 소설이 된 박완서

좋은 소설은 어떤 소설일까?

소설에서 다루는 주제가 당대 사람들이 맞닥뜨린 정신적인 문제와 정면으로 씨름할 것, 소설 속의 인물이 누가 봐도 '소설적으로' 매력적일 것, 소설의 무대가 되는 공간적인 배경이나 시간적인 배경은 당대의 문제를 가장 예리하게 드러내는 현장일 것, 또 이 공간에서 벌어지는 사건들이 흥미진진하게 전개되면서 작가가 전하고자 하는 메시지를 녹여낼 것…. 아마도 이런 것들이 좋은 소설의 조건이 될 것이다.

이 조건을 충족하는 소설 작품은 바로 '인간 박완서'다. 그는 스스로 소설이 되고자 애를 썼고, 소설을 쓰기 이전부터 늘 그렇게 살고자 준비를 했고, 또 마흔 살에 『나목』으로 등단할 때도 그랬으며, 등단한 이후로 수많은 장단편 소설과 산문을 쓰고 또 인터뷰를 하면서도 그랬다. 그는 식민지와 해방과 전쟁을 그 어떤 소설의 주인공보다 가까이서 섬뜩하게 또 지독하게 경험하면서 가질 수밖에 없었던 트라우마를, 좋은 소설의 주인공답게 쉬지 않고 건드렸다. 그가 했던 표현을 빌리자면, 스스로 끊임없이 '상처를 쥐어뜯어 괴롭게 피 흘리게' 했다. 그렇게 당대 사람들이 (본인들이 의식하든 의식하지 않든 간에) 맞닥뜨리고 있던 당대의 정신적·현실적 문제인 '분단의 상처'를 껴안고 싸웠다. 그렇게 해서 박완서는 (『엄마의 말뚝 2』를 제5회 이상문학상 수상작으로 결정하게 된 이유를 설명하는 심사평의 한 구절을 인용해서 말하자면) "북쪽에 고향을 둔 한 가족사의 특수성을 이 민족과 이 시대의 특수성에서 유려하게 파악함으로써, 소설 속의 인물의 특성을 시대적 특성으로 이끌어냄으로써 높은 수준의 성과를 거두었다."

이렇게 '인간 박완서'는 '소설 박완서'가 되었고, '소설 박완서'는 식민지 경험에서부터 전쟁과 근대화로 이어지는 한국 현대사를 관통하면서 한국 사회가 걸어온 지난 시절을 충실하게 재현했다.

그런데 박완서가 소설 그 자체라면 이 소설의 작가는 누구일까? 이 소설을 기획하고 또 어떤 의도를 가지고서 원고를 한 문장씩 써내려간 주체는 누구일까? 식민지시대와 해방정국 그리고 그 이후까지 이어진 한국의 현대사가 '소설 박완서'를 썼다고 하면 과장일까? 이 현대사를 살아온 민중이 역사의 주인이라면, 그 민중이 '소설 박완서'의 작가이지 않을까? 만일 그렇다면 '소설 박완서'는 거대한 총체소설이 된다(총체소설이라는 용어가 있기는 한가?) 그렇다면, 지금 이 글도 '소설 박완서'를 구성하는 한 부분일 것이다.

'소설 박완서'의 주인공인 박완서는 고통을 당하고 분노하고 트라우마에 시달리며 나이를 먹었다. 과연 박완서는 자기가 바라던 대로 위로와 공감을 받았을까, 적어도 죽기 전까지는?

이 질문에 대한 대답은『엄마의 말뚝 2』이후로는 28년 뒤이고『엄마의 말뚝 3』이후로는 18년 뒤이며 그의 나이 78세이자 죽기 2년 전이던 2009년에 발표한 그의 마지막 소설인『빨갱이 바이러스』에서 확인할 수 있다.

이 소설에서 화자는 시골 동네에서 우연히 만난 세 여자와 함께 하룻밤을 느긋하게 보내면서 그 여자들이 '차마 입에 담을 수 없는 망측한 스캔들'을 차례대로 털어놓는 걸 들으면서도, 자기가 간직해온 비밀 즉 '빨갱이'와 관련된 골육상잔의 그 끔찍한 자기 가족 이야기를 끝내 털어놓지 못한다. 평생 그랬듯이 꽁꽁 숨긴다.

거구인 아버지의 힘찬 뿌리침에 엄마가 땅으로 나자빠진 것과 삽이 삼촌의 어깨를 후려친 것은 거의 동시였다. 그 순간 나는 두 손으로 얼굴을 가리고 비명을 삼켰다. 그러나 삼촌의 몸이 사선으로 번갯불 같은 균열을 일으키며 두 동강으로 갈라지는 걸 여실히 본 것처럼 느꼈다. 안방으로 돌아온 나는 밤새도록 이불을 뒤집어쓰고 귀를 막고도 아버지가 동생을 쳐 죽인 그 삽으로 땅을 파는 소리를 들었다.(*박완서 단편소설 전집『그리움을 위하여』, 문학동네, p. 331.)

화자는 열 살 남짓하던 어린 시절에, 아버지가 '빨갱이' 삼촌을 죽이고 암매장하는 현장을 목격했다. 그러나 그는 그 뒤로 이 일을 누구에게도 말하지 않았고, 가족들은 삼촌이 전쟁통에 어디론가 가버려 생사를 알지 못하는 것으로 말했고 또 사람들은 그렇게 믿었다. 화자는 자기가 안고 있는 '빨갱이 바이러스' 상처는 어떤 상처와 만나더라도 아무런 허물이나 거리낌도 없이 섞일 수 있는 그런 상처가 아니라고 판단하기 때문에 그 누구에게도 이 얘기를 할 수 없었고, 따라서 그 누구로부터도 위로나 공감을 얻지 못했다. 이 외로움은 소설 『빨갱이 바이러스』의 마지막 문장으로 압축된다.

어떤 상처하고 만나도 하나가 될 수 없는 상처를 가진 내 몸이 나는 대책 없이 불쌍하다.(*『그리움을 위하여』, p. 336.)

박완서는 생애의 거의 마지막 시점에 이르러서도 위로와 공감을 구하지 못했다. 누구에게도 속내를 털어놓지 못했던 그의 가여운 트라우마를 어떤 평론가는 다음과 같이 설명한다.

그러나 세월은 또 흘렀고, 이제는 남북통일보다는 한반도 평화 구축이라는 말이 더 익숙해진 시대가 되었다. 박완서에게는 일흔이 훌쩍 넘은 나이에도 여전히 현재진행형인 스무 살 때의 그 트라우마가 이제는 피해자 서사의 부재 때문이 아니라 시대의 변화 때문에 다시 한번 소외되기에 이른 것이다.(*『박완서, 마흔에 시작한 글쓰기』, p. 101.)

그렇다, 빨갱이 바이러스가 남긴 트라우마는 그 누구로부터도 위로를 받지 못한다.

이 바이러스는 어쩌다가 생겨났을까?

이 바이러스는 어쩌다가 이렇게 지독하게 되었을까?

이 바이러스는 생겨난 지 70년도 넘게 지났지만 어쩌자고 아직도 이렇게 지독하게(코로나 바이러스보다도 더 지독하게!) 위세를 떨치고 있을까?

…'반공'의 뿌리를 찾으려면 1945년 이후의 해방정국에서부터 따져봐야 한다. 그래야 '소설 박완서'를 제대로 이해할 수 있다.

우선 조선 시대 말에서부터 대한민국 정부 수립까지의 근현대사를 잠깐 정리한 다음에 이승만을 이야기하고 '반공'을 이야기하고 또 '잘못 꿰어진 단추'를 이야기하자.

3.

19세기 말에서 20세기 초로 이어지던 그 무렵, 500여 년을 이어오던 조선은 마지막 가쁜 숨을 몰아쉬었다. 성리학이라는 유교 이념을 통치 철학으로 삼았던 조선은 무너져 가는 왕조의 권위를 바로 세우려고 마지막까지도 그 봉건 질서의 끈을 악착같이 붙잡고서 발버둥을 쳤다. 하지만 이는 시대착오였다. 결국 조선은 일본에 강제로 합병되었다.

일제강점기 35년 동안 일본은 제국주의적인 속성 그대로 조선을 지배했다. 경제적으로는 자본과 잉여가치를 수탈했고, 문화적으로는 조선의 정신을 말살하려고 했다. 황국신민화, 내선일체, 창씨개명…. 세상이 바뀌었다. 그러나 힘을 가진 편에 선 사람들은 잘 먹고 잘살았으며, 굳이 그편에서지 않았거나 혹은 서고 싶어도 서지 못한 사람들은 여전히 못 먹고 못 살았다.

한편, 같은 양반이면서도 조선이 일본에 병탄되는 것이 조선 백성이 잘 먹고 잘사는 길이라고 믿었던 사람들과 다르게, 상투가 잘리는 것과 조선 망국을 개인의 존재론적인 위기로 받아들인 사람들도 있었다. 이 사람들은 사재를 털어서 항일 의병운동을 일으키며 조선의 부활을 꿈꿨다.

그러나 그 꿈은 헛된 것이었다. 이미 세상은 달라져 있었다. 자기가 지키려고 했던 사회는 사라지고 없었고, 총독부가 다스리는 일본의 식민지 조선이라는 새로운 사회가 들어서 있었다. 이 새로운 사회에서, 조선을 바꾸려 했던 과거의 진보주의자들이 이제는 친일파가 되어 식민지 조선을 지키려는 보수주의자가 되었다. 반대로 식민지 조선 사회를 예전의 조선 사회로 돌려놓으려는 사람들 가운데서는, 뜻대로 되지 않자 제풀에 지쳐서 세상과 담을 쌓고 산 사람들도 있었고, 민족주의운동 혹은 사회주의운동으로 또 계몽운동이나 무장투쟁으로 조선의 독립을 꿈꾸며 전 재산과 일생과 가족의 편안함을 바친 사람들도 있었다.

그러다가 1945년 8월에 조선은 해방을 맞았다. 해방을 맞은 것은 좋은 소식이었다. 그러나 나쁜 소식도 있었다. 해방을 꿈꾸며 일제에 무력이나 문화, 외교로 항쟁하던 독립운동 인사가 상해임시정부를 중심으로 국내외에 많았지만 이들의 투쟁이 해방에 결정적인 힘이 되지 못했던 바람에, 이들이 해방된 나라의 미래를 놓고 주체적으로 결정권을 행사하는 데는 제약을 받은 것이다.

이런 의미에서 보자면 세상에 공짜가 없다는 말이 맞다. 조선의 해방에 가장 큰 역할을 했던 두 나라인 미국과 소련은 한반도에 진주한 다음에 저들의 정치적 목적과 편의를 위해서 북위 38도선을 경계로 한반도를 둘로 쪼개었다. 이렇게 해서 생긴 임시적인 경계선은 대한민국과 조선민주주의인민공화국의 국경선이 되었고, 급기야 1950년에는 참혹한 동족상잔의 전쟁이 벌어졌다. 이 전쟁으로 우리 민족은 물리적인 피해의 상처뿐만 아니라 그보다 몇십 배 더 아프고 씻기 어려운 마음의 상처를 입었다.

한편 대한민국의 초대 정부인 이승만 정부는, 미국의 전략적 필요성에 따라서 반공의 보루 역할을 말썽 없이 또 효율적으로 충실히 수행해야만 했던 태생적인 한계 때문에, 친일파의 인적·물적 자산을 자기 정권의 기반으로 삼기 위해서 친일파와 손을 잡았다. 애초에 제헌국회 내에 친일 청산을 목적으로 하는 반민족행위특별조사위원회(반민특위)가 마련되긴 했지만, 친일 경력 경찰들을 중심으로 반민특위 위원을 암살하려는 음모가 꾸며질 정도로 친일파 집단의 저항이 강했다. 이들은 실제로 1949년 6월에 반민특위를 습격하기도 했다. 또 반민특위 활동으로 친일 경력자 680여 명이 조사를 받았으나 결국 집행유예 5인, 실형 7인, 공민권 정지 18인 등 30인만이 제재를 받았고, 실형 선고를 받은 7인도 이듬해 봄까지 재심 청구 등의 방법으로 모두 풀려났다. (*『한국민족문화대백과』, 한국학중앙연구원.)
이런 상황이었기에, 1954년에 총선을 앞두고 있던 시점에 정부와 자유당 국회의원 후보들 가운데 친일파가 많다는 여론이 일자 이승만은 특별담화문을 발표해서 자기의 상황을 합리화하는 논리를 폈다..

근래에 와서 친일파 문제로 해서 누가 친일파며 누가 아닌가 하는 것이 민간에서 혼동된 관계가 있으므로 다시 설명하고자 하는데, 내가 말하고자 하는 것은 왜정시대에 무엇을 하던 것을 가지고 친일이다 아니다 하는 것을 결정하는 것이 아니고, 그때 뭘 했든지 간에 그때 친일로 지목됐던 사람이 지금부터 무엇을 할 것인가를 그 사람의 의사와 행동으로 표시되고 안 되고에 친일이다 아니다 하는 것을 판단하는 것이다. 가령 이전에 고등관을 지내고 또 일본을 위해서 열정적으로 일했다고 할지라도 그 사람이 지금 와서는 (…) 모든 사람이 양해를 받을 만한 일을 해서 진정으로 친일 아니다 하는 것을 증명받을 만하면, 과거의 일은 묻지 않고 애국하는 국민으로 인정하고 대우해줄 것이다.(*김삼웅, 『'독부' 이승만 평전』, 책보세, p. 306.)

아무리 악질적인 친일파였더라도 자기 밑에서 일하면 애국자라는 말이다. 뒤집어서 말하면, 아무리 치열하게 싸웠던 독립운동가였더라도 자기에게 반기를 들면 애국자가 아니라는 말이다. '반민족행위처벌법'에 따라서 친일반민족행위자 처단을 위한 예비조사를 수행할 목적으로 설치되었던 반민특위를 1949년 6월 6일에 이승만이 해체한 것도 바로 이런 맥락에서였다.

식민지 조선에서 관료로, 장사꾼으로, 어용지식인으로 혹은 순사로 살면서 적극적이든 소극적으로든 일제의 앞잡이 노릇을 했던 사람들은 자기가 지은 죄를 감추고 싶었고 또 기득권을 유지하고 싶었던 터라 이승만의 그런 선택을 반갑고 고맙게 받아들였다.

미국과 이승만 정부의 이익이 서로 맞아떨어지는 이념이 '반공'이었다. 이렇게 해서, 해방이 되고 세상이 바뀌었지만 식민지 조선 체제를 지키려고 했던 보수주의자들이 해방 조선, 그리고 그 이후 대한민국에서도 여전히 기득권을 유지하며 기존의 체제를 지키려는 보수주의자의 자리에 앉았다. 그랬기에, 1948년에 제정된 대한민국 헌법 전문에 명시되어 있는 '3·1운동으로 건립된 대한민국임시정부의 법통'을 계승한다는 구절은 언제든 폐기될 수 있는 위태롭기 짝이 없는 선언이었다. 그것은 최소한의 타협이었고, 따라서 많은 사람의 눈을 가리려는 명분이자 가면일 뿐이었다.

대한민국이 정부 수립 과정에서 그리고 그 뒤로도 일제의 잔재를 청산하지 못했다는 사실, 다시 말해서 식민지 조선의 체제를 지키려고 했던 집단이 대한민국 사회에서도 여전히 사회의 기득권을 유지하며 기존의 체제를 유지하길 바라는 보수주의자로 남았다는 사실은 일제가 제국주의적 수탈을 목적으로 우리 사회에 심어 놓은 정신적·문화적 가치와 제도적인 장치 및 인적 관계망이 온전하게 남았다는 뜻이다(일본군 소속의 간도특설대 복무 경력이 있는 백선엽이 반공 활동을 통해서 영웅이 되는 과정에 대해서는 1장을 참조하라.)

이렇게 해서 '반공 이념'은 동족상잔의 전쟁을 통해서 한층 강화되는 과정을 거치며 보수 진영의 강력한 호출 신호로 우리 사회에 자리를 잡았다. 소설『빨갱이 바이러스』에서 화자가 열 살 남짓하던 어린 시절에 아버지가 '빨갱이' 삼촌을 죽이고 암매장한 일을 목격했지만 그 일을 평생 아무에게도 얘기할 수 없게 만들었던 그 무서운 공포는 바로, 이승만 정권에서 또 박정희 정권으로 그리고 다시 그 뒤의 여러 정권으로 이어지는 동안 변함없이 강력하게 작동했던 바로 그 '반공 이념'이라는 호출부호에서 비롯된 것이었다. 한국전쟁이 일어난 직후에 이승만 정부의 지시에 의해 발생한 이른바 '보도연맹 학살 사건'으로 학살된 민간인이 전국적으로 6만 명에서 20만 명

이승만이 민족 반역자·민주 반역자라는 증거

(⋯)

9. 상하이임시정부 의정원은 이승만의 독선적 행위와 독립자금의 사적 유용 등 5개 항의 사유를 들어 그를 '대통령직'에서 탄핵했다. 또 임정은 1925년 4월 10일 이승만이 위원장으로 있는 구미위원부를 폐지했다.

(⋯)

14. 제헌헌법의 내각책임제 시안을 억지를 부려 대통령중심제로 바꾸게 하고 초대 대통령이 되었다. 이후 권력의 유지·강화에만 몰두하여 반민특위를 와해시킨 그는 친일분자들을 중용했다.

15. 제주 4.3사건 발발하자 관련 법률도 없는 계엄령을 선포하고 '강력한 처벌'을 지시하여, 3만 명에 이르는 희생자를 냈다.

16. 이승만 정권은 국방안보에는 소홀한 채 '북진통일'의 허세만 일삼다가 6.25 남침을 초래, 서울시민을 속인 채 맨 먼저 후방으로 줄행랑을 놓는 등 무책임한 행동을 일삼는 한편으로 죄 없는 양민들을 용공분자로 몰아 학살했다.

(⋯)

20. 이승만 정권의 만행이 말기적 증상으로 치닫는 가운데 행해진 3.15 부정선거에 항거하여 일어난 마산 의거를 '공산당이 조종한 결과'라고 무고했다.

– 『'독부' 이승만 평전』(김상웅, 책보세, pp. 402~405.)에서 발췌·요약

이나 되었으니, 이 '빨갱이 바이러스'에 어찌 벌벌 떨지 않았겠는가!

윤석열 정부는 이 반공 이념을 토대로 하는 신자유주의의 철학을 국정 이념으로 삼는다고 공공연하게 밝히고 있다.

윤석열 후보가 대통령 당선자 신분이 된 지 1년 조금 더 지난 시점이던 2023년 3월 26일 오후 두 시, 서울 종로구에서 특별한 행사가 열렸다. 해방 직후 미국에서 귀국한 이승만이 대통령이 되기 전까지 거처했던 집이자 현재 그의 유품이 소장된 공간인 이화장에서 그의 탄생 148주년을 기념하

는 행사였다.

그런데 이 행사와 관련된 보도자료를 배포한 주체는 국가보훈처였고, 보도자료에서는 이승만을 '건국 대통령 우남 이승만 박사'라고 표현했다. 또 그날 행사에는 이승만건국대통령기념사업회 회장인 황교안과 박민식 보훈처장, 박진 외교부 장관, 김문수 경사노위위원장 등 윤석열 정부의 주요 인사들이 참석해서, 이승만기념관이 번듯하게 건립되어야 하며 이승만의 명예를 회복시키는 사업이 국가 차원에서 진행되어야 한다고 한목소리로 말했다.

그러나 '건국 대통령'이라는 표현은 곧바로 반발을 불러일으켰다.

"이 전 대통령은 임시정부에서도 대통령직에서 사실상 탄핵을 당해 사직하고, 대한민국 정부가 수립된 후에도 4·19 혁명에 의해 물러난 인물이다. (…) 이런 인물을 건국 대통령으로 부르는 것은 4·19 정신을 계승한다고 명시한 헌법 정신을 부정하는 것이다"(이준식, 전 독립기념관장)

"일개 단체가 개인을 미화·추종하는 건 자유지만, 국가기관인 보훈처 처장이 기념식에 참석해 건국 대통령 같은 말을 하는 건 문제가 있다."(주진오, 전 대한민국역사박물관장)(*"박근혜 정부 이어 9년 만에…보훈처 '건국 대통령 이승만'", 『한겨레』, 2023. 3. 24.)

하지만 이런 지적에도 불구하고 당일의 현장 행사에서는 '건국 대통령'이라는 표현이 버젓이 사용되었다.

그리고 석 달쯤 뒤인 6월 28일에 '국부(國父) 이승만 건국대통령'을 기념하기 위한 이승만대통령기념관건립추진위원회가 발족되었고, 그로부터 다시 한 주쯤 뒤인 7월 4일에 박민식 보훈부 장관은(국가보훈처는 2023년 6월 5일부터 국가보훈부로 바뀌었다.) 한 라디오 프로그램에서 전화 연결을 통해 목소리 출연을 해서 이승만기념관을 본격적으로 추진하는 배경을 다음과 같이 설명했다.

"저는 이승만 대통령의 기념관은 단순히 물리적인 건축물이 아니라 대한민국을 어떻게 보면 세운 건국의 영웅들이 많지 않습니까? 이것을 우리가 제대로 제자리 찾기를 해주는 것은 대한민국의 정체성, 정통성을 확인해 주는 일이다, 그래서 어떤 다른 일보다도 가장 중요한 숭고한 미션이라고 저는 생각합니다."(*"김태현의 정치쇼", SBS NEWS, 2023. 7. 4.)

또 7월 19일에는 국립현충원 현충관에서 '이승만 전 대통령 서거 58주

윤석열 대통령의 이승만 사랑

2023년 3·1절 기념식 때 행사장 뒷배경을 '11명'의 독립운동가가 장식했다. 그 '11명'은 안중근, 김구, 안창호, 유관순, 윤봉길, 김규식, 이봉창, 신채호, 민영환, 박은식, 이회영이었다. 그런데 윤석열 대통령은 여기에서 이승만이 빠졌다며 행정안전부를 질책했다.

기 추모식'이 열렸는데, 이 자리에도 참석한 박민식 장관은 "이승만 대통령 바로 세우기는 자유민주주의 대한민국의 정체성을 굳건히 지키기 위한 것이고 (…) 자유민주주의는 우리 국가의 정체성이고, 그 정체성을 세운 분이 바로 이승만 대통령"이라고 추모했다.

이승만 우상화라는 이런 흐름은 국방부가 군 장병 정신교육에 사용하는 〈정신전력교육 기본교재〉의 전면적인 개정으로도 이어졌는데, 이 교재는 이승만을 "혜안과 정치적 결단으로 공산주의의 확산을 막은 지도자"로 묘사하면서도 3·15부정선거와 사사오입 개헌 등 4·19혁명의 배경이 되었던 이승만의 대표적인 과오에 대해서는 전혀 언급하지 않았다.

방송언론 분야에서도 '빨갱이 바이러스'가 본격적으로 호출되었다. 2023년 8월 1일, 방송통신위원장으로 내정된 이동관 후보자가 인사청문회 준비를 위해 정부과천청사 부근에 마련된 사무실로 첫 출근을 하던 길에서 기자들에게, 윤석열 정부에 비판적인 언론을 '공산당 언론'이라고 규정했다. 이 발언을 어떤 기자는 다음과 같이 해석했다.

이 발언은 일종의 '도그 휘슬(dog whistle)'이다. '개 호루라기'는 사람에겐 들리지 않지만 개가 듣고 그 의미를 파악할 수 있는 초음파를 내는 도구다. 정치학에서는 특정 지지 그룹의 호응을 얻기 위해 암시적 언어를 사용하는 걸 말한다. (…) 부정적인 관심을 끌지 않으면서도 논란성 이슈에 대해 지지 그룹을 선동하고 싶을 때, 혹은 부인할 수 없는 당위성으로 포장하면서도 특정 지지 그룹의 편향성에 호소하고 싶을 때 사용된다.(*"윤석열의 '도그 휘슬'", 『프레시안』, 2023. 8. 5.)

윤석열 대통령의 부름을 받아서 정부를 비판하는 방송언론을 제거하고 모든 방송언론이 정부를 오로지 찬양만 하도록 만드는 것이 자기의 과제라고 생각한 이동관이, 작업을 본격적으로 시작하기 전에 우선 '개 호루라기'로 빨갱이 바이러스를 호출하는 것이다.

2023년 7월에 윤석열 대통령이, 미국이 신냉전에서 중국을 이기려면 시진핑 중국 국가주석을 제거해야 한다거나 북한 수뇌부를 제거해 체제를 무너뜨리고 흡수통일을 해야 한다는 주장을 언론과 유튜브를 통해서 줄기차게 해왔던 극우 유튜버로 명성이 높은 김영호를 통일부 장관에게 임명한 것도 빨갱이 바이러스를 호출하는 도그 휘슬이었다.

또 그해 광복절 경축사에서도 "우리의 독립운동은 (…) 자유민주주의 국가를 만들기 위한 건국 운동이었습니다. (…) 공산전체주의 세력은 늘 민주주의 운동가, 인권 운동가, 진보주의 행동가로 위장하고 허위 선동과 야비하고 패륜적인 공작을 일삼아 왔다. (…) 우리는 결코 이러한 공산전체주의 세력, 그 맹종 세력, 추종 세력들에게 속거나 굴복해서는 안 된다."라는 말로써 빨갱이 바이러스를 불러냈다.

반공 이념이야말로 신자유주의적 실용주의의 천박함을 가려주는 우아한 예복이자 비장한 전투복이기 때문이다.

4.

실용주의를 노골적으로 내세웠던 이명박 정부와 박정희 군사독재의 향수에 젖어 있던 박근혜 정부, 그리고 신자유주의 정책에 미온적이었던 노무현 정부와 문재인 정부 10년을 뒤집어서 다시 신자유주의의 친일 실용주의를 노골적으로 주장하는 윤석열 정부. 이들로 대표되는 한국 사회의 지배 권력은 '반공의 원조'인 이승만이 1950년대에 그랬던 것처럼 '반공'이라는 서사에 의존한다.

이 거짓 서사 때문에 갈라진(혹은, 이승만과 그의 아류들이 거짓 서사

광복절 제78주년 기념 '대한민국 정체성 선포식'

"대한민국이 1948년 건국됐다는 것은 일본의 주장입니다. (…) 1965년 한일 국교 정상화 당시에 우리 정부는 대한제국과 대한민국이 연속돼 있으므로 대한제국 시절 일본이 강제로 체결한 을사늑약이나 한일합병 조약은 무효라고 주장했습니다. (…) 대한민국 1948년 건국론을 주장하는 사람들이 이런 한일관계의 조약 문제까지 신경 썼는지 묻고 싶습니다. 만약 이런 사실을 알고도 주장한다면 이런 사람들이야말로 신종 친일파 민족 반역자입니다."

-이종찬 광복회 회장, 2023년 8월 3일.

를 동원해서 의도적으로 갈라놓은) 보수와 진보의 두 대중은 서로를 향해서 지독한 혐오감을 발산한다. 일본과 관련된 문제(독도, 위안부 및 강제노역자에 대한 배상, 후쿠시마 오염수 방류)를 바라보는 데서는 이 대립이 한층 더 팽팽하다.

한쪽에서는 태극기 집회에 참석하는 노인들을 '틀딱'이라고 비하하며 이들이 빨리 죽어버려야 나라가 제대로 설 것이라고 핏대를 세운다. 이런 주장은 인권, 평등, 존중 등과 같은 보편적인 민주주의적 덕목이라고는 찾아볼 수 없는 야만이고 패륜이다. 다른 쪽에서는, 자식을 잃은 슬픔 속에서 그런 일이 다시는 재발하지 않도록 원인을 규명해서 억울함을 풀어달라고 단식농성을 하는 세월호 유가족들을 향해서 빨갱이의 사주를 받았다고 욕을 해대며 그들 곁에서 일부러 치킨과 국밥을 폭식하는 행사를 벌인다. 그야말로 인간이기를 포기한 모습이다.

이렇게 두 진영의 대중은 서로를 사람으로 바라보지 않는다. 때로는 짐승을 바라보듯 무관심하게 바라보고 때로는 바퀴벌레를 바라보듯 (그러니까 당장 죽어버리고 싶다는 심정으로!) 혐오스럽게 바라본다. 이처럼 우리 사회에서는 그야말로 치킨게임의 마지막 국면이 전개되고 있다. 박완서의 소설 『빨갱이 바이러스』에서 화자의 아버지와 그에게 맞아죽는 화자의 삼촌, 이 두 사람이 서로를 노려볼 때 그런 눈빛이지 않았을까?

우리 사회가 어쩌다가 이렇게까지 멀리 와버렸을까?

* * *

어떤 학자는 박근혜 정부 시절이던 2014년의 세월호 참사 사례에서 우리 사회가 붕괴하고 있다는 심각한 징후를 발견했다. 이 학자는, 세월호 참사 이듬해인 2015년에 『한겨레』가 광복 70주년을 맞아 시행한 특별 여론조사에서, 광복 이후 가장 중요한 역사적으로 사건으로 50대 이상은 한국전쟁을 꼽았지만 40대 이하는 세월호 참사를 꼽았다는 사실에 주목해서, "세월호는 우리 시대의 한국전쟁이고 한국전쟁처럼 세월호의 상처도 여전히 아물지 못하고 있다."라는 잠정적인 결론을 내렸다. (*조형근, 『나는 글을 쓸 때만 정의롭다』, 창비, p. 107.) 그리고 세월호 사건이 비극적이긴 하지만 단순한 사고일 뿐이었는데, 이 사건이 한국의 대중 사이에서 진보 진영과 보수 진영이 내전에 버금갈 정도로 첨예하게 대립하는 사건으로 비화한 데는 그만한 이유가 있다고 진단했다.

이 사건이 터지고 난 뒤에 당시의 집권 보수 세력의 권력 기구와 보수 언론 그리고 극우 보수 세력이 참사 당일부터 희생자들을 욕하고 도발했다.

--- 초기 대응이 미진하지 않았느냐는 기자들의 질문에 해경 간부, "

해경이 못한 게 뭐가 있나? 80명 구했으면 대단한 것 아니냐?"(4월 17일)

--- 한기호 당시 새누리당 최고위원, "이제부터는 북괴의 지령에 놀아나는 좌파 단체와 좌파 사이버 테러리스트들이 정부 전복 작전을 전개할 것이다. (…) 국가 안보 조직은 근원부터 발본색출해서 제거하고, 민간 안보그룹은 단호히 대응해나가야 한다."라고 썼다. (4월 20일)

--- 침몰사고 현장에서 구조된 사람들이 전남 진도실내체육관으로 후송되어 체육관 바닥에서 치료와 휴식을 하던 가운데 서남수 교육부 장관이 의전용 의자에서 라면을 먹은 일로 비난받을 때 청와대 대변인, "계란을 넣은 것도 아닌데 (왜 그래?)"(4월 21일)

--- 극우 논객 지만원, "시체 장사에 한두 번 당해봤는가? 세월호 참사는 이를 위한 거대한 불쏘시개다."(4월 22일)

--- 김장수 국가안보실장, "청와대는 재난의 컨트롤타워가 아니다."(4월 23일)

--- 박근혜 대통령, "이번 사고로 인해 서민 경기가 과도하게 위축되지 않도록 최선을 다해야 한다."

--- 김호월 교수, "대통령이 세월호 주인인가? 왜 유가족은 청와대에 가서 시위하나. 이래서 미개인이란 욕을 먹는다."(5월 9일)

--- 한국기독교총연합회 부회장 조광작 목사, "가난한 집 아이들이 수학여행을 경주 불국사로 가면 될 일이지, 왜 제주도로 배를 타고 가다가 이런 사달이 빚어졌는지 모르겠다."(5월 20일)

--- 세월호 참사 유가족들이 광화문 광장에서 단식 투쟁을 벌이자, 일베 회원들이 여기에 대항하고자 그 옆에서 폭식 투쟁을 벌였다.(8월 31일, 9월 6일)

사회적 재난의 피해자를 대하는 보수 세력의 대응은 전쟁 상태에서 적군을 대하는 태도와 다르지 않다. 그래서 위의 학자는 다음과 같이 결론을 내린다.

사회학자 지그문트 바우만Zygmunt Bauman은 『쓰레기가 되는 삶들』(정일준 옮김, 새물결, 2008)에서, 이제 쓰레기가 되는 삶들에게는 돌아갈 자리 대신 그냥 쓰레기 처리장이 기다리고 있다고 고발한다. 현대의 지배 세력은 사회통합 비용보다 폐기물 처리 비용이 값싸다고 계산하고 있다는 것이다. 세월호 참사는 바우만의 통찰을 예시하는 극단의 사례일 것이다.(*『나는 글을 쓸 때만 정의롭다』, p. 120.)

사회적인 갈등을 통합하는 데 돈을 들이느니 차라리 갈등을 유발하는 사람들을 쓰레기처럼 폐기하는 편이 비용편익분석 차원에서 유리하다니, 정말 섬뜩하다. 사람보다 돈을 우선하는 신자유주의의 실용주의 철학이 낳은 끔찍한 지옥도다. 이 지옥도는 윤석열 정부 1년 차이던 2022년의 수해 참사와 이태원 참사(1029 참사) 그리고 2023년에 다시 반복되는 참사인 오송 참사에서도 그대로 반복된다. (이 지옥도의 일반적인 모습에 대해서는 3장에서 조금 더 자세하게 살펴보자.)

잘못 꿰어진 단추

다시 질문하자, 어쩌다가 우리가 이렇게 되었을까? 어쩌다가 이렇게까지 멀리 와버렸을까? 아니, 질문을 정확하게 해야 한다. 어쩌자고 저들은 일을 이렇게까지 만들어버렸을까? 어떻게 하면 우리는 이 반목과 불화 문제를 풀 수 있을까? 과연, 풀 수나 있을까?

잘못 꿰어진 단추라는 비유를 놓고 생각해보자.

지금까지 꿰어놓은 단추가 위에서부터 100개나 된다. 그동안 제대로 잘 꿰어왔다고 생각했는데, 두어 걸음 뒤로 물러서서 보니 일흔 번째에서 그만 단춧구멍 하나를 건너뛰고 만 게 눈에 들어온다. 잠시 한눈을 판 바람에 그랬던 모양이다. 아무튼 그렇다고 치자.

다행히 구멍 하나를 건너뛴 뒤부터는 쭉 제대로 꿰었다(사실은 그게 다행이 아니라 더 큰 불행의 시작이다.) 가까이에서만 보면 최근에 반듯하게 꿴 서른 개 단추만 보여서 아무런 문제가 없다. 반듯하고 좋다. 그런데 두어 걸음 뒤로 물러나 전체적으로 보면 보기 흉한 모습이 눈에 들어온다. 처음부터 끝까지 단추와 단춧구멍이 일 대 일로 대응해서 순서대로 하나씩 딱딱 맞춰서 꿰어야 했는데, 중간에 단춧구멍 하나를 건너뛴 바람에 단춧구멍이 있는 왼쪽 단이 비쭉 들려서 올라가 있다. 이 모습이 여간 볼썽사납지 않다(물론, 삐뚤어지거나 말거나 그런 것에 아무런 심미적·신체적 불편함을 느끼지 못하는 사람에게는 아무 문제가 아닐 수도 있다. 우리가 모두 이렇게 천하태평으로 산다면, 그래서 이런 사람들만 세상에 산다면, 세상은 얼마나 공평하고 천하태평으로 엉망진창일까?)

자, 그렇다면, 앞으로도 계속 단추를 100개, 200개 더 꿰어 나가야 하는데, 이 일을 어찌해야 할까?

우리에게 주어지는 선택지는 크게 네 가지다.

1번 선택지. 어차피 엎질러진 물이니 과거는 과거대로 두고 그냥 그대로 앞으로도 계속 n번째 단추를 n+1번째 단춧구멍에 꿰어 나가는 것이다. 이 선택의 장점은 과거에 단춧구멍 하나를 건너뛴 잘못에 대해서 아무런 비용을 지출하지 않아도 된다는 점이다. 물론 감수해야 할 단점은 있다. 조금만 뒤로 물러서서 시야를 넓히면 왼쪽 단이 비쭉 들린 모습이 보인다는 점이다. 그걸 볼 때마다 자기가 저지른 잘못이 상기되고 자책과 후회가 뒤따른다. 그러나 이런 문제라면 쉽게 해결할 수 있다. 뒤로 물러서서 시야를 넓히는 짓 따위를 하지 않으면 된다. 안 보면 된다. 눈에 보이지 않으면 불편할 것도 없다. 부지런히 단추를 꿰어나가서, 그 흉한 모습을 위로 더 쭉쭉 올려서 먼 옛날의 일로 만들어버리면 된다. 그래도 영 마음에 걸리면, 단추를 잘못 끼운 부분을 포함해서 그 위쪽을 모두 가위로 싹둑 잘라버리면 된다. 잘라낸 조각은 흔적도 없이 태워버리면 된다. 그렇게 기억과 역사에서 지우고 잊어버리면 된다. 그러면 가까이에서 보든 멀리서 보든 내 눈에는 반듯하게 꿰인 서른 개의 단추+단춧구멍 조합만 보인다. 이 얼마나 아름다운가!

실용주의자들이 이런 주장을 한다. 과거는 중요하지 않다. 오로지 현재만 중요하다. 예를 들어서 8월 15일을 '광복절'이 아니라 '건국절'로 하자는 주장이 이런 것이다. 이 주장은, 일제강점기에 우리 민족 전체 및 개인이 입은 피해와 독립을 위해 바쳤던 집단적·개인적 노력을 현재 대한민국의 정체성과 완전히 분리하자는 것이다. 이렇게 되면 일본군 위안부나 강제노역에 대한 배상이니 사과니 할 필요도 없어진다. 복잡하지 않게, 머리 아프지도 않고, 제 발 저리거나 부끄럽지도 않게, 과거의 역사는 깔끔하게 잘라내서 태워버리자는 것이다. 그렇게 해서 오로지 현재의 일만 두고서 일본을 상대로 사업을 함으로써 현재의 이득을 추구하자는 것이다.

이런 입장에서는 민족정기를 찾는 민족주의가 있을 수 없고, 신의와 성실을 추구하는 정상적인 상도의도 없다. 오로지 현재 시점의 이득이 중요할 뿐이다. 예를 들어서, 2017년에 서울중앙지검장이던 윤석열은 청와대 홍보수석이던 이동관이 국정원을 통해서 방송언론을 장악하려고 범죄를 저질렀음을 확인했다. 그러나 2023년에 현직 대통령인 윤석열은 방송 장악이라는 '실용'을 위해서 해당 분야의 전문 기술자인 이동관을 방송통신위원장으로 임명했다. 윤석열 정부는 단추가 어느 구멍에 꿰이든 신경 쓰지 않는 실용주의 관점에 서 있기 때문이다. 그리고 여기에 반대하는 사람들은 '반공' 논리를 내세워서 제거한다, 실용주의적으로.

2번 선택지. 일흔 번째의 그 실수를 인정하는 것이다. 그래서 최근에 꿴 서른한 개의 단추를 모두 풀어내고 잘못된 그 부분부터 다시 제대로 꿰어 나가는 것이다. 이 선택의 장점은 완벽하게 깔끔하다는 것이다. n번째 단추는 n번째 단춧구멍에! 이 아름다운 원칙을 지킬 수 있다. 그러나 단점은 추가 비용을 부담해야 한다는 것이다. 서른한 개의 단추를 일일이 다 풀어야 하고 또 그 서른한 개 단추를 다시 꿰어야 하기 때문이다. 여기에는 하지 않아도 될 수고를 들여야 하는 물리적인 불편함뿐만이 아니라 자기가 잘못했음을 인정해야 하는 심리적인 불편함까지 동반된다. 친일 행위를 모든 사람에게 자기가 저지른 잘못을 인정하게 하고 또 거기에 합당한 대가를 치르게 해야 한다는 뜻이다.

그러나 이 선택지의 해법 과정은 너무나 복잡하다. 원칙대로 하자면 단 한 차례의 신사참배 행위까지 철저하게 따져서 친일 행위의 경중을 판단하고 거기에 합당한 처벌을 당사자에게 내려야 하는데, 그렇게 하려면 수십

만 아니 수백만 명을 다 대상으로 삼아야 한다. 일이 너무도 복잡하고 많다. 이렇게 하려면 만주 땅이 과거에 고구려 땅이었다는 증거를 제시하고 중국에 그 땅을 돌려달라고 해야 옳다.

3번 선택지. 이 선택지는 2번 선택지의 불편함을 최소화하는 방안이다. 즉 최근까지 서른 개의 단추를 잘못 꿰었지만, 그 잘못을 여기에서 끝내기로 한다. 그래서 단추를 하나 건너뛰어서 다음 단추부터 단춧구멍에 차례대로 꿰어 나간다. 이렇게 하면 단추가 달린 오른쪽 단이 비쭉 들려져서 또 한 차례의 흉한 모습이 생기긴 하겠지만, 어쨌거나 앞으로는 n번째 단추는 n번째 단춧구멍에 그리고 n+1번째 단추는 n+1번째 단춧구멍에 꿰일 것이고, 장기적으로 볼 때 앞으로 백 개를 꿰든 천 개를 꿰든 그 모양이 자연스럽고 아름다울 것이다.

물론 이 선택에 단점이 있긴 하다. 단의 한쪽이 비쭉 들려진 모양이 두 개나 생겨서 보기에 흉하다는 점이다. 그러나 이 보기 흉한 상처는 역사의 기록으로 남기자는 사회적인 합의 아래에서는 확실한 반성과 사죄의 증거가 된다. 과거에 저지른 실수는 앞으로 다시는 그런 실수를 저지르지 않겠다는 역사의 교훈이 된다. 해방정국에서 반민특위가 설치된 것도 바로 이렇게 하기 위함이었다. 친일 인사들이 저지른 범죄적인 행위의 경중을 따지고 역사의 교훈으로 삼자는 것이었다.

그러나 이 선택지는 1번 선택지를 선택한 사람들이 '빨갱이 바이러스'로 위협하고 실용으로 회유함으로써 우리 현대사에서 늘 배척되었다. 그때뿐만이 아니었다. 실용주의적인 접근법을 내세운 자유주의자들은 친일의 역사와 반공의 역사를 바로잡으려는 3번 선택지의 시도를 끊임없이 무력화

124

해왔다. 가장 최근 후쿠시마 오염수 방류 문제에 이르기까지….

마지막으로 4번 선택지. 이것은 아예 단추나 단춧구멍에 대해서 아무런 신경을 쓰지 않는 것이다. '케 세라 세라'이고, '이런들 어떠하리 저런들 어떠하리'다. n번째 단추가 n+1번째 단춧구멍에 꿰이든 n-1번째 혹은 n+18번째 단춧구멍에 꿰이든 상관하지 않는다. 줏대가 없다고 혹은 정체성이나 원칙이 없다고 욕을 먹겠지만, 걱정할 필요가 없다. 마음을 비운 상태에서는 욕이 욕으로 들리지 않기 때문이다.

자, 당신은 이 네 가지 선택지 가운데 무엇이 정답이라고 생각하는가? 특히, 당신의 기대여명을 기준으로 하지 않고 '우리 후손'이 앞으로 계속 이어갈 100년, 200년을 기준으로 할 때는 또 어떤가?

5.

우주에서 일어나는 모든 일이 미리 결정되어 있고, 거기에 따라서 내 인생의 온갖 일이 한 치의 착오도 없이 착착 진행되는 게 아닐까 하는 생각은 그저 착각일 뿐이다. 나와 박완서와의 만남도 그렇다. 박완서의 소설이, 아니 소설 그 자체인 박완서가, 현실의 모순을 워낙 정확하게 포착하고 있으며 또한 그 모순에 근거해서 이 소설이 전달하는 메시지에 내가 온전하게 설득되기 때문에 내가 그렇게 느꼈던 것뿐이다. 박완서라는 우주에 내가 동기화되어 있기에, 또 '소설 박완서'를 창작한 대한민국의 역사와 민중에 내가 동기화되어 있기에, 따라서 그를 괴롭혔던 트라우마에 나도 연결되어 있기에, 내가 박완서와 어떤 운명의 끈으로 이어져 있지 않을까 하는 생각이 들었던 것뿐이다.

이 트라우마에서 극한적인 스트레스가 비롯된다. 육체적·심리적 고통이 뒤따른다. 하지만 여기에 맞서는 몇 가지 방법이 있다. 그중의 하나로 착지법이라는 것이 있는데, 이 방법을 가르쳐준 사람은 나에게 시범을 보이면서 이렇게 말했다.

"땅에 발을 단단히 디디고 서보세요. 그렇게 디디고 있다는 걸 느끼면서 '지금 여기'로 돌아오는 거예요. 한번 해보세요. 자, 발바닥을 바닥에 붙이고, 발이 땅에 닿아 있는 느낌에 집중하세요. 그리고 이제… 발뒤꿈치를 들었다가 쿵 내려놓으세요. 그다음에는 발뒤꿈치에 지긋이 힘을 주면서 단단한 바닥을 느껴보세요. '지금 여기'가 느껴지나요? 그게 현실입니다. '지금 여기', 이걸 느끼시면 됩니다. 느껴보세요."

아마도 박완서는 이 방법을 알고 있었을 것이다. 그랬기에 현실에 단단히 발을 붙이고자 평생 그렇게 애를 썼고 또 그 내용을 소설로 풀어놓았다.

영화「기생충」의
기택 씨와 좀비 혁명

○ ○ ○

연민과 공감을 찾아서

존재한다는 것은 그냥 거기 어딘가에 있다는 뜻이 아니다.
자기 주변의 누군가와 관계를 맺으며 어딘가에 소속된다는 뜻이다.
…좀비는 욕망한다, 누군가에게 이름이 불리길,
그래서 그 사람에게 어떤 의미가 되기를.

3장

1.

  우리 동네에 작은 개천이 있다. 여의천이다. 서울의 청계산과 인릉산에서 시작된 여의천 물길은 신원동을 지나서 염곡동 부근에서 구룡산에서 흘러내린 물과 합친 뒤에 영동 1교 부근에서 과천에서 내려온 양재천과 합류한다.

  어느 하천이나 다 그렇겠고 특히 도시 하천은 더욱 그렇겠지만, 여의천을 걷는 재미 가운데 하나는 청둥오리들을 구경하는 일이다. 멀뚱한 왜가리도 있고 시끄러운 까마귀와 까치도 있지만 청둥오리가 특히 눈길을 끄는 이유는, 녀석들이 하는 짓이 다른 새들과는 사뭇 다르기 때문이다. 암놈과 수놈이 짝을 지어 장난치는 모습이 흐뭇하고, 짝을 못 찾은 수놈들이 자기들끼리 모여서 꽥꽥거리며 고함을 질러대는 모습도 재미있고("그래, 너희들은 짝이 있어 좋겠다, 우리는 짝이 없어서 더 좋다!", "육아 부담 없는 세상이 좋아, 솔로 세상을 위하여 건배!", "부어라, 마시자!", "그래도 결혼은 하고 싶어, 누가 나 소개팅 좀 시켜줘!", …), 또 어미가 앙증맞은 새끼들을 데리고 다니며 자맥질을 가르치는 모습도 신기하다.

봄꽃이 한창 흐드러질 때쯤이면 청둥오리 어미는 새끼들을 데리고 나타난다. (도대체 녀석들은 어디에다 알을 낳고 또 품고 부화시킬까? 길고양이들의 습격은 어떻게 예방하고 또 피할까? 신기한 일이다. 하긴, 내가 쉽게 알아낼 정도면, 다른 포식자에게 알을 빼앗기고 말았겠지, 그래서 내 눈에 청둥오리 새끼들이 보일 일도 없겠지.) 부화한 날짜가 빠르기도 하고 늦기도 해서, 어떤 가족의 새끼는 제법 덩치가 큰 데 비해서 어떤 가족의 새끼는 이제 막 부화했는지 어린아이 주먹만 하기도 하다.

2022년 봄에 여의천 산책로에서 내가 확인한 청둥오리 가족만 해도 다섯이 넘었다. 새끼의 수는 적게는 다섯 마리에서 많게는 여덟 마리까지였고, 크기도 가족에 따라서 어른 주먹만한 녀석들에서부터 제 어미만큼 큰 녀석들도 있었다. 그해 장마 때였다. 비가 많이 와서 여의천에 물이 불어서 산책로까지 범람했다. 그때 여의천을 가로지르는 다리를 지나가며 아래를 내려다보다가 어떤 청둥오리 가족을 보았다. 범람한 산책로에서 새끼들이 어미 뒤를 쫓아 그 거센 물살을 거슬러서 헤엄치고 있었다. 나는 녀석들이 안전한 곳까지 다다를 때까지 지켜보았다. 어미는 현명했고 새끼들은 용감했다. 정말이지 대견했다.

아니나 다를까 장마가 끝난 뒤에도 여의천의 청둥오리 가족들은 모두 건재했다. (세대에서 세대로 전해지는 생명의 위대함에 경배하라!)

그런데 뜨겁던 여름이 끝나가던 무렵에 태풍 힌남노가 찾아왔다. 힌남노가 뿌린 물 폭탄으로 여의천은 아수라장이 되었다. 산책로를 따라서 서 있던 가로등들이 줄줄이 뽑혀서 제멋대로 누웠다. 콘크리트로 거대한 심을 만들어서 깊이 1미터가 넘도록 박아놓은 가로등이 그렇게 뽑힐 수 있다는 게 놀라웠다. 또, 커다란 돌덩이를 쌓고 콘크리트를 발라서 야무지게 마감했던 산허리의 축대가 무너져내렸으며, 천변 산책로의 아스팔트 포장은 바나나 껍질 벗겨지듯이 벗겨져서 여기저기 널브러졌다.

오리 가족들은 어떻게 되었을까?

태풍이 지나가고 다시 하늘이 맑아졌을 때 찾아가 본 여의천에는 그 많던 청둥오리가 보이지 않았다. 두 가족뿐이었고, 그나마 새끼의 수도 줄어들어 있었다.

그 많던 새끼들은 다 어디로 갔을까? 불어난 여의천 물길을 따라서 떠내려가다 양재천을 만나고 거기에서 터전을 잡았을까? 아니면 더 떠내려가서 한강을 만나고 다시 서해까지 떠내려갔을까? 그렇게 해서라도 과연 살아남았을까?

올해에도 여의천에는 올망졸망한 새끼들을 거느린 암컷 청둥오리들이 있다. 육아가 어렵고 힘들다는 사실을 진작 알아차리고 출산을 포기했는지 장마철이 다가오도록 자기들끼리만 정답게 붙어 다니는 암수 한 쌍의 청둥오리들도 있다. 또 짝도 없이 자기들끼리 어울려 다니다가 무슨 일로 심사가 뒤틀렸는지 고래고래 고함을 질러대는 수컷들도 있다. 이런 녀석들은 어쩌면 장마와 태풍이(그리고 호시탐탐 자기들을 노리는 길고양이들이) 무섭다는 것을 너무도 잘 알아서 짝짓기와 출산을 포기했을지도 모른다. 새끼를 키울 때 당연히 뒤따르는 육아의 고통에 시달리고 싶지 않고 또 혹시라도 일어날지 모르는 상실의 고통에 몸부림치고 싶지 않아서 말이다.

올해에는 여의천의 청둥오리들이 다가올 장마와 태풍에 과연 몇 마리나 살아남을까?

2.

"어느 날 아침에 내가 바퀴벌레로 변해 있으면 어떻게 할 거야?"

혹시 당신도 이런 질문을 받아보았는가?

한동안 소셜미디어에서 이 바퀴벌레 질문이 유행했다. 예컨대, 자기 엄마나 아버지 혹은 애인이나 배우자에게 이 질문을 한 다음에 상대방이 내놓는 대답을 영상이나 텍스트로 소셜미디어에 올리는 것이다. 이런 행위가 일종의 '챌린지'로 유행했다.

사람이 바퀴벌레로 변신하다니, 도무지 현실성이 없는 질문이다. 그러니 대답도 장난일 수밖에 없다.

"예쁜 집을 지어서 잘 키워줄게."

"나도 함께 바퀴벌레가 되어줄게."

"밟아버릴 거야."

"말할 줄 아는 바퀴벌레? 신기하겠네! 방송에 출연시켜서 떼돈 벌 거야."

그러나 이 놀이에 참여한 사람은 결국 진지해지고 만다. 처음에는 아니었을지 몰라도, 적어도 나중에는 확실히 진지해진다. 그 질문이 누군가에게 던져지고, 이 황당한 질문에 그 사람이 당황하고, 그래서 그 사람의 진심이 전체로든 부분으로든 노출되고, 그리고 깔깔거리는 웃음이 끝난 뒤의 어느 순간(그 시점은 1분 뒤일 수도 있고, 하루나 이틀 뒤일 수도 있고, 혹은 많은 세월이 흐른 뒤일 수도 있다.)엔가 문득, 그 질문을 받은 사람이 했던 대답의 진심을 둘러싼 진실은 두 사람 사이에 공유될 수밖에 없다. 그 진실은 행복한 것일 수도 있지만 불편한 것일 가능성이 높다. 그 진실은 손이 닿지 않은 등짝의 어느 부위에 붙어 있는 까끄라기처럼 불편한 느낌으로 우리를 괴롭힌다. 정체가 모호할 뿐만 아니라 어디에 숨어 있는지 알기도 어렵다. 또 설령 발견했다고 하더라도 좀처럼 떼어낼 수 없다는 점에서 그렇다. 질문에서 답변으로 이어졌던 그 과정이 한바탕 웃음 파티였다고 해도 그렇다. 질문자나 답변자 모두가 그 질문이 건드리는 핵심의 본질이 무엇인지 알기 때문이다.

공감이나 소통의 모든 소재가 다 그렇듯이 당사자들에게 정말 중요한 문제라면 사람들은 그 소재를 결국 진지하게 받아들인다.

"어느 날 아침에 내가 바퀴벌레로 변해 있으면 어떻게 할 거야?"

이 질문은 자기가 상대방으로부터 존재 자체를 외면당할 수 있다는 두려움, 그럴 가능성이 얼마든지 있다는 두려움을 전제로 한다. 자기가 인간이 아니라 벌레, 그것도 끔찍하기 짝이 없는 벌레가 상대방에게 인식될 수도 있다는 두려움, 어쩌면 이미 그렇게 인식되고 있을지도 모른다는 두려움을 전제로 한다. 그러므로 이런 질문 놀이가 유행한다는 것은 이런 두려움이 사람들의 마음을 사로잡고 있다는 뜻이다. 사람들이 서로를 바라보며 행복하게 깔깔거리고 웃는 우리 일상의 밝고 투명한 공기 속에 그 치명적인 두려움의 바이러스가 이미 떠돌아다닌다는 뜻이다.

당신도 이미 이 바이러스에 감염되어 있을 수 있다. 아직 잠복기라서 증상이 바깥으로 드러나지 않았을 수 있다. 머지않아서 당신의 배는 아치형 마디들로 나뉘어져 둥그렇게 솟아오르고 몸통에 비해 딱하리만치 가냘픈 수많은 다리가 그 배에 붙어서 가엾게 버둥거릴지 모른다.

＊　＊　＊

"어느 날 아침에 내가 바퀴벌레로 변해 있으면 어떻게 할 거야?"

이 질문을 가장 세련된 소설로 한 덕분에 세계 문학사에 길이 남은 작가가 있다. 독일 작가 카프카다. 그의 소설 『변신』(1915)은 다음과 같이 시작된다.

그레고르는 어느 날 아침 불안한 꿈에서 깨어났을 때 자신이 흉측한 벌레로 변해 침대에 누워 있는 것을 발견했다. 그는 갑옷처럼 딱딱한 등을 대고 누워 있었는데, 머리를 조금 들자 각질의 아치형 마디들로 나뉜 둥 그렇게 솟은 갈색 배가 보였고, 배 위에 겨우 살짝 걸쳐져 있는 이불은 금방이라도 홀라당 흘러내릴 것 같았다. 눈앞에서는 몸통에 비해 딱하리만치 가냘픈 수많은 다리가 어쩔 줄 모르고 버둥거렸다.(＊카프카, 『변신·단식 광대』, 창비, p. 9.)

분명 꿈은 아니다. 아무리 생각해봐도 왜 이렇게 되어버렸는지 도무지 알 수가 없지만, 어쨌거나 그레고르는 그날 아침에 황당하게도 벌레로 변해버렸다. 카프카가 묘사한 이 벌레는 바퀴벌레처럼 작지 않다. 사람만큼 덩치가 크다. 사람처럼 말을 하고 사람처럼 논리적으로 생각을 한다. 아닌 게 아니라 겉모습만 갑충이고 내면은 원래의 그레고르 그대로 사람이다.

그레고르는 미혼의 청년으로 직물회사의 영업사원인데, 파산한 아버지를 대신해서 가족의 생계를 책임지며 바쁘게 살고 있다. 또한 그는 아버지와 어머니의 선량한 아들이며 여동생을 사랑하는 착한 오빠이기도 하다.

그레고르가 벌레로 변한 데는 특별한 이유가 없다. 적어도 소설 속의 설정으로는 그렇다. 그러나 그 이유는 그 사건이 일어난 뒤에 가족들이 그에게 하는 행동이나 그에게 느끼는 감정으로 미루어 짐작할 수 있다. 예를 들어서 아버지는 벌레로 변한 그레고르를 구박하고, 그레고르는 결국 아버지가 던진 사과가 등에 박혀 염증을 일으킨 바람에 죽는다. 또 오빠에게 먹을 걸 갖다주고 방 청소를 해주던 여동생도 나중에는 마음이 바뀐다.

"저건 없어져야 해요."그레테가 아버지의 말을 끊고 소리쳤다. "아버지, 그것만이 유일한 해결책이라고요. 제발 저게 오빠라는 생각부터 버리셔야 해요. 우리가 지금까지 그렇게 믿었기 때문에 불행을 자초한 거라고요. 저게 대체 어떻게 오빠일 수 있어요? 만약 오빠라면 인간이 저런 짐승과 함께 사는 것은 불가능하다는 걸 진작 깨닫고 자진해서 떠났겠죠. 그러면 우리는 오빠를 잃겠지만 그래도 계속 살아갈 수 있고 그리워하는 마음을 간직할 거예요. 그런데 이 짐승은 우리를 이토록 못살게 굴고 하숙인들을 쫓아내니 틀림없이 온 집을 독차지하고 우리를 길거리로 내몰 거라고요. 저기 보세요, 아버지. 또 시작하잖아요!"(*「변신·단식 광대」, p. 68.)

결국 이 여동생은 그레고르가 방 바깥으로 나가지 못하게, 그가 다른 사람과 그 어떤 소통도 하지 못하게 방문을 잠가버린다. 이제 그레고르에게 남은 건 죽음뿐이다.

'이제 어쩌지?'그레고르는 혼잣말을 하면서 어두운 방 안에서 주위를 둘러보았다. 그리고 이제 움직일 수조차 없다는 사실을 곧 깨달았다. 그렇다고 놀라지도 않았다. (…) 등에 박힌 썩은 사과와 그 주위에 생긴 염증도 거의 느껴지지 않았는데, 염증 주변은 온통 미세한 먼지로 뒤덮여 있었다. 식구들을 돌이켜 생각하니 가슴이 찡하고 사랑이 느껴졌다. (…) 어느덧 시계탑의 시계가 새벽 3시를 울렸다. 그는 창밖으로 사방이 환해지기 시작하는 것까지도 느낄 수 있었다. 그러고는 의지와 무관하게 머리를 푹 떨궜고, 콧구멍에서 마지막 숨이 희미하게 새어 나왔다.(*『변신·단식광대』, p. 70.)

가족은 그레고르를 자기의 생계를 책임지는 사람으로만 여겼고, 그레고르 역시 가족이 만족스러운 삶을 이어가도록 일 속에서 자기를 희생하는 것, 이것이 가족과의 관계에서 전부라고 믿었다. 그들은 인간과 인간 사이의 공감과 소통을 그저 현실적인 이해타산의 관계로만 바라보았다. 그래서 그들 사이에서 '인간'은 사라지고 '벌레'만 남은 것이었다.

카프카는 1915년에 이 소설『변신』을 통해서 자본주의 경제 질서가 빚어낸 새로운 인간관계의 어두운 면을 지적했고, 이 지적이 2020년대 한국에서 참신하게 되살아나서 사람들 사이에서는 이런 궁금증이 유행하게 되었다.

'나는 사람일까, 바퀴벌레일까?'

'내가 사람이라는 증거를 내 주변 사람에게서 확인할 수 있을까?'

사람들은 자기들이 서로에게 바퀴벌레가 아님을 장담할 수 없다. 그런 불안감 속에서 누군가가 자기를 꽃으로 불러주길 바란다. 직업과 스펙과 연봉으로서가 아니라 자기 내면의 아름다운 빛깔과 향기로서 자기를 알아주길 바란다. 그리고 그 사람에게 다가가서 자기도 그 사람의 꽃이 되고 싶어

한다. 그렇게 미칠듯한 그리움에 휩싸인 채로 살아간다. 지금으로부터 70년 전인 1952년의 그 을씨년스럽던 전쟁통에서 유리컵에 담긴 꽃을 바라보며 김춘수 시인이 간절한 마음으로 바랐던 것처럼….

사실, 윤석열 정권 아래에서 신자유주의의 불타는 욕망이 제 세상을 만난 듯 폭발하는 지금이야말로 어쩌면 1950년대의 한국전쟁보다 더 살벌한 전쟁이 진행되고 있는지도 모른다. 그렇기에 바퀴벌레 질문이 지금 그토록 절실하게 사람들 마음을 파고드는지도 모른다.

3.

다음에 소개하는 네 개의 장면은 내가 10년쯤 전에 『청춘아 세상을 욕해라』라는 책을 쓰면서 언급했던 장면들이다. 그러니까 지금으로부터 10여 년 전에 있었던 일이라는 말이다.

〈장면-1〉

분식집이고, 나와 친구가 김밥을 먹으며 대화를 나눈다.

"너는 기본적으로 착한 인간이라서 그렇게 못하겠지만, 나는 할 수 있어."

"그만해라. 너 때문에 김밥 옆구리 다 터진다."

"진짜라니까? 내게 총만 있으면 여기저기 돌아다니면서 만 명쯤 쏴죽일 거야. 마음에 안 드는 인간들, 쓰레기들, 싹 다 쓸어버리고 싶다."

나는 관심을 받고 싶은 하는 친구를 위해서 마지못해 대꾸한다.

"만 명을 죽이려면 총알이 적어도 이만 발은 있어야겠네?"

"그걸로 안 돼, 백만 발은 있어야지."

"그렇게나 많이?"

"그럼! 사람이 생각보다 잘 안 죽어, 아무리 밟고 찢어도 잘 안 죽어."

이 친구는 자기 말로 자기가 사이코패스라고 한다. 사람을 죽이는 행위에 아무런 감정의 거리낌을 느끼지 않을 것이기 때문이란다. 그러나 이 친구는 사이코패스가 아니다. 다만 화가 많이 나 있을 뿐이다.

우리 옆에 있던 테이블에서는 젊은 연인이 마주 앉아서 저녁 식사를 한다. 두 사람이 김밥과 떡볶이를 서로 권하는 모습이 참 보기 좋다. 한눈에 봐도 서로를 아끼고 위하는 모습이다. 또 무엇보다도 가난해 보인다. 두 사람은 이번 한 달을 자기들이 버는 월급으로 어떻게 살아야 할지 계획을 짜고 있다. 월세, 관리비, 식비가 각각 얼마이니까 얼마를 더 아껴야 하는지, 이번 달에는 용돈을 얼마나 더 줄여야 하는지, 그리고 남자의 운동화를 새로 사야 하는데 무슨 브랜드로 살 것인지…. 얘기를 듣고 보니, 남자는 그 건물에 있는 마트에서 아르바이트를 하는 모양이다. '고마워', '괜찮아', '더 먹을래?' 등의 말들이 두 사람 사이에서 오간다.

그때 친구가 갑자기 말한다.

"싹 다 쏴죽여버리면 돼!"

이 목소리가 좀 컸다.

"그러면 고통도 없고 슬픔도 없고 걱정도 없어, 끝이야."

옆 테이블의 젊은 연인이 우리를 바라본다. 그들이 나누는 대화가 우리에게 들렸듯이, 우리가 나눈 대화가 그들에게도 들렸던 모양이다.

자기들이 누리고 있는 행복을 내 친구가 깨버릴지도 모른다는 불안감이 가난한 젊은 연인의 얼굴에 스쳤다. 두 사람의 불안한 시선은 나와 내 친구를 빠르게 훑었다. 혹시 흉기라도 가지고 있는지….

〈장면-2〉

한가로운 공원이다. 중학생 하나가(남학생이든 여학생이든 상관없다)
과자 '뿌셔뿌셔'를 뿌셔서 주변에 휘익 뿌린다. 한 떼의 비둘기가 모여들고,
학생은 미끼를 계속 살살 뿌려가면서 비둘기들에게 다가간다. 도시의 비둘
기들은 사람을 무서워하지 않는다. 학생은 부지런히 먹이를 쪼아대던 녀석
을 노리고 잽싸게 손을 뻗는다. 퍼덕이며 도망가려던 비둘기의 날개 끝이
학생의 손에 잡힌다. 그렇게 비둘기를 잡은 다음에 학생은 벤치에 자리를
잡고 앉는다. 그러고는 주머니에서 커터칼을 꺼내서 비둘기의 오른쪽 날개
를 자르기 시작한다. 비둘기는 몸부림을 치고 피가 튄다. 비둘기 날개를 자
르기에는 커터칼이 버겁다. 학생은 돈이 생기면 '진짜' 칼을 사야겠다고 마
음먹는다. 드디어 날개가 몸통에서 분리되었다. 학생은 날개가 하나밖에
없는, 그러나 여전히 퍼덕거리며 몸부림을 치는 비둘기를 쓰레기통에 던져
버리고, 떼어낸 날개 하나를 비닐봉지에 담아 가방에 쑤셔넣는다. 내가 이
학생에게 묻는다.

"왜 그런 짓을 하니?"

"그냥요."

"비둘기 날개는 뭐 하게?"

"기념이에요."

"왜?"

"재밌잖아요!"

학생은 해맑게 웃는다.

〈장면-3〉

저녁 무렵이고 신당동 전철역에서 멀지 않은 어느 7미터 도로다.

오십 대 중후반으로 보이는 남자 두 사람이 길거리에서 다투고 있다. 처음에는 말로만 티격태격했는데, 목소리가 점점 커지고 눈빛이 점점 사나워지면서 마침내 주먹질과 발길질이 시작된다. 그러나 두 사람은 모두 서로에게 이렇다 할 타격은 입히지 못한다. 적대감이 작아서 그런 게 아니고 두 사람의 신체적인 조건이 상대방에게 타격을 줄 수 있을 정도로 단단하지 않기 때문이다. 이 형편없는 싸움꾼들을 지나가던 청년 하나가 간단히 떼어놓는다. 이렇게 해서 두 사람은 떨어졌지만, 두 사람의 격한 감정은 삭지 않았다. 한 명이 다른 한 명에게 고함을 지른다.

"야 이 거지 같은 놈아!"

"내가 왜 거지야?"

"거지지! 술값 낼 돈이 없어 얻어먹으니 거지지!"

"니가 더 거지지! 돈이 없어서 하루에 밥도 두 끼밖에 못 먹는다면서? 나는 그래도 밥은 세 끼 꼬박꼬박 먹는다! 야 이 거지 새끼야!"

그 말에 상대방 남자는 입을 다문다. 꽉 다문 입술이 파르르 떨린다. 그리고 곧바로 말리고 있던 청년의 손을 뿌리치며 상대방에게 덮친다. 남자는 이미 이성을 잃었다. 온통 분노와 증오뿐이다. 다시 주먹질과 발길질과 욕질이 어지럽게 춤을 춘다.

"야 이 거지 새끼야!"

"내가 왜 거지야!"

"거지니까 거지지!"

"네가 더 거지지!"

"네가 더 거지야!"

"종이나 줍고 다니면서, 네가 더 거지지!"

"마누라도 도망가고 없으면서, 네가 더 거지야!"

그렇게 두 사람 사이에 거지 배틀의 슬픈 활극이 벌어진다.

〈장면-4〉

배고픔을 견디다 못해서 자기 살점을 뜯어먹는 동물이 있을까?

다른 어떤 동물이 이런 엽기적인 행동을 할 수 있는지 알지 못하지만, 사람은 분명히 그렇게 한다. 적어도 우리나라에서는 이런 일이 공공연하게 수도 없이 많이 일어난다.

2011년 9월 7일, 어떤 젊은 여성이 자기 블로그의 낙서장에 다음과 같은 글을 올렸다.

안녕하세요.

저는 22세 여성입니다.

혈액형은 B형이고요. 키는 160입니다.

솔직히 담배는 좀 핍니다. 하지만 술은 안 먹습니다.

아직 나이가 어려서 몸은 아주 건강하고요. 흠이라면… 여성이라는 점.

수술이란 걸 받아본 적이 한 번도 없습니다.

정말 너무나도 급하니… 먼저 연락을 하시는 분한테 최대한 그쪽이 원하는 가격으로 거의 맞춰드릴 생각입니다.

정말 저처럼 절실하고 거짓 없는 사람만 연락해 왔으면 좋겠습니다.

장기를 팔 테니 원하는 사람이 있으면 연락을 해달라는 내용이다. 얼마
나 무서웠을까? 자판을 두드리는 그 손가락이 얼마나 떨렸을까? 마음은 또
얼마나 아팠을까? 스물두 살의 이 청년은 사회와 기성세대에 얼마나 지독
한 저주를 퍼부었을까?

'혈액형', '나이가 어려서', '건강', '수술', '가격', '연락'이라는 단어를 조합
하고 살을 붙여서 이보다 더 끔찍한 지옥도를 묘사할 수 있는 시인이나 소
설가는 없을 것이다.

그리고 이 슬픈 글에는 댓글이 세 개 달렸다.

(2011/09/14 16:43) 23살 남성 A형 키 170 건강한 남성입니다. 어
떤 것이든 괜찮아요. 저도 급하니 메일이나 쪽지 주세요. ********@
naver.com 장난하시는 분들은 없길….

(2011/09/29 10:31) 36 O형입니다. 연락해 주세요. 010-****-
****

(2011/10/06 11:19) 남, 27, O, 바로 가능 010-****-****

　　　* * *

〈장면-1〉의 가난한 연인들 사이에는 지금 어쩌면 초등학교에 다니는
아이가 있을지도 모른다, 두 사람이 여전히 서로를 아끼고 사랑하며 부부
로 살고 있다면… 〈장면-2〉의 중학생은 성인이 되어 있을 것이다. 주변

에 친구라도 있을까? 〈장면-3〉의 두 남자는 지금은 60대가 되어 있을 텐데, 2023년 7월을 기준으로 한 전년 동월 대비 취업률이 청년층에서는 13.7퍼센트 줄어들었지만 60세 이상 연령층에서는 29.8퍼센트나 늘어났으니,(* 통계청, 2023년 7월 고용동향) 어쩌면 먹고 살 만한 일자리를 잡았을지도 모르겠다. 또 〈장면-4〉의 여성은 지금 30대 중반이 되어 있을 것이다, 아직도 살아 있다면… 다들 행복하게 살고 있을까?

어쩐지 그럴 것 같지는 않다.

가난한 사람들의 분노와 증오는 늘 이렇게 슬플 수밖에 없을까?

분노와 증오의 방향이 잘못되었기 때문이 아닐까, 혹은 분노와 증오에 사랑이나 연민이 빠져 있어 균형이 무너져 있기 때문이 아닐까? 그래서 공허한 게 아닐까? 그래서 슬픈 게 아닐까? 슬픔의 뿌리는 공허함, 무기력, 자포자기가 아닐까? 그렇다면 문제는 방향성이고 방법론이다.

부자들의 분노와 증오는 전혀 슬프지 않다. 슬프기는커녕 역동적이다. 이들의 동력은 욕망이기 때문이다. 욕망은 슬픔을 모른다. 욕망은 슬픔을 등 뒤에 두기 때문이다. 분노와 증오가 과거 지향적이라면 욕망은 미래 지향적이다. 그래서 분노와 증오가 욕망과 싸우면 언제나 욕망이 이긴다.

가난한 사람이 부자를 이기려면 어떻게 해야 할까? 분노와 증오가 욕망을 이기려면 어떻게 해야 할까?

다른 동력을 장착해야 한다. 그 동력은 바로 사랑과 연민이다.

분노와 증오가 사랑과 연민과 결합하면 욕망을 이긴다. 거뜬하게 이긴다.

그렇다면, 욕망 역시 사랑과 연민과 결합하면 어떻게 될까? 그래서, 각기 사랑과 연민을 장착한 분노와 증오 그리고 욕망이 맞붙으면 어떻게 될까?

온갖 우여곡절이 있겠지만 결국에는 가난한 사람과 부자가 행복하게 만나지 않을까? 위에서 당겨주고 아래에서 밀어주는 행복한 만남이 일어나지 않을까?

…이런 상상을 해도 괜찮을까?

4.

최근 10여 년 동안에 한국 사회에서 사람들이 어떤 모습으로 살아왔는지를 잘 보여주는 영화가 있다. 바로 2019년에 개봉한 봉준호 감독의 「기생충」이다.

어느 평론가의 말처럼 영화 「기생충」에서는 이렇다 할 악인이 없는데도 이 영화는 비극적이다. 지옥도의 비극을 만들어낸 주체는 사람이 아니라 사회의 구조다. 냄새만으로도 확연히 구분되는 사회 계층, 그리고 계층 사이를 이동할 수 있게 해주는 사다리가 폐기되고 없는 사회 구조, 이것이 사람들을 서로를 향해서 분노하고 증오하게 만들고, 그래서 분노와 증오의 악다구니 속에서 비극이 생성된다.

부자인 동익과 연교 부부는 넓고 전망이 좋은 저택에 살고, 이 저택에는 부부와 그들의 두 자녀 외에도 문광이 입주 가정부로 거주하는데, 문광의 남편인 근세는 동익 부부가 알지 못하는 지하의 비밀 공간에서 문광의 도움을 받으면서 살고 있다. 예전에 근세는 대왕카스테라 가게를 운영하다가 실패하고 큰 빚을 졌는데, 아내가 가정부로 일하던 이 저택의 건축가이자 첫 거주자가 프랑스로 이사 가고 박 사장이 이사 오기 직전에 그 저택에 있는 비밀 지하실에 숨어들었으며, 그때부터 4년째 아내의 도움을 받으며 거기에서 지내고 있다. 그런데 가난한 동네의 반지하 월세방에 세 들어 사는 기택과 충숙 부부가 두 자녀와 공동 작전을 펼쳐서 문광과 근세를 몰아내고 그 자리를 대신 차지하려고 나선다. 두 가족 사이에서는 어떤 규제·보호 장치도 없이 그야말로 목숨을 건 '신자유주의적' 경쟁이 시작된다.

영화「기생충」을 지배하는 질서는 신자유주의 질서다. 이 질서는 자유로운 경쟁을 신성시한다. 그래서 이 사회에서는 '만인에 대한 만인의 투쟁'이 전개된다. 여기에서는 인간적·사회적 공동체나 공동체적 윤리 따위는 존재하지 않는다. 그런 게 있었던 까마득한 과거의 사회적인 공동체는 이미 사라지고 없다. 오로지 각자도생의 투쟁 그리고 승자와 패자만 있을 뿐이다. 따뜻한 공동체가 우리가 사는 세상에서 사라진 일은 그다지 오래되지 않았다. 그 일의 배경은, 1987년 9월 30일에 '에이즈, 교육, 그리고 2000년!'이라는 제목으로 여성지『우먼스 오운(Woman's Own)』에 게재되었던, 영국 수상 마거릿 대처를 인터뷰한 내중 중 다음 부분에서 짐작할 수 있다.

제 생각에 우리가 겪어온 시대에서는 너무 많은 아이와 사람이 이렇게 말했습니다. "나에게는 문제가 있어요. 이 문제를 정부가 해결해줘야죠!" "나에게는 문제가 있어요. 정부 보조금을 받아서 이 문제를 해결할 거예요!" "나는 노숙자예요. 정부가 나에게 집을 줘야죠!" 이렇게 사람들은 자기 문제를 사회에 떠넘기고 있습니다. 그런데 사회란 게 누구죠? 그런 건 없습니다! 각자 자유롭고 독립적인 개인으로 존재하는 남자들과 여자들이 있고, 가족들이 있을 뿐이라고요. 사람들이 자기 자신을 먼저 돌보지 않는다면 정부는 아무것도 해줄 수 없습니다.(*다음에서 재인용. 조형근,

『나는 글을 쓸 때만 정의롭다』, 창비, pp. 233~234.)

　　그날 이후로 "사회 따위는 없다"라는 말은 대처가 열어젖힌 세상을 상징하는 슬로건이 되었다. 여기에서 '사회'는 사회적 약자를 돌봐주는 도덕률이 작동하는 사회공동체다. 1979년에 영국 총리가 된 대처는 이듬해에 미국 대통령이 된 로널드 레이건과 함께 대서양을 사이에 두고 협력하면서 노조 파괴, 민영화, 자본의 세계화, 금융화를 주도하면서 장차 신자유주의라고 불리게 될 '혁명'을 진두지휘하며 한 세대를 열었다.

　　신자유주의의 이 물결이 세계화라는 이름 아래 IMF 외환위기와 자유무역협정(FTA)을 통해서 한국으로 흘러들어왔고, IMF 외환위기가 한창일 때 아들 기우를 낳았던 기택 부부는 그때 이후로 '만인에 대한 만인의 투쟁' 속에서 살아왔다. 그랬기에 기택은, 기우가 딸 기정이 위조한 대학교 재학증명서를 가지고 박동익의 집으로 과외교사 면접을 보러 나서자 "아버지는 니가 자랑스럽다."라고 말하고, 또 기우도 "전 이게 무슨 위조나 범죄라고 생각하지 않아요. 저 내년에 이 대학 갈 거든요."라고 당당하게 말한다. 그러면 기택은 "너는 다 계획이 있구나."라며 흐뭇해한다. 이 얼마나 화기애애하고 일상적인 전투적인 분위기인가!

　　또 신자유주의는 '만인에 대한 만인의 투쟁'을 당연한 원리로 여기는 만큼 불평등도 당연하게 여긴다. 따라서 애초부터 불평등이나 차별을 근절할 생각이 없다. 오히려 모든 계층과 모든 개인 사이에서 가차 없는 경쟁을 유도하고 혐오와 적대감을 조장하여 계급 간의 끊임없는 '전쟁' 상황을 조직한다. 이렇게 해서 사회는 지옥이 된다. 그야말로 '헬조선'이다.

　　이 지옥에서 기택의 가족과 문광의 가족은 동익의 저택이 보장하는 그

쏠쏠한 수입의 일자리와 지하의 비밀 공간을 서로 차지하려고 경쟁하고, 이 생존 경쟁 과정에서 문광과 그의 남편이 죽고 기택의 딸 기정도 죽는다.

그러나 동익을 살해한 혐의로 수배령이 떨어진 기택은 근세가 그랬던 것처럼 세상 사람들이 모르는 그 저택의 비밀 공간에 숨어서 잘살고 있다. 그리고 기우가 언젠가는 알아볼 것이라고 믿으면서 예전에 근세가 그랬던 것처럼 저택의 전등을 깜박거리는 방식으로 모스 부호 편지를 쓴다.

"(…) 맞벌이에, 학교에, 다들 밖으로 나다니는 가족인데… 제기랄, 붙박이 가정부가 24시간 집에 있다 보니까…. 나는 땅 위에 한 번씩 올라갈 때마다, 꼭두새벽에 목숨을 건다, 목숨을…."

한편 기우도 아버지가 살아 있다는 사실을 알고는 아버지에게 편지를 쓴다. 비록 결코 배달될 수 없는 편지이긴 하지만….

"오늘 근본적인 계획을 세웠습니다. 돈을 벌면 이 집부터 사겠습니다. 아버지는 그냥 계단만 올라오시면 됩니다. 그날이 올 때까지 건강하세요."

이렇게 영화는 끝이 나지만, 영화의 설정은 다시 맨 처음과 똑같은 것으로 되돌아간다. 기택 가족이 문광과 그녀의 남편에게 그랬듯이, 또 다른 가족이 기택이 안락하게 지내는 그 공간을 노리고 경쟁을 도발할지 모른다. 아니, 그 경쟁은 필연적으로 일어날 수밖에 없다.

영화와 현실의 데칼코마니

영화에서 저택의 주인이자 부자 사업가인 박동익은 가난한 사람이 자기와의 사이에 놓여 있는 어떤 선을 넘는 걸 참지 못한다. 자기도 그 선을 넘어갈 생각이 전혀 없다. 그래서 기택의 몸에서 나는 '이상한 냄새'(사실 이

퀴퀴한 냄새는 반지하방에서 사는 사람들의 몸에 배어 있는 곰팡내다.)에 질색한다. 또 운전기사인 기택이 운전 중에 고개를 돌려 뒤를 바라보면서 뭐라고 말을 하자, 뒤돌아보지 말고 앞만 바라보라고 정색한다. 뒤쪽 공간은 자기의 공간이니 선을 넘지 말라고….

부자와 빈자의 구분은 승용차의 앞자리와 뒷자리의 구분만큼 명확하다. 영화에서 부자와 빈자를 가르는 상징적인 장치는 또 하나 있다. 부자의 집은 높은 지대에 있고 빈자의 집은 낮은 지대에 있다. 동익의 저택은 자기만의 넓은 마당이 있고 멀리 마을이 내려다보이지만, 기택의 집은 1층도 아니고 골목길의 반지하라서 술 취한 행인의 노상 방뇨조차도 올려다보인다.

이 구분은 심리적일 뿐만 아니라 완벽하게 물리적이기도 하다.

폭우가 쏟아지던 날, 동익의 저택 지하 공간에서 기택의 가족과 문광 부부는 목숨을 걸고 '경쟁'을 하고, 그 살벌한 경쟁이 채 마무리되지 않은 상태에서 기택과 기우와 기정은 폭우가 내리는 가운데 집으로 돌아가고, 저택의 지하 공간에는 문광과 근세가 남는다.

물은 위에서부터 아래로 흐른다. 그 덕분에 동익의 저택은 배수가 말끔하게 되지만 기택의 반지하 집에는 물이 들어찬다. 물이 들어차서 가재도구들이 둥둥 떠다닌다. 저택의 지하 공간에서는 문광이 격렬한 '경쟁'의 후유증 때문에 어지러워서 얼굴을 변기에 대고 토하고, 기택의 집에서는 화장실 변기에서 분뇨가 역류한다. 기정은 그 역류를 막으려고 변기 뚜껑을 덮고는 그 위에 걸터앉아서 천장에 숨겨 두었던 담배를 꺼내서 피운다, 물이 사납게 지하실 공간으로 들이치는 가운데서…(주 69 시간의 강도 높은 노동을 하던 중에 즐기는 잠깐의 휴식은 아마도 그렇게 달콤하고 위험할 것이다.)

영화에서는 반지하집에 물이 들어차기까지 시간이 많이 걸린다. 대화를 나누거나 심지어 담배를 피울 여유까지 있다. 그러나 현실은 그렇지 않다. 물은 순식간에 지하 공간을 메우고 그 안에 있는 사람의 숨을 막아버린다.

2022년 8월 8일 밤, 서울 신림동의 어느 다세대주택(빌라) 반지하집에서 그런 일이 실제로 벌어졌다. 폭우가 쏟아져서 반지하집이 침수된 바람에 40대 여성과 이 여성의 여동생 그리고 이 여동생의 10대 딸이 미처 빠져나오지 못하고 익사한 것이다.

다음 날 아침에 윤석열 대통령은 이 현장을 찾아갔고, 서울소방재난본부장이 대통령을 맞았다. 노란 점퍼에 구두 차림의 윤석열은 커다란 우산을 쓴 채 쪼그리고 앉아서 반지하집의 창문을 통해서, 간식을 먹던 기택의 가족이 노상 방뇨 취객을 바라보던 바로 그 창문 그리고 소독차의 소독 분무가 집 안으로 들이치던 바로 그 창문을 통해서, 안쪽을 들여다본다. 이때의 대통령 표정은 안타까워하기보다는 신기해하는 표정이다. 마치, '아, 이런 데서 사람들이 사는구나.'라고 말하는 것처럼….

대통령: 사고가 몇 시에 일어났지?
본부장: (어젯밤) 10시쯤입니다.
대통령: 아, 주무시다 그랬구나.
본부장: 물이 밀려들다 보니 문을 열지 못해서 못 나왔던 겁니다.

이어서 대통령은 그 빌라로 들어간 뒤 70대 남녀 주민들과 짧은 대화를 나누었다.

대통령: 어제 여기가 밤부터 수위가 많이 올라왔구나. 그런데 여기 있는 분들은 어떻게 대피가 안 됐나 보네요. 물이 올라온 것이 한 시간도 안 걸렸다고….

주민: 한 시간이라니, 15분도 안 걸렸는데….

대통령은 그것만으로는 궁금증이 덜 풀렸는지 문제의 그 참사 현장인 지하 1층으로 향하는 계단을 내려갔다. 그러나 흙탕물이 가득 차 있어서 주민들이 사망했던 지점까지는 가지 못하고 돌아섰다.

영화 「기생충」에서는 연교가 간밤에 쏟아진 강력한 폭우 덕분에 미세먼지 하나 없는 맑은 하늘이라 좋다면서 마당에서 파티 준비를 하고, 현실에서는 대통령이 참변 현장을 찾아가서 동네 사람 관점으로 '평소에 쉽게 볼 수 없는 일'을 '구경'하며 호기심을 채우다가 나중에는 수다 모드로 전환해서 주민과 뒷담화를 나눈다. 대통령이라면 퇴근길에 다른 아파트가 잠기는 걸 봤으면 집에 갈 게 아니라 곧바로 재난 상황 통제를 지휘했어야 했지만, 대통령은 자기가 그렇게 하지 않은 게 자기의 잘못인지도 몰랐다.

영화 「기생충」에서 부자인 동익과 연교가 가난한 사람에게서 나는 냄새에 질색하면서 얼굴을 찡그리듯이, 현실에서 대통령은 국민이 당한 참변의 고통에 공감하지 못한다. 그저 자기와는 상관이 없는 남의 일로만 바라본다. 대통령의 이런 태도는 그로부터 80일 뒤인 10월 29일에 이태원에서 일어난 참사 때도 그대로 반복되었다. 참사 이튿날에 현장을 방문한 대통령은 보고를 받은 뒤에 이렇게 말했다.

대통령: 압사? (압사가 아니라) 뇌진탕, 이런 게 있었겠지. (…) 여기

에서 그렇게 다 죽었다는 거지? 그럼 여기에 인원이 얼마나 있었던 거야?

죽음의 고통에 공감하지 못할 뿐만 아니라 사건의 내용조차 제대로 파악하지 못하고 있다. 심지어 관심의 초점은 대통령 관점이 아니라 검사나 수사관 관점이다.

다른 사람의 고통에 공감하지 못하는 이런 모습은 2023년 7월 17일에 산사태 피해 지역인 경상북도 예천군의 벌방리 노인회관 임시주거시설을 찾아 피해 주민을 만났을 때도 반복되었다. 처참한 수해 현장에 나타난 대통령의 신발은 패션 감각이 돋보이는 하얀색 운동화였고, 대통령은 구경꾼 관점의 수다 모드를 발동해서 "저도 어이가 없다. 저는 해외에서 산사태 소식을 듣고 그냥 주택 뒤에 있는 산들이 무너져서 민가를 덮친 모양이다, 이렇게만 생각했는데, 몇백 톤 바위가 산에서 막 굴러 내려올 정도로 이런 건 저도 지금까지 살면서 처음 봐가지고 얼마나 놀라셨겠습니까?"라는 말들을 쏟아냈다.

영화 「기생충」에서 동익은, 피를 흘리며 쓰러져서 죽어가는 근세의 몸을 옆으로 젖혀서 그 아래 깔려 있던 자기 자동차 열쇠를 집어드는데, 이때 동익은 근세의 몸에서 고약한 냄새가 풍기자 코를 감싸쥔다. 피 냄새도 피 냄새지만 여러 해 동안 지하 공간에서만 생활했으니까 그곳의 퀴퀴한 냄새가 몸에 배어 있었을 것이고, 동익으로서는 그 냄새가 낯설었을 것이기 때문이다. 동익이 특별히 악한 인간이라서 그랬던 게 아니다. 자기와 다른 계층에 속한 사람과의 밀접한 접촉이 낯설고 불편했을 뿐이다. 죽어가는 근세를 바라보는 동익의 관심사는 근세의 죽음이 아니라 근세의 몸에서 나는 고약한 냄새다. 이것과 마찬가지로 현실에서 대통령의 관심사는 수해와 산사태 피해를 입은 주민의 고통이 아니라 산에서 굴러 내려와 주택을 파괴한 '거대하고 신기하기 짝이 없는, 평소에는 좀처럼 구경하기 어려운' 바위, 그리고 그 사건 자체였다.

대통령의 이런 모습은 인정이 없다거나 눈치가 없고 공감할 줄 모른다거나 게으르거나 부주의해서 사전에 상황을 파악하지 못해 드러나는 일회적이거나 개인적인 차원의 문제가 아니다. 그가 특별히 악당이라서 그런 것도 아니다.

윤석열 정부는 신자유주의라는 기본적인 철학 아래 정부의 재정 지출 축소(작은 정부), 규제 완화, 민영화, 감세 등의 방향으로 나아가고 있다. 그리고 그 철학으로 평생을 살아왔으며 또 그 모든 것을 지휘하는 지위에 있는 윤석열은 영화 「기생충」에서 동익이 그랬던 것처럼 사회적 약자의 고통이 그저 낯설고 불편했기 때문에 그랬다.

부자 감세와 무료 와이파이, 그리고 수재(水災)와 환경부의 변신

2023년 상반기의 국세 수입이 전년도 상반기보다 약 40조(정확하게는 39조 7천억) 원 적게 걷혔다. (나중에 확인되는 사실이지만, 2023년 전체의 세수 '펑크'는 56조 4천억까지 늘어난다.) 그런데 그 내역을 꼼꼼히 따져보면 세수 감소의 가장 큰 원인은 부자 감세. 부자에게 걷는 소득세가 11조 6천억 원, 대기업에 걷는 법인세 16조 8천억 원, 그리고 종합부동산세가 2천억 원이 각각 전년도보다 줄어들어서, 부자 감세로 줄어든 세수가 총 28조 6천억 원으로 전체 40조 원의 세수 감소 가운데 70퍼센트가 넘는다. (*2023

년 7월 31일 기획재정부 보도자료)

충분히 예상할 수 있었던 일이지만, 윤석열 정부가 2023년에 발표한 세제 개편안에 따르면 감세의 혜택은 부자에게 일방적으로 유리하다.

(…) 소득세의 감세는 18만~54만 원 수준에 불과하다. 부자들이 받는 혜택과 비교하면 '새발의 피'다. 다주택자 종부세 중과 폐지부터 보자. 대부분의 다주택자는 수백만~수천만 원, 일부는 억대까지 세금을 덜 내게 된다. 서울 마포와 강남, 대전 유성에 전용 84㎡ 아파트를 보유한 3주택자가 부담하는 종부세는 약 1억 3천만 원에서 2,100만 원으로 1억 이상 감소한다. (…) 증여세 완화로 재벌 총수 일가 100여 명의 증여세 부담은 1천억 원 이상 줄어든다. 1인당 평균 약 10억 원이다.(*"정말 화끈한 윤석열 정부의 '부자 감세 시즌 2'", 『한겨레』, 2022. 7. 28.)

상속재산이 600억 원일 때 지금은 상속세로 약 43억 원을 내야 하지만, 개편안이 시행되면 1천억 원까지 공제되므로 상속세를 한 푼도 내지 않는다.

세수가 줄어들면 정부의 재정 지출이 줄어들고, 저소득층과 사회적 약자를 보호하고 지원해야 하는 정부의 활동이 그만큼 줄어들고, 그러면 이들은 그만큼 힘들어질 수밖에 없다. 그러나 애초에 세수를 줄이겠다고 한데는 이 모든 결과까지 고려한 것이다. 영화「기생충」에서 죽어가는 근세의 고통에 동익이 무감각할 수 있었던 것처럼….

또 윤석열 대통령은 2023년 5월 31일 청와대 영빈관에서 주재한 사회보장전략회의에서 "사회보장 서비스 자체를 시장화·산업화하고 경쟁 체제를 도입해야 한다."라고 말했다.

사회보장 서비스란 시민의 인간다운 생활을 보장하고 삶의 질이 향상되도록 지원하는 각종 제도를 말하는데, 이것을 민영화하자는 말이다. 이 말은, 사회적 약자에게는 시장에서의 경쟁이 불리할 수밖에 없으므로 국가가 개입해서 균형을 이루어질 수 있도록 해야 한다는 국가 개입의 필요성 자체를 부정하는 것이다. 국민이 보편적 복지를 누릴 수 있도록 제도와 장치를 마련할 걸 포기하고, '약자 복지'라는 허울 좋은 이름의 선택적 복지로 국가 차원의 복지 서비스를 최소화하겠다는 것이다.

앞서 서장에서, 애덤 스미스가 말했던 '보이지 않는 손'에 담긴 원래의 의미가 국가와 사회 차원에서 사회적 약자를 보호할 목적으로 이루어지는 도덕적인 개입이었는데도 신자유주의자들의 의도적인 오독을 통해서 시장에서의 무한경쟁이라는 뜻으로 통용되고 있음을 설명했는데(아직 서장을 읽지 않았다면, 서장부터 먼저 읽기를 권한다.), 바로 이렇게 하자는 말이다.

일이 이런 식으로 진행되면 저소득층이 받을 혜택이 그만큼 줄어들고 살림살이는 더 힘들어질 수밖에 없다. 영화 「기생충」에서 기택의 아내 충숙은 무료 와이파이를 사용할 수 없어서 일자리 정보를 제때 받아보지 못하고 실업 상태가

> **대한민국의 사회복지 분야 지출 비중**
>
> 한국의 국내총생산(GDP) 대비 사회복지 지출 비중은 14.8퍼센트이고, 이것은 38개 OECD 회원국 가운데 34위다.
> 참고로, OECD 평균은 21.1퍼센트이고, 1위 프랑스는 31.6퍼센트이고, 35위는 코스타리카이다(OECD 통계, 2022년 기준)

이어진다고 투덜거리는데, 무료로 사용할 수 있는 공중 와이파이 설치 혜택을 받기만 한다면 이들이 느끼는 고통의 짐이 조금은 줄어들 텐데 말이다. 그런데 이런 일을 정부가 굳이 맡아서 하지 않고 시장의 자율에 맡기겠다는 것이다.

대통령의 이런 인식은 수해 발생을 계기로 환경부 장관을 질타하는 일로도 이어졌다. 대통령은 2023년 7월 경북 예천군의 수해 현장을 방문했던 다음 날인 18일에 국무회의를 주재하면서, 대규모 인명 피해가 발생한 일

**윤석열 정부의 사회 서비스 고도화는 시장화 확장이다.
사회 서비스 공공성 말살 정책을 즉각 중단하라!**

"지난 5월 31일 정부는 '국민이 체감하는 선진 복지국가 전략'을 발표했다. (…) 이 전략은 (…) 공공서비스 안정성이나 서비스 질 향상과는 거리가 멀고, 민간기업 배 불리는 정책들로 가득 차 있다. (…) 현재 우리나라 사회 서비스는 정부 재정만 이용할 뿐 거의 시장과 민간기관에 의존해 있다. 민간과 시장에 의존하고 있는 사회 서비스에 대해서 정부가 '시장 관리자 역할'만 잘하면 서비스 질이 향상되리라는 생각은 완전히 판단 착오다. 국민에게 필수인 사회 서비스 제공이 시장에 종속된 상황에서 정부는 이를 관리할 힘을 갖지 못한다. 지금도 민간의 규모와 관계없이 불법과 탈법이 횡행하지만 정부는 이를 규제할 마땅한 방법이 없거나 문제를 타 부서, 부처에 떠넘기기 급급하다. 이런 현실은 사회 서비스 공공성을 강화해야 한다는 결론으로 이어져야 마땅하다. (…) 사회 서비스 인프라 구축에 사용해야 할 재정을 디지털 서비스와 로봇을 앞세운 기업에 투자하여 경제력이 있는 사람들만 좋은 서비스를 누리는 사회가 정부가 바라는 선진 복지국가인가? (…) 안정적 사회 서비스는 안정적 인력공급에서 오고, 안정적 인력 공급은 일자리 질 향상에서 온다. 사회서비스 일자리 질 향상은 국가가 직접 서비스를 제공하고 책임지겠다는 각오가 있어야만 가능하다."
---전국활동지원사노동조합이 발표한 성명서(2023년 6월 27일)
.(*'활동지원사'는 장애인 활동을 지원하는 직업이다.)

에 대한 책임을 수자원 관리 주무부처인 환경부에 물으며 수자원 관리 전반에 대한 대대적인 개편을 지시했다.

"환경부가 물 관리 업무를 가져갔으면 종합적인 관점에서 문제를 봐야지, 환경 규제라는 시각으로만 접근하면 안 된다. (…) 이 업무를 제대로 하지 못할 것 같으면 업무를 국토부로 다시 넘겨라."(*"尹, 환경장관 질타", 『중앙일보』, 2023. 7. 19.)

애초에 환경부가 수질 관리를 했고 국토부는 치수(治水) 사업을 했었다. 문재인 정부에서 '물 관리 일원화'를 추진하면서 수자원 관리 업무가 환경부로 이관되었지만, 이 업무를 다시 국토부로 넘기라는 말이었다. 이렇게 해서 환경부의 1급 실장 세 명이 모두 사표를 제출하고, 그 자리를 국토부 출신자들이 가서 채웠다. 결국 수질 관리의 국토부화가 이루어졌고, 신규 댐 건설과 준설을 다른 부처도 아닌 환경부에서 진행한다. 환경 규제보다는 개발이 우선이라는 신자유주의 정책 철학이 관철되면서, 영화 「기생충」의 기택 가족과 같은 수재민의 고통이 기업의 매출 확대로 이어지는 것이다. 이 조치는 이명박 정부 때의 4대강 사업으로 회귀하겠다는 윤석열 정부의 장기적인 계획 아래에서 이루어진 것이다.

5.

다시 영화 「기생충」으로 돌아가서….

폭우로 수재를 당한 주민들이 체육관에 마련된 합동대피소로 대피해 있고, 이들 사이에 기택과 기우 그리고 기정이 보인다. 기정은 탈진 상태로 잠들었고, 기우는 아버지에게 계획이 무엇인지 묻는다. 동익의 저택 지하실에 있는 죽었는지 살았는지도 모르는 문광과 근세를 어떻게 처리할 것인지…. 그러자 기택은 이렇게 말한다.

"절대 실패하지 않는 계획이 뭔지 아니? 무계획이야, 무계획. 노 플랜! 계획을 하면 절대로 계획대로 안 되거든, 인생이. 여기도 봐봐. 여기 있는 사람들이 오늘 '폐거지로 체육관에서 잡시다.' 하고 계획을 했었겠냐? 근데 지금 봐. 다 같이 마룻바닥에서 처자고 있잖아. 우리도 그렇고. 그러니까 계획이 없어야 돼, 사람은. 계획이 없으니까 뭐가 잘못될 일도 없고, 또 애초부터 계획이 없으니까 뭐가 터져도 아무 상관없는 거야, 사람을 죽이건, 나라를 팔아먹건… 씨발, 다 상관없다, 이 말이지. 알겠어?"

목표가 없으니 실패할 일도 없고 미래를 염두에 두지 않으니 현재가 조급하게 여겨질 이유도 없다. 기택의 무계획론은 오랜 경험에서 나온 지혜다. 기택은 그때까지 살아오는 동안 수많은 계획을 세웠지만 늘 실패로 돌아갔고, 결국 무계획이 최고의 계획이라고 믿게 되었다. 무계획의 계획이란 것은 장차 일어날 일들에 대한 대처가 본질적인 성격대로, 즉 물이 차면 넘치고 넘친 물은 위에서 아래로 흐른다는 가장 단순한 원리가 세상을 지배한다는 사실을 받아들이고, 자기 역시 그런 원리에 몸을 맡기겠다는 것이다.

기택은 이렇게 무계획론을 설파하면서 오른팔을 들어 자신의 두 눈을 가린다. 기택의 이런 모습은 실망이 반복되고 누적된 사람이 자청하는 상징적인 실명 상태를 표현한 것으로 읽을 수 있다. (*이동진, 『이동진이 말하는 봉준호의 세계』, 위즈덤하우스, p.101.)

그러나 아무리 눈을 가리면서 못 본 척 참고 억누른다고 해도 이렇게 누적된 감정은 임계점을 지나는 순간 폭발하고 만다. 어느 순간엔가 물이 넘쳐 아래로 흐르듯이….

기택은 동익의 저택 마당에서 그 집 아이의 생일 파티가 진행되는 와중에 그 임계점을 맞이한다. 근세가 난입해서 기정을 칼로 찌르고, 충숙이 근세를 꼬치구이 창으로 찌르고, 근세가 피를 흘리자 잔디 마당에 쓰러져 죽어간다. 그런데 동익이 이 근세의 몸을 뒤집어서 자기 자동차 열쇠를 꺼낼 때 근세의 몸에서 나는 고약한 냄새에 코를 감싸쥐며 얼굴을 찡그린다. 바로 그 순간이 임계점이다. 동익의 이 표정을 본 기택은 여태까지 참아 왔던 감정의 정체가 모욕감임을 깨닫는다. 그리고 그 모욕감은 화산처럼 폭발한다. 이 폭발력으로 기택은 동익을 칼로 찔러 죽인다.

한편 현실에서는, 약자들이 자신들의 고통에 공감하지 못하는 대통령에게 혹은 사회의 지배구조에 어떻게 대응할까? 봉건 시대에 약자들은 부르주아혁명을 일으켜 군주제를 폐지하고 공화제를 내세웠으며, 또 사회주의자들은 혁명을 통해서 사회주의 국가를 세웠다. 그렇다면, 21세기의 한국에서는 지금까지 어땠을까? 또 앞으로는 어떨까?

* * *

양극화가 빠르게 진행되어 계층 간의 이동이 점차 어려워졌다. 그러자 사람들 사이에서는 편 가르기가 나타난다. 초등학생 때부터 이런 일이 일어난다.

초등학생과 중학생 사이에서는 거주지와 아파트 평수로 나뉘던 칸막이가, 고등학생 사이에서는 외고, 과학고, 자사고, 인문계고, 실업계고 등으로 다시 쪼개진다. 대학생 사이에서는 지방대와 서울대, 스카이대와 일반대, 서울대와 연고대, 의대와 비의대, 경영학과와 비경영학과, 외고 출신과 비외고 출신, 지방 출신과 서울 출신, 강남 출신과 강북 출신 등 층이 정밀하게 나뉘고 층마다 또 칸막이가 쳐진다. 각각의 층과 칸막이는 부모의 재산과 사회적 지위에 따라서 결정된다. 성인이 되면 취업자와 실업자로 쪼개지고, 정규직과 비정규직이 쪼개지며, 그 밖에도 직업과 직위와 연봉에 따라서 수없이 많은 작은 집단으로 다시 쪼개진다. 연봉이 1억 원 넘는 청년은 와인바에서 술을 마시며 거기에서 새로 친구를 만나 글로벌한 사업의 전망을 펼치고, 연봉이 2천만 원 미만인 청년은 편의점에서 깡통 맥주를 사서 마시다가 담배 피던 사람들과 시비가 붙어 싸움을 벌인다.

이렇게 쪼개진 집단 사이에 소통은 없다. 필요가 없기 때문에 없고, 애초에 없기 때문에도 없다. 무시나 분노나 증오가 있을 뿐이다. 심지어 부러움조차도 들어설 여지가 없다. 그저 공격과 수비의 투쟁만 있을 뿐이다. 자기가 속한 계층보다 아래에 있는 계층에 속한 사람이 자기 계층을 넘보지 못하도록, 그렇게 함으로써 자기 계층의 희소성을 유지하도록 즉 자기 계층 속에서 자기가 차지하는 지분의 크기가 작아지지 않도록 철저하게 경계한다. 동시에, 상위 계층으로 진입하려고 호시탐탐 기회를 노린다.

이때 가장 좋은 무기는 명품이다. 하지만 이 아이템을 갖추려면 돈이 많이 든다. 다행이 짝퉁이 있다. 잘만 고르면 누가 봐도 진짜처럼 보이는 짝퉁을 찾을 수 있다. 더욱 높은 계층에 속한 사람들은 수비를 강화할 필요성이 대두되고, 명품을 파는 기업들은 이런 투쟁을 이용해서 계속해서 명품의 값을 단계적으로 올린다. 그럴수록 피라미드 꼭대기에 자리 잡고 있는 최상층 집단의 가치는 이 집단의 규모가 작아질수록 점점 높아지고, 전체 계층의 단계는 점점 더 세분화되는데, 이는 백화점이 관리하는 고객들의 분류 방식에 반영된다. 명품을 비롯해서 사회를 칸막이치는 행위와 관련된 업종은 모두 호황을 누리고 있다.

계층 상승 투쟁이 늘 성공할 수는 없다. 아니, 실패하는 경우가 더 많다. 이런 좌절은 폭력과 범죄로 나타난다. 이 좌절감은 특히 저소득층에서 상대적으로 많이 범죄로 분출된다. 사회에서 약한 고리는 언제나 사회적 약자인 저소득층이니까. 범죄자에 대해서 저소득층이 상대적으로 온정적인 태도를 보이지만 고소득층은 단호한 법적 처벌을 주장하는 경향이 있는 것도 바로 이 때문이다. 아버지가 친딸을 성폭행하고, 어머니가 자식을 죽이며, 아들이 아버지를 죽인 뒤에 사체를 불에 태운다. 어떤 사람은 수면을 방해한다는 이유로 어린아이를 발로 밟아 죽인다. 후드티를 입은 어떤 청년은 백화점에서 또는 전철역에서 아무 이유도 없이 닥치는 대로 칼을 휘둘러서 사람을 죽인다.

불만의 에너지가 창조의 동력이 되지 못할 때 폭력과 파괴를 낳는다. 그리고 이 파괴와 폭력은 점점 더 크게 덩치를 키워갈 것이다, 걷잡을 수 없을 때까지…. 우리 사회는 이미 위험한 국면에 진입했다. 그 불편한 진실을 영화 「기생충」이 이미 충분히 보여주었다.

* * *

"지옥에 더 이상 자리가 없으면, 죽은 자들이 땅 위를 걷게 된다."

로메로 감독의 고전적인 명작인 좀비 영화인 「시체들의 새벽」(1978)에서 나오는 대사다.

한국에서도 이런 걸어 다니는 시체들이 나타났다. 부산행 열차에서도 나타났고 서울역에서도 나타났다. 연상호 감독의 실사영화인 「부산행」(2016)과 이 영화와 세계관이 동일한 애니메이션 영화인 「서울역」(2016)의 이야기다.

「서울역」의 프롤로그는 그 자체로 의미심장하다. 한 노인이 목덜미에 뭔가에 물어뜯긴 듯한 상처를 입고 길거리를 돌아다니는데, 서울역 앞에서 사회적인 주제로 진지하게 토론하던 대학생 두 명이 이 노인을 도우려고 다가갔다. 하지만 그가 노숙자인 것을 알고는 냄새난다고 욕을 하며 도와주지 않는다. 역설적이게도, 그 대학생들이 나누던 대화의 주제는 보편적 복지였고, 그 대학생 가운데 한 명은 "결론은 보편복지라니까."라고 힘주어 말했었다. 이 노숙자는 서울역 건물 안으로 들어가지만 청소부에게 쫓겨난다. 나중에 이 노숙자는 노숙자치료센터에 들어가려고 하지만 기존의 다른 노숙자들의 텃세 때문에 결국 길거리에서 죽는다.

갈 곳 없이 거리로 떠밀린 노숙자들조차도 자기들끼리 생존 경쟁을 벌일 수밖에 없다는 설정은 영화 「기생충」에서 기택의 가족과 문광의 가족이 목숨을 걸고 싸워야 하는 설정과 다르지 않다. 또 보편적 복지에 관심을 가진 대학생들이 정작 노숙자에게 나는 냄새에 질색하며 물러선다는 설정 역시 개인적인 차원으로 보자면 전혀 악당이지 않은 「기생충」의 동익이 가난한 계층에 속한 사람들과의 사이에 넘을 수 없는 선을 긋는 것과 다르지 않다.

이 '만인에 대한 만인의 투쟁'은 「기생충」에서와 마찬가지로 「서울역」에서도 지옥도로 전개된다. 가출 소녀인 혜선은 포주인 석규에게 경제적·성적으로 착취를 당한 끝에 감염이 진행되어 일시적으로 사망한다. 석규가 혜선을 살리려고 심폐소생술을 하지만, 좀비로 부활한 혜선은 석규를 물어뜯어 죽인다. 악당 석규는 장기까지 뜯어먹혀서 좀비로도 살아남지 못한다. 이렇게 서울 전역은 그야말로 생지옥으로 바뀐다.

실사영화인 「부산행」에서는 그나마 일말의 희망이라도 남아 있었지만 「서울역」은 말 그대로 아무런 희망도 없는 디스토피아의 세상을 그린다. 이렇게까지 어둡고 침울한 세계를 만든 특별한 이유가 있었을까? 2016년 8월 17일, 「서울역」의 개봉과 함께 열린 미디어데이 행사에서 감독은 그 이유를 이렇게 설명했다.

"「서울역」을 만들 때 사회를 비판해야겠다고 생각하고 만든 것은 아니었다. (…) 이 영화를 만들고 기획할 당시에는 자포자기를 넘어서서 혐오의 시대가 다가오는 것을 느꼈다. 모두가 망해버리라는 사회 분위기를 고려해서 「서울역」을 만들게 됐다. 어쩌면 모두가 공평하게 좀비가 되는 것이 낫지 않을까 하는 생각을 했다."(*"「서울역」? 모두 공평하게 좀비 된 세상", OSEN, 2016. 8. 18.)

그야말로 좀비의 심정으로 영화를 만들었다는 말이다. '이 영화를 만들고 기획할 당시'라면 2014년과 2015년이다. 그때 어떤 일이 일어났기에 감독은 혐오의 시대가 다가왔다고 느꼈으며 또 차라리 모든 사람이 좀비가 되는 것이 공평할지 모른다고 생각했을까?

2014년 4월에 세월호 참사가 일어났다. 인천에서 출발해서 제주로 가던 여객선 세월호가 전라남도 진도군 관매도 부근 해상에서 침몰해서, 수학여행을 가던 안산 단원고의 학생과 교사 261명을 포함해서 299명이 사망하고 5명이 영구 실종된 참사였다. 그리고 2015년 5월에는 메르스가 국내에 유입되었지만 정부가 제대로 대처하지 못해서 사회는 또다시 혼란에 빠졌다. 세월호 참사와 메르스 사건을 거치면서, 잘못된 일에 대한 책임도 지지 않고 무능함과 속임수로만 일관하는 박근혜 정부를 향한 국민적 공분이 차곡차곡 쌓였고, 결국 박근혜 대통령은 이른바 '박근혜-최순실 게이트'로 2016년에 탄핵을 당했다.

이 과정에서 사람들은 광화문을 주된 공간으로 삼아서 촛불집회를 열었는데, 극우 보수주의자들이 이 집회에 참가하는 사람들을 '촛불 좀비'라고 부르며 조롱했다. 아무것도 모른 채 종북 공산주의자들에게 선동당한 무지몽매한 시민들이 마치 좀비처럼 분별력 없이 촛불을 들고 광장으로 나와 시위를 벌인다는 조롱이었다.

이명박 정부 때도 이미 정부에 비판적인 사람들을 '좀비'로 지칭했는데, 2010년 11월에 국정원장의 지시로 작성된 이른바 '문화·연예계 좌파 실태 및 순화 방안 보고'라는 문건에서는 영화감독인 박찬욱과 봉준호에 대해 "좌성향 영상물 제작으로 정부에 대한 불신감을 주입한다."라고 했으며, "방송인 김미화와 가수 윤도현이 깃발 시위와 공연으로 젊은 층의 좀비화에 앞장선다."라고 했다. (*강조는 저자. "윤도현 8월경, 김어준 10월 물갈이", 『한겨레』, 2017. 9. 29.)

'좀비'는 어떤 존재일까?

좀비 서사의 문화적인 의미를 탐구하는 어떤 평론가는 좀비를 다음과 같이 설명한다.

좀비는 송장이다. (…) 죽음의 끔찍한 현현이다. 온몸에 발진이 생긴 채 발작하고 구토하며 오염된 체액과 혈액을 사방에 뿌려대는 섬뜩한 바이러스 감염자다. 여기저기 벌레가 꼬이고 땟국물과 핏자국이 그득한 흉측하고 혐오스러운 비체다. (…) 소통이나 타협이 불가능하고 (…) 낯설지만 어딘지 나와 닮은 불온한 이방인이다. (…) 좀비는 '인간'의 범주와 사회에서 무참히 배제당하고 내버려진 비인간이다. 죽을 권리조차 박탈당한 채 타오르는 태양 밑에서 끝없는 노동을 하며 서서히 꺼져가는 비참한 생명이다. (…) 절대 빈곤층이다. (…) 길모퉁이에 아무렇게나 널브러진 노숙인이다. (…) 거대한 기계 속에서 육체가 분쇄되어 갈려나가도 아무런 불만이 없는, 냉혹한 전 지구적 자본주의 체제를 깊숙이 내면화한 노예다. (…) 가용한 자원을 최후의 최후까지 모조리 써버리고, 신체와 감정마저 마모되어 껍데기만 남겨진 소진된 인간이다. (…) 어디에도 정박하지 못한 채, 공허한 시간과 공간의 사이를 미끄러지며 땅 위의 허공을 부유하는 자다. (…) 불안정하고 위태로운 삶이며, 살 가치가 없는 생명으로 분류된 자다. (…) 좀비는 모든 '이름이 없는 자'들의 이름이다.(*김형식, 『좀비학』, 갈무리, pp. 31 ~32.)

이 설명대로라면, 영화 「기생충」에서 폭우 때문에 집이 아닌 체육관에서 다른 수재민들과 함께 밤새던 기택이 말했던 '무계획'의 인생, 자기 존재 그대로 숨길 것도 없고 포장할 것도 없이 날 것 그대로 드러낸 채로 이리저리 떠돌며 위태롭게 살아가는 인생이 바로 이 좀비의 모습이다. 또 뇌수술을 받고 깨어난 기우는 아무 이유도 없이 히죽거리며 웃는데, 형사가 미란다 원칙을 일러줘도 히죽거리고 납골당에서 유골로 남은 동생 기정의 사진을 바라보면서도 그냥 히죽거린다. 이것도 좀비의 모습이다.

이 좀비는 신자유주의의 억압 체계를 깨뜨리는 혁명을 욕망하겠지만, 그런 혁명이 과연 가능할까? 어떤 동력을 확보하고 어떤 방향성을 가질 때 그게 가능할까?

소설『변신』에서 그레고르가 그랬고 또 영화「기생충」에서 기택이 그랬듯이, 21세기의 한국 현실에서 좀비는 누군가에게 이름이 불리고 그래서 그 사람에게 어떤 의미가 되기를 욕망한다. 어느 날 아침에 일어났을 때 자기가 바퀴벌레로 변해 있을지도 모른다는 끔찍한 (혹은, 행복한!) 상상을 잠시라도 해본 사람이라면 또 위에서 인용한 '좀비 선언'에 눈물 나도록 공감한다면, 그게 어떤 심정일지 잘 알 것이다. 그런 의미에서, 지금 이 순간에도 고지대의 넓고 전망 좋은 부잣집 대저택의 지하 비밀 공간에서 열심히 생존 투쟁을 하고 있는 기택 씨의 건투를 빌면서, 오늘도 좋은 하루, 굿모닝! 여의천의 오리 가족을 생각하며 굿모닝, 혹은 굿나잇!

좀비 선언

나는 박제처럼 굳어버린 무기력하고 위선적인 인간이기보다 차라리 역동적이고 활력적이며 솔직한 좀비이기를 원한다. 좀비는 스스로의 욕망에 충실하며 그것을 가로막는 모든 것에 분노하고 원하는 것을 얻을 때까지 멈추는 법이 없다. (…)

우리 시대에 '내가 바로 좀비'라는 사실을 인식하는 것은 우리의 현실이 곧 지옥과도 같음을 선언하는 것이다. 그것은 전 지구적 신자유주의 체제 자체가 곧 재앙이며, 비인간과 무정형의 '취약한 삶/생명'을 양산해내는 괴물 같은 체제임을 자각하는 것이다. (…)

좀비가 된다는 것은 인간으로부터의 박탈이나 상실을 의미하는 것이 아니라, 오히려 인간이라는 특정한 지위가 텅 비어 있는 기만이었으며, 애초에 그 지위가 주어진 적이 없음을 깨닫는 것이다. 좀비가 된다는 것은 그동안 받아온 차별과 착취, 불평등을 묵인하고 내재화하는 것이 아니라, 오히려 그것이 부당하며 이대로 내버려 두지 않겠다는 의지를 온몸으로 선포하며 경고하는 것이다. (…)

이제 우리는 불평등과 부조리에 저항하고 새로운 주체성을 발명하며, 사회와 세계를 건설하는 '좀비 주체'가 되어야 한다. 인간이라는 허약하고 기만적인 가면을 쓴 채, 그 알량한 지위에 안주하여 타자를 배제하고 시스템을 굴러가게 하는 기계 부품이 되기보다는, 적극적으로 분리되고 망가뜨려 기계의 작동을 멈추게 하는 좀비 주체가 되어야 한다. 우리는 예전에도 그러했듯 좀비였고 좀비이며, 앞으로도 여전히 좀비일 것이다. 좀비들의 투쟁은 언제나 지배 권력과 현 상태의 세계를 향할 뿐, 아무리 굶주려도 좀처럼 서로를 공격하거나 위해를 가하는 법이 없다. 좀비 주체인 우리는 한데 모여 눈부신 하나의 사건을 마련했지만, 그것은 다만 첫걸음일 뿐이다. (…)

좀비가 원하는 것은 다른 사람의 살이 아닌 다른 형태의 삶이다. 세계의 파괴나 종말이 아니라 다른 세계를 건설하고 삶을 창조하려는 열린 가능성이다.

좀비는 혁명을 욕망한다.(*『좀비학』pp. 481~483.)

김지하의
변절 혹은 배신?

○ ○ ○

인식과 존재, 혹은 존재와 인식

누구에게는 인식이 존재의 문제이고,
누구에게는 존재가 인식의 문제다.
누구는 구름 위에서 머리로 세상을 재단하며 살고,
누구는 진창에서 가슴으로 세상을 껴안고 산다.

4장

1.

"니 (너의) 발은 지금 더러운 시궁창에 빠져서 철퍼덕거리는데 대가리만 구름 위로 하늘에 둥둥 떠서 반짝반짝 좋은 말 하고 멋있게 폼잡으면 머하노, 으이?"

아주 오래전 일이다. 1980년 봄, 내가 대학교 1학년 때였으니까 40년도 훨씬 더 넘은 까마득하게 먼 옛날 일이다. 그때 나는 "호헌 철폐! 독재 타도!"를 외치는 대학생 시위대에서 고함을 질러댔으며, 봉천사거리에서 신림사거리로 시위 행진하던 중에 경찰 기동대의 기습을 받고 경찰의 진압 몽둥이가 귀 뒤에서 바람을 가르는 소리를 듣기도 했다. 그 얘기를 자랑삼아서 했을 때, 이종사촌 자형은 나에게 이렇게 말했다.

"문디 자슥아, 정신 차려라. 너거 (너의) 엄마가 그 무거운 리어카, 으이? 달걀을 산더미처럼 쌓은 그 무거운 리어카를 끌고 장사를 댕기는데, 일마야, 니가 (네가) 이제 대학생이 됐으면 공부 열심히 해서 졸업하고 또 좋은 데 취직하고 돈 많이 벌어서 너거 엄마 호강시켜드려야지, 어디 그런 데 쫓아댕기노? 으이? 니 (너의) 다리 두 개는 지금 시궁창에서 철퍼덕거리는 데, 니 (너의) 머리는 지금 구름 위에 둥둥 떠서 희희낙락한다, 아나? (아니?)"

평소에도 붉은빛을 띠던 자형의 얼굴이 더욱 벌겋게 달아올랐다.

"정신 차려라, 쫌! (제발!)"

자형이 의과대학을 졸업할 무렵에 사촌 누나와 자형은 결혼할 것이라면서 우리집에 인사하러 왔을 때가 내가 중학교 1학년인가 2학년이었으니까 자형은 나보다 열두어 살이 많았다. 둘은 결혼했고, 자형은 경북대학교 병원에서 인턴으로 일했다. 고등학생이던 나는 두 사람이 살던 단칸방에 자주 놀러 갔었고 또 그렇게 나는 자형에게 새까맣게 어린 막냇동생이나 다름없었으니까, 대학교 신입생이던 내가 세상 물정도 모르고 민주주의가 어쩌고저쩌고 가볍게 뱉어댈 때는 자형이 내 머리통을 한 대 후려쳤다 해도 이상할 건 없었다.

"답답하다 답답해!"

자형은 내 머리통을 때리고 싶은 마음으로 자기 가슴을 쳤고, 사촌 누나도 옆에서 고개를 주억거리면서 동그란 눈으로 나를 올려다보았다. 데모판에 두 번 다시 얼씬도 하지 않겠다는 다짐을 반드시 받고야 말겠다는 얼굴이었다.

당시에 자형은 대구에서 인턴 과정을 끝내고 동대문에 있는 종합병원에서 레지던트 자리를 얻어 서울살이를 하고 있었다. 돌이켜 생각해보면, 정강이 까이면서 버텨야 했던 레지던트 생활과 낯선 서울살이는 무척이나 힘들었을 것이다. 그때 자형과 누나는 용두동의 단칸방을 거쳐서 장안동의 중랑천 뚝방 옆에 있던, 방 두 개짜리 작은 저층 아파트 1층에 살았고, 딸 하나 아들 하나가 올망졸망했다.

"우리도 나중에 으이?, 서울시청 앞에 있는 신라호텔 커피숍에서 딱 폼 잡고 앉아서, 으이? 커피 딱 마시면서, 으이? 옛날이야기 해야 할 거 아이가 일마야!"

나중에야 깨달은 사실이지만, 서울시청 앞에 있는 호텔은 플라자호텔이고, 신라호텔은 장충체육관이 있는 장충동에 있었다. 그러니까 두 호텔을 제대로 구분하지도 못했던 자형은 그때 그 둘 가운데 어느 한 곳도 가보지 못했던 게 분명하다. 한 번이라도 가봤다면 두 호텔을 헷갈리지 않았을 테니까.

"발은 시궁창에서 철퍼덕거리면서 머리만 구름 위에 둥둥 떠서 희희낙락한다."

자형은 그렇게 말하며 나를 비난했지만 나는 자형과 다르게 생각했다. 그때뿐만 아니라 그 뒤로도 그랬던 것 같다. 나는 자형이 했던 이 말을, 눈앞에 있는 현실의 이득을 좇느라고, 바람직할 뿐만 아니라 아름답기까지 한 이상을 외면하는 사람들의 비겁한 변명일 뿐이라고 생각했다. 이것 말고는 다른 어떤 해석도 있을 수 없다고 단정했다. 적어도, 독재정권을 비판하는 시위대에서 구호를 외쳐보았거나 혹은 그런 시위대를 마음으로나마 응원했던 사람이라면 분명히 나와 같은 생각을 했을 것이다.

2.

어떤 단톡방에서든 간에 가끔씩은 누군가가 정치적으로 민감한 발언을 해서 시끄러운 소동이 일어나곤 한다. 단톡방에 모인 사람들의 정치적인 성향이 제각각이기 때문이다. 저마다 경험, 환경, 이해관계가 다르니 당연한 일이다. 그래서 어떤 단톡방이든 간에 최소한의 동일성 원칙을 내걸고, 이 원칙에 맞는 사람을 초대한다. 또 초대된 사람이라고 하더라도 단톡방의 취지와 어긋나는 발언을 하는 사람에게는 유언무언의 압력을 가해서 스스로 나가게 만든다. 고등학교나 대학교 동기생 단톡방이 그렇고, 동네 아재톡방이나 맘톡방이 그렇다. 또 이런저런 비즈니스 관계로 만들어지는 단톡방도 그렇다.

그런데 내가 속한 여러 단톡방 가운데 하나가 최근에 또 소란스러웠다. 이 단톡방은 '윤석열 정권에 반대한다'라는 정치적인 지향점을 분명히 하고 있다. 그리고 200명 가까운 이 방의 구성원 가운데는 정치적인 목소리를 체계적으로 조직하려는 활동가들, 이런 사람들의 지도와 도움을 받아서 기회가 닿는 대로 행동에 나서겠다는 사람들, 개인적인 차원이나 운동·비즈니스 차원의 이런저런 목적으로 여론의 추이를 살피려는 사람들, 어느 단톡방에서도 그렇듯이, 자기를 초대한 사람의 성의를 생각할 뿐이래도 그만이고 저래도 그만인 사람들 등이 있다.

그런데 이 단톡방에서 이견이 예리하게 충돌하는 일이 일어났다. 2023년 3월 16일로 예정되어 있던 윤석열 대통령의 방일 및 한일 정상회담에 대한 견해의 차이 때문이었다. 이 대립에서 하나의 진영에서는 '이견자' 한 사람이 일당백의 자세로 대응했고, 다른 진영에서는 다수가 그 한 사람의 이견자에게 맞섰다. 이 충돌의 발단은 누군가가 '윤석열 정부 강제 동원 해법 무효! 범국민 서명운동'에 나서자고 링크를 달면서부터 시작되었다. 이 서명운동의 주장은 다음과 같았다.

반인권적·반헌법적·반역사적 정부의 강제 동원 해법안을 폐기하라!

피해자를 무시하는 졸속협상, 윤석열 정부의 굴욕외교를 규탄한다!

대일 망국 외교의 책임자인 박진 장관, 김성한 국가안보실장, 김태효 차장을 파면하라!

일본 정부는 강제 동원을 사죄하고, 전범기업은 배상하라!

그러자 회원들이 연이어 서명을 완료했다고 글을 올렸다. 누군가는 대통령 잘못 뽑은 바람에 여기저기 서명하느라 손가락이 다 닳겠다고 농담을 했다. 그러자 문제의 그 '이견자'가 장문의 글을 올렸다. 일제강점기의 조선인 강제 동원 피해자에게 배상하는 책임을 과연 일본에 물을 수 있느냐 또 그렇게 묻는 것이 현실적으로 가능하기나 하냐는 내용이었다.

이견자: 윤석열 정부의 강제노역 배상금 문제 해법과 그에 대한 야당과 상당수 국민의 비판을 보면서 드는 생각인데, 비판하는 선비의 문제의식엔 백퍼 공감하지만, 한편으로는 상인의 현실감각으로 볼 때 어떻게 해야 된다는 것에 대한 출구가 있을까? 출구가 없다면 문재인처럼 퍼질러 앉아 세월아 네월아 해야 하는가? 답답하다. (…) 문제의식에 현실감각이 없다면 공허하고, 현실감각만 있고 문제의식이 없다면 황당하다. 문재인은 공허하고 윤석열은 황당하다? 솔로몬도 한 여인이 양보하지 않았다면 문제를 풀지 못하는 게 세상의 일이다.

그러나 이견자의 이 발언에 대해서 아무도 대꾸하지 않았다. 그저 '서명 완료'를 알리기만 할 뿐이었다. 이견을 반박하고 나서서 '쓸데없는 논쟁'을 하지 않겠다는 이심전심의 표현이었다.

그러자 이견자는 이틀 뒤에 다시 장문의 글을 올렸다.

이견자: (…) 지금의 윤석열도 강제노역 배상 문제를 문재인처럼 5년 내내 한 발짝도 나가지 말고 그대로 두어야 할까? 1963년 한일 국가 간 청구권 문제는 완결되고 최종적이라고 합의한 협약은, 2012년에 한국의 대법원이 피해를 입은 개인은 일본 기업에 청구할 수 있다고 판결하면서 깨졌다. 그렇다고 1963년의 틀에 구속된 우리 정부가 대법원 판결 내용을 강제집행할 수 있을까요? 불가능하기 때문에 문재인도 5년간 방치한 것은 아닐까요? 일본이 스스로 이행할 가능성이 있을까요? 없다면 판결문만 가지고 쭉 그냥 가는 수밖에 없는 것인가요? 강제노역 피해자들은 그냥 우리 정부가 강제집행 해주기를 바라나요? 그게 국익에 도움이 될까요? 그렇게 하면 민족적 자존심이 고양되는가요? (…)

그러자 다수자 가운데 한 명이 대꾸하고 나섰다.

다수자1: 그럼 ○○○님은 윤석열의 방안이 최선이라고 생각하시나요?

이견자: 최선은 아니겠죠. 혹시 좋은 대안이 있으신지요?

　　(…)

이견자: 저는 머리가 나빠서 최선을 못 찾겠습니다.

다수자2: 개인 청구권은 살아 있습니다. 현재 피해자분들이 개인적으로 소송한 것에 대한 판결이고 이번에 그 판결금을 우리나라 기업(포스코)에서 부담하라는 것이 윤석열 정부의 입장이니, 말도 안 되는 것 아닙니까?

다수자-3: 저번에 체포동의안 부결 이후로 이재명 대표에 대해 말씀하신 것도 그렇고 지금 발언도 그렇고, 자꾸 방향을 좀 다르게 말씀하시는 것 같네요.

이견자: 저야 자유시민이니까요. 의견이 다른 게 정상 아닌가요? 다양성이 민주주의의 핵심이듯이.　　(…)

다수자-1: 아무리 다양성이라도 지켜야 할 선이 있죠.

이런 식으로 신경전이 팽팽하게 이어졌고, 이견자는 조금도 물러서지 않았다. 이견자는 자기 의견이 소수임을 알지만, 그 소수 의견을 사람들 앞에서 설명하고 가능하면 사람들을 설득하겠다는 의지로 충만했다.

이견자: 강제 동원 등에 대한 개인 청구가 가능하다면, 해방 이후 일본인 개개인의 한국 내 재산을 한국 정부가 강제 몰수하여 적산을 불하한 것에 대해 일본의 개인 또한 한국 정부에 개인 청구를 할 수 있을 겁니다. 아마 80년 동안의 이자까지 붙여서 보상하려면 수백조 원은 보상해야 할 것 같네요. ^^

그러면서 한국 기업이 적산 기업을 불하받아서 대기업으로 성장한 사례를 위키백과에서 '복사-붙이기'해서 길게 설명했다. 이 설명에 다수자 몇이 대꾸를 했고, 그 가운데 한 명은 '개 소리 하는 것들'을 상대로 무슨 토론이냐며 아예 상대도 하지 말자고 했다. 그 시점부터 톡방의 토론은 그야말로 '개판'으로 치달았다. 그 개판의 난투극은 생략하고….

그날 밤에 이견자가 다시 장문의 글을 올렸다. 그러나 아무도 대꾸하지 않았다. 하지만 그게 끝이 아니었다. 이견자는 이틀 뒤에 다시 다음과 같은 장문의 글을 올렸다.

이견자: 간혹 이번 강제노역 배상금 문제를 민족주의 감정으로 치환하고 분노 중심으로 보는 분들이 있더라고요. 북한의 주장과 결이 조금이라도 같으면 종북이니 주사파니 빨갱이라고 매도하는 분위기나 지금의 한일 배상금 해법에 대해 일본 정부와 결이 조금이라도 유사하면 매국노 토착 왜구 친일이라는 프레임을 씌우는 분도 많더라고요. 남북관계나 한일관계에서는 감정이 과도하게 개입되면 이성적 판단을 하기가 어렵겠죠. 외교는 바둑을 두는 것과 비슷하여 아주 실리적으로 세력적으로 두어야 하는데 오목이나 알까기 수준으로 바둑을 두려고 하는 분들이 있더라고요. 한편으로는 서구의 모든 제국주의 국가들과 달리 일본이 유일하게 식민지 배상 문제를 자신들의 돈으로 해결한 나라라는 사실을 제대로 아는 분이 거의 없더라고요. 말뿐인 독일의 사죄보다 돈으로, 그것도 자신들의 외환 보유액 전체 규모보다 큰 금액으로 한국, 필리핀, 인도네시아, 베트남, 미얀마 등과 제대로 된 배상과 협상을 마친 사실을 모르시더라고요. (…)

이견자의 이 발언에도 아무도 대꾸하지 않았다.

그리고 다음 날, 윤석열 대통령의 방일을 하루 앞둔 날이던 3월 15일, 이견자와 다수자 사이의 충돌은 이어졌다.

이견자: 왜 우리 정치가 이렇게 각박하게 되었는지 모르겠습니다. 정치에 대동단결이나 일사불란이나 '오직 하나의 목표'와 같은 말들은 금기어가 아닐까요? 전쟁터에 나가듯이 하는 게 정치라면 그게 정치라고 할 수 있을까요?

다수자-4: 지금은 윤석열 타도에 대동단결해야 할 때라고 봅니다. 저 또라이 꽝철이 때문에 독도를 뺏기고 전쟁까지 나게 생겼으니, 이 상황을 비상시국으로 봐야 합니다. 비상시에는 민주 세력이 분열하면 안 된다고 봅니다.

이견자의 독설은 윤 대통령이 일본을 방문한 다음 날에도 이어졌다.

이견자: 586 정치 건달들이나 김어준 정치 무당이야말로 미래로 가야 하는데 비전도 없고 배도 만들 줄 모르고 항해술도 없고 나침반도 없고 북극성이 아닌 헬리혜성을 쫓아가니 걱정입니다. (…) 증오와 대결을 파는 자가 끝까지 잘된 경우가 없습니다. (…) 미친 개가 달려든다고 개를 향해서 같이 짖는 사람은 없지 않나요?

다수자는 비상시국이니만큼 무슨 짓인들 못하겠느냐고 하고, 이견자는 아무리 미친개를 상대한다고 하더라도 미친개처럼 입에 거품을 물고 짖어대지는 말자고 한다. 양쪽 의견 차이의 골은 깊고도 넓었다.

과연 이 뿌리 깊은 골의 근원은 어디일까?

그러다가 어느 날 마침내 그 해답의 열쇠가 내 눈에 띄었다. 이견자가 단톡방의 어떤 회원이 올린 유튜브 동영상의 '2찍'이라는 표현을 문제 삼고 나섰고, 다시 싸움이 붙었다. 윤석열 대통령이 일본 총리를 만나서 "한일관계를 조속히 회복·발전시켜 나가자는 데 뜻을 같이해서", 일제강점기에 일본으로 강제 동원된 노동자에 대한 배상 책임을 일본이 지지 않는다는 데 합의했다. 기분 좋게 의기투합한 두 사람은 2차로 긴자 거리의 음식점에서 맥주를 곁들여서 돈가스를 맛있게 먹었다는 보도가 나온 직후라서, 우리 단톡방에서 오고 가는 말들에는 가시가 돋혀 있었다.

이견자: 죄송하오나 '2찍'이라는 표현은 빨갱이나 토착 왜구처럼, 또 인종 차별적인 검둥이라는 표현처럼 조롱이나 혐오로 오인될 수 있으니, 우리 사회에서 삼가야 할 표현은 아닐지요?

다수자-5: 네. 혐오와 조롱의 의미로 군이 고의적으로 사용하였습니다.

이견자: 정치의 본질은 편 가르기이긴 하나 노무현은 적대감을 부추기는 정치인들은 성공한 적이 없다고 했습니다.

다수자-5: 네. 우호적으로 대하실 분들은 그렇게 하시고요. 분노와 함께하실 분들은 또 뜻대로 하면 되겠죠.

일치단결과 단일대오를 주장하는 다수자에게 이견자는 '남과 사이좋게 지내기는 하나 무턱대고 어울리지 않는다'는 뜻의 화이부동(和而不同)을 이야기했다. 그러나 다수자-5도 호락호락하게 물러서지 않았다.

다수자-5: 화이부동이 야합이 되어선 안 되겠습니다. 물론 야합으로 좋은 일이 생길 수도 있겠지만 공자란 인물이 자주 출생하지 않는 것만 봐도 알 수 있겠습니다. 하오니 좋은 결과가 나올 확률이 적은 야합을 해선 안 되겠습니다.

그러자 이견자가 여기에 곧바로 대꾸했고, 그 대꾸의 글에서 나는 마침내 궁금증을 풀어줄 열쇠가 되는 구절을 보았다.

이견자: 끝과 끝은 통하듯이 극좌와 극우도 통하고 화이부동과 야합도 통하는 데가 있고 원효의 파계도 깊은 뜻이 있었다고 합니다. 원수를 사랑해야 하는 데도 다 이유가 있겠죠? 모쪼록 여기 계신 모든 분이 잠시 지구에 왔다가는 인생이지만 좋은 시간 보내시고 오늘의 봄 소풍 같은 인생들을 즐기시길 바랍니다. (*강조는 저자)

봄 소풍 같은 인생이라니!

그러니까, 어차피 지금의 인생은 잠시 머물다 가는 것이니까, 이겨도 그만이고 져도 그만인 것이라면 그저 적당하게 즐길 일이지 악에 받친 욕설이나 핏발 선 눈으로 서로 으르렁댈 이유가 없다는 말이다. 지금 현실에서 급박하게 벌어지는 나쁜 일들에 단톡방에 있던 다수가 당황하고 분노하고 펄펄 뛰었지만, 이견자는 그 일들과는 무관한 게 분명했다. 적어도 그렇게 먼 거리에서 바라보자고 했다. 제안일 수도 있었고 빈정거림일 수도 있었지만, 어쨌거나 그런 태도가 이견자의 진심임은 분명했다.

그렇게 이견자는 느긋했다. 다수자는 진창에서 사투를 벌이고 있었고 (혹은 적어도 그런 심정이었고), 이견자는 구름 위에서 유유자적했다(혹은 적어도 그렇게 보였다.) 이런 이견자를 다수자는 비겁한 기회주의자라고 경멸했고, 이견자는 그런 다수자를 근시안적이고 편협고 무식하다고 비웃었다.

이견자와 같은 '똑똑한' 사람은 세상에 많고 많다. 내가 인상 깊게 보았던 월 헌팅이라는 이름의 미국인 청년도 그랬다.

* * *

20대 초반의 청년 월 헌팅은 천재적인 기억력과 수학 능력을 지녔다. 대학교에서 청소부로 일하는 월은 대학원생도 풀지 못하는 수학 문제를 단번에 풀어버린다. 수학만 잘하는 게 아니라 기억력도 뛰어나서 역사와 법률 분야에도 아는 게 많고 예술적 통찰력까지 갖고 있다. 말 그대로 천재이고 만물박사 척척박사다. 그러나 그는 어린 시절에 여러 차례의 입양과 파양을 거치면서 받았던 상처로 마음의 문을 닫아건 채 감옥을 들락거리며 양아치 같은 인생을 살아왔다. 그러다가 월의 재능을 우연히 알아본 대학교 교수가 심리학자 친구인 숀 맥과이어에게 월의 심리 치료를 맡아달라고 부탁한다. 이렇게 해서 월과 숀의 이야기가 본격적으로 전개된다.

그런데 월은 자기가 가진 천재적인 두뇌를 활용해서 숀의 아픈 가족사를 추정해서는 그 가족 사이에 어떤 문제가 있는지 다 안다는 듯이 오만하게 굴며 숀에게 상처를 준다. 숀은 이런 월의 태도에 충격을 받고 괴로워한다. 그러고는 월과의 관계를 끊어야겠다고 생각한다. 그러다가 문득 깨닫는다. 월이 비록 수학 문제를 잘 풀고 오만가지 지식을 가지고 있다고 하더라도, 이런 지식은 어디까지나 머리에서만 작동하는 것일 뿐 월은 사람 자체를 알지 못한다는 사실을…. 그리고 이 아이에게 머리가 아니라 가슴을 사람을 대하고 소통하는 게 진정한 인간관계를 맺어나가는 열쇠임을 깨우

처줘야겠다고 마음먹는다.

그래서 숀은 포기하려던 마음을 다잡고 마지막으로 윌을 설득하려고 공원 벤치로 그를 불러낸다. 그러고는 이렇게 말한다.

"넌 정말 대단한 아이야. 내가 전쟁에 대해서 물으면 아마도 너는 셰익스피어가 썼던 명대사로 받아치겠지, 그렇지? '다시 한번 돌진하세, 사랑하는 친구들이여!' 하지만 넌 전쟁을 겪어본 적이 없어. 죽어가는 전우의 머리를 무릎에 올려둔 적이 없잖아. 전우가 살려달라는 간절한 눈빛으로 네 품에서 마지막 숨을 거두는 걸 지켜보는 게 어떤 심정일지는 상상도 못 하지. 그리고 만일 내가 너에게 사랑에 관해 물으면 시를 한 수 멋지게 읊어주겠지. 하지만 너는 지금까지 단 한 번도 어떤 여자의 포로가 되어서 그 여자를 바라본 적이 없잖아. 눈만 바로 날아오를 듯이 기쁜 그런 여자… 신께서 오로지 너만을 위해서 천사를 보낸 것 같은 그런 여자, 지옥 끝에서도 널 구원해줄 천사…. (…)

내가 지금 너를 쳐다보는데, 내 눈에는 지적이고 자신감이 넘치는 사람이 보이지 않네. 겁쟁이에다 오만방자한 애송이밖에 보이지 않는단 말이다. 하지만 넌 천재야, 윌. 누구도 부정할 수 없어. (…) 솔직히 난 책에서 말하는 그런 개소리 따위는 알 바 없어. 어차피 너한테서는 아무 말도 들을 수 없는데, 엿 같은 책에서 뭐라고 나불대건 그게 무슨 상관이냐구. 나는 네가 자기 자신에 대해서 말을 하면 좋겠어, 자기가 누구인지 말이야. 그럼 나도 관심을 가지고 대해주마. 진심이야. 그렇지만 너는 그렇게 하고 싶지 않지? 자기가 무슨 말을 하게 될지 너 자신도 무서우니까 말이야."(*유튜브에서 '굿 윌 헌팅 호수 장면'으로 검색하면 된다. https://youtu.be/ftN1UMpXjis)

눈치챘겠지만, 맷 데이먼이 윌 역을 연기하고 로빈 윌리엄스가 숀 역을 연기한 영화 「굿 윌 헌팅」의 이야기다. 단톡방의 그 이견자를 보면서 머리만 똑똑한 양아치 윌 헌팅을 떠올린 게 오버일까? 게다가, 가난한 서울살이를 하던 젊은 시절에 나를 바라보며 헛똑똑이라면서 벌겋게 성을 내던 자형 얼굴도 새삼스럽게 떠오르는데….

"문디 자슥아, 정신 차려라. 니 (너의) 다리 두 개는 지금 시궁창에서 철퍼덕거리는데, 니 (너의) 머리는 지금 구름 위에 둥둥 떠서 희희낙락한다, 아나? (아니?)"

3.

김지하는 1941년생으로 1959년 서울대학교 미학과에 입학했으며, 1960년에 4·19혁명을 계기로 학생운동을 시작했고, 1964년에는 굴욕적인 한일회담에 반대하다 수감되어 4개월간 복역했다. 1970년에 저항시 「오적(五賊)」을 발표하며 독재에 항거했으며(그 '5적'은 재벌, 국회의원, 고위 공무원, 장성, 장·차관이었다.), 1974년 민청학련 사건에 연루되어 사형을 언도받았다가 1980년에 석방되었다.

"내가 요구하고 내가 쟁취하려고 싸우는 것은 철저한 민주주의, 철저한 말의 자유―그 이하도 그 이상도 아니다. 또한, 이러한 의미에서 나는 기본적으로 민주주의자, 자유주의자이다. 내가 가톨릭 신자이며, 억압받는 한국 민중의 하나이며, 특권, 부패, 독재 권력을 철저히 증오하는 한 젊은

이라는 사실 이외에 나 자신을 굳이 무슨 주의자로 규정하려고 한다면, 나는 이 대답밖에 할 수 없다."
　　－ 김지하가 1975년에 변호사 조영래와 함께 정리했던 '양심선언' 중에서

　　김지하는 그런 사람이었다. 그런 민주주의자이고 자유주의자였으며 또 앞으로도 영원히 잊히지 않을 시인으로 저항의 아이콘이었다.

　　신새벽 뒷골목에
　　네 이름을 쓴다 민주주의여
　　내 머리는 너를 잊은 지 오래
　　내 발길은 너를 잊은 지 너무도 너무도 오래
　　오직 한 가닥 있어
　　타는 가슴 속 목마름의 기억이
　　네 이름을 남 몰래 쓴다 민주주의여

　　아직 동트지 않은 뒷골목의 어딘가
　　발자국 소리 호르라기 소리 문 두드리는 소리
　　외마디 길고 긴 누군가의 비명 소리
　　신음 소리 통곡 소리 탄식 소리 그 속에서 내 가슴팍 속에
　　깊이깊이 새겨지는 네 이름 위에
　　네 이름의 외로운 눈부심 위에
　　살아오는 삶의 아픔

살아오는 저 푸르른 자유의 추억
되살아오는 끌려가던 벗들의 피 묻은 얼굴

떨리는 손 떨리는 가슴
떨리는 치떨리는 노여움으로 나무판자에
백묵으로 서툰 솜씨로
쓴다

숨죽여 흐느끼며
네 이름을 남몰래 쓴다.
타는 목마름으로
타는 목마름으로
민주주의여 만세(*「타는 목마름으로」의 전문)

    박정희 유신독재에 저항하는 1970년대 민주화운동의 치열함과 간절함을 상징적으로 보여주는 김지하의 저 유명한 시 「타는 목마름으로」이다. 김지하는 민주주의와 자유를 갈망하는 뜨거운 마음으로 문학에서뿐만 아니라 가요, 미술, 연극, 민요, 춤과 탈춤, 판소리 등에서, 그러니까 문화 전반에서 1970년대의 민중문화 운동의 방향을 제시하고 주도했다. 나는 1980년에 대학교에 입학한 뒤에야 그리고 연극반 동아리 활동을 통해 민중문화를 접하고서 비로소 김지하라는 시인을 알았고 또 그의 시를 통해서 민주주의를 향한 투쟁이 얼마나 처절하고 외로우며 숭고하고 또 아름다울 수 있는지 알았다.

또 나는 그의 또 다른 시 「수유리 일기」를 통해서 그 투쟁에는 처절함을 넘어서서 죽음까지 불사할 것이 필요하다는 것을, '밤이면 밤마다' 찾아오는 죽음의 그림자를 떨쳐낼 용기가 필요하다는 것을 어렴풋하지만 섬뜩하게 알아차렸다.

누구의 목을 조를 명주띠일까
하얗고 긴 손길이 있어 밤이면 밤마다
내 이마를 스치고

나리꽃 만발하여 바람 따라 스적이는 높은
산맥이란 산맥으론 모두 다 핏빛
시냇물이 달리데 뛰어 달리데

달은 낡은 화투짝 위에서만
두둥실 떠올랐다
버얼겋게 취한 달이 비내려가고

목숨이야 한낱 그림자일 뿐이어서
흙벽에 어룽이는 호롱불 허리 굽은 그림자일 뿐이어서
독한 소주로도 못다 푼 폭폭증
가슴에 불은 이는데
불은 일어쌓는데

솟아라

산맥도 구름 위에 화안히 솟아라

붉은 호롱불도 하얀 애기달도 두둥실

하늘 높이 솟아라

배추포기 춤추고 노래 불러라 바람 따라

신새벽이 뚜벅뚜벅 걸어서 돌아오는 때까지

어금니에 돌소금 소리내어 깨어지고

보이지 않는 외딴 숲속에 들개는 짖어대고

산맥이란 산맥으론 모두 다 핏빛

시냇물이 달리데 가슴에 불은 이는데

새파랗게 새파랗게 일어쌌는데(ᅟᅳᆯ「수유리 일기」의 전문)

시인은 시각, 청각, 촉각, 통각의 온갖 이미지들을 동원해서 비장할 수밖에 없었던 1970년대 민주화운동의 역동성과 처연함과 한계와 울분을 쏟아내면서, 끝내 포기할 수 없는 한 자락의 희망을 가슴에 안고 뚜벅뚜벅 새벽길을 걸어가는 자기 모습을 꿈꾼다. 밤이면 밤마다 차라리 죽음이 더 편할지도 모르겠다는 좌절감에 까무러치지만, 그 가운데서도 산맥이 구름 위로 솟아오르고 배추포기들이 우루루 일어서서 덩실덩실 춤을 추고 나서며 또 온 세상의 외로운 들개가 모두 일어나서 울분을 쏟아내는 꿈을 꾼다.

1980년대 초반에 전두환 군사독재 정권의 폭압 아래 놓여 있던, 그래서 민주주의를 갈망하던 대학생들은 이 두 시에 곡을 붙인 노래를 부르면서 죽음 저 너머에 있는 민주주의를 꿈꿨다.

그런데 죽음은 단순한 비유나 상징이 아니었다. 민주화 투쟁에서 죽음은 현실이었다. 1970년 11월 13일에 전태일은 근로기준법을 준수하라고 외치며 분신했다. 또 1986년에는 전두환-노태우 군사독재 정권에 맞서서 민주주의를 지키겠다는 투쟁의 열기가 뜨거워지면서, 대학생들이 잇달아 자기의 목숨을 스스로 투쟁에 바쳤다. 이런 극단적인 투쟁은 1987년 6월항쟁 이후인 1988년에도 이어졌다. 6월항쟁으로 전두환은 물러났지만, 군사독재가 끝난 것은 아니었다. 대결은 한결 날카롭게 이어졌다. 시인의 싯구를 빌리자면 "어금니에 돌소금이 소리를 내며 바스러지고, 보이지 않는 외딴 숲속에 들개는 짖어대고, 산맥이란 산맥 대학교란 대학 거리란 거리는 모두 핏빛으로 물들고, 온 도시의 시냇물은 미친 듯이 달려가고, 사람들 가슴에는 모두 분노의 불길이 새파랗게 또 새파랗게" 피어오르는 상황이었다.

이처럼 민주화를 막으려는 힘과 민주화를 이루려는 힘 사이의 충돌이 격렬해지면서 또 한 차례의 역사적인 비극이 일어났다. 1991년 4월에 시위 진압대인 백골단의 무자비한 폭행으로 명지대학교 학생이던 강경대가 사망한 것이다. 그러자 전국의 학생들이 분노해서 더욱 거세게 일어났고, 그 와중에 학생들의 분신 투쟁이 이어졌다. 4월 29일에는 전남대학교에서, 5월 1일에는 안동대학교에서, 5월 3일에는 경원대학교에서….

그러자 김지하가 5월 5일 자 조선일보에 '젊은 벗들, 역사에서 무엇을 배우는가?'라는 제목으로 칼럼을 써서 운동권을 향해서 죽음의 굿판을 당장 걷어치우라고 질타했다.

(…) 지금 곧 죽음의 찬미를 중지하라. 그리고 그 굿판을 당장 걷어치워라. 당신들은 잘못 들어서고 있다. 그것도 크게! (…) 분명한 것은 그 어떤 경우에도 생명은 출발점이요 도착점이라는 것이다. (…) 한 개인의 생

명은 정권보다도 더 크다. 이것이 모든 참된 운동의 출발점이어야 한다. (…) 당신들은 지금 전염을 부채질하고 있다. 열사 호칭과 대규모 장례식으로 연약한 영혼에 대해 끊임없이 죽음을 유혹하는 암시를 보내고 있다. (…) 삶의 행진이 아니라 죽음의 행진이 시작되고 있다. 그것이 해방의 몸짓인가? 무엇을 해방할 작정인가? 귀신인가? (…) 부디 자중자애하라. 부디 절망하지 말라. 절망은 폭력과 죽음, 그리고 종말의 서곡이다.(*"젊은 벗들, 역사에서 무엇을 배우는가?", 『조선일보』, 1991. 5. 5.)

이 칼럼은 민주화운동 진영을 도덕적으로 타락한 집단으로 매도하는 폭탄이 되었다. 더구나 수십 년 동안 반독재 민주화운동의 상징적인 존재와도 같았던 김지하가 자기 진영을 향해서 던진 폭탄이었으니 파괴력은 더욱 컸다. 김지하는 죽음의 그림자조차 두려워하지 않는 민주주의를 향한 뜨거운 마음을, 연약한 영혼이 유혹을 당한 심리적 인질 상태라고 규정했다. 밤이면 밤마다 하얗고 긴 명주띠가 이마를 스치는 죽음의 공포에 가위눌리던 운동권 진영의 순결한 도덕성을, 본인이 스스로 만들어내고 또 지켜왔던 그 순결성을 김지하는 자기 손으로 짓밟아버렸다!

이 칼럼으로 김지하는 민주주의의 배신자이자 변절자로 낙인이 찍히고 말았다.

김지하가 어떻게 그럴 수 있단 말인가?

…아니다, 얼마든지 그럴 수 있다. 세상에 바뀌지 않는 것은 없기 때문이다. 죽음을 예감하던 1970년대 중반의 시 「수유리 일기」에서 죽음을 말리던 1991년의 칼럼 '젊은 벗들, 역사에서 무엇을 배우는가?'에 이르기까지 10여 년 세월 속에서 (어쩌면 그 이전에 이미) 김지하는 바뀌었기 때문이다.

정확하게 말하면 김지하가 두 발을 딛고 선 위치가 바뀌었다. 1970년 대에 김지하는 유신독재에 항거하는 개인으로 존재했다. 그의 시 「타는 목 마름으로」나 「수유리 일기」에서도 볼 수 있듯이 시 속의 화자인 '나'는 신새 벽 뒷골목에서 신음 소리, 통곡 소리, 탄식 소리를 들으며 '끌려가던 벗들의 피 묻은 얼굴'을 생생하게 떠올리며 '떨리는 손, 떨리는 가슴, 치떨리는 노 여움으로 나무판자에' 민주주의라는 글자를 쓰고, 또 '밤이면 밤마다' 죽음 의 공포에 시달리다가 희망을 꿈꾸며 어금니를 깨물었다. 매우 구체적인 현실 속에서 매우 구체적인 공포와 분노와 희망을 느끼며 매우 구체적인 삶을 살았다.

* * *

그런데 김지하는 언제부터 바뀌었을까?

…사실 김지하는 바뀌지 않았다. 정확하게 말하면 시를 쓰기 시작하던 때부터 줄곧 그 모습 그대로였다. 조금 다르게 보였을 뿐이다. 그의 지향 점은 '과거'의 '원초적인 생명'이었고, 이것이 시간이 흐르면서 점점 구체화 되었고, 마침내 '젊은 벗들…'이라는 칼럼으로까지 이어졌다. 이런 사실은 1969년에 발표된 등단 작품인 「황톳길」에서도 분명하게 드러난다.

김지하가 현실을 절망하고 또 희망하면서 어떻게 노래했는지 살펴보 자.

황톳길에 선연한
핏자국 핏자국 따라

나는 간다 애비야

네가 죽었고

지금은 검은 해만 타는 곳

두 손엔 철삿줄

뜨거운 해가

땀과 눈물과 모밀밭을 태우는

총부리 칼날 아래 더위 속으로

나는 간다 애비야

네가 죽은 곳

부줏머리 갯가에 숨어가 뛸 때

가마니 속에서 네가 죽은 곳(「황톳길」의 1연)

'나'의 현실은 '애비'의 현실과 동일하다. '나'와 '애비'는 핏자국이 선연한 황톳길에서 만나고, 그 황톳길은 죽음으로 이어진다. 죽음으로 이어지는, 아니, '내가 가는' 그 길은, 갯가에 숭어가 펄떡이는 생명력을 향한 갈망이 클수록 더욱 모질다. 모질지만 가야 하는 길이다. 여기서, '가야 하는'은 시인의 의지나 주장과는 무관하다. 걸어가게 되어 있는 길이 있고, 그래서 길을 따라가는 것, 그렇기에 의지라기보다는 운명에 가깝다. '나'와 '애비' 사이의 역사는 핏자국으로 이어져 있고, 나는 애비가 죽은 곳으로 길을 따라 걸어간다. 그 핏자국은 애비의 애비, 먼 애비 적부터 켜켜이 덧칠된 것이고, 나의 피 또한 그 위에 덧칠될 것이다. 이것이 시인이 파악하는 현실이다.

그런데 '검은 해만 타는 곳'이라는 점에서 '나'의 현실은 '애비'의 현실과 동일한데, 과연 다른 점은 무엇일까? 핏자국으로 이어지는 역사의 과거는 현재와 무엇이 달랐으며, 미래는 또 어떻게 다를까?

　다른 점은 없다. 즉, '나'의 현실은 '애비'의 현실의 반복일 뿐 그 이상도 이하도 아니다. 내가 죽어가며 흘리는 핏자국이 애비가 흘렸던 핏자국에 덧칠되는 걸 보고 목이 타게, 환장하게, 생명의 피를 갈망하는 것은 애비도 마찬가지였다. 같은 길을 따라 같은 곳에서 죽은 애비와 내가 똑같이 갈망하는 것은 숭어가 펄떡이는 생명이며, 그 점에서 동일한 반복이고 차이는 없다. 어쩌면 '운명적'이라는 틀이 나와 애비의 역사적 거리를 그야말로 운명적으로 지워버렸을지도 모른다. 시간의 역사성을 지워버린 뒤에 시인이 바라보는 지향점은 어딜까?

　　잘 있거라 잘 있거라
　　은빛 반짝이는 낮은 구릉을 따라
　　움직이는 숲그늘 춤추는 꽃들을 따라
　　멀어져가는 도시여
　　피투성이 내 청춘을 묻고 온 도시
　　잘 있거라
　　낮게 기운 판잣집
　　무너져 앉은 울타리마다
　　바람은 끝없이 펄럭거린다
　　　　(…)
　　삶은 수치였다 모멸이었다 죽을 수도 없었다
　　　　(…)
　　사랑하는 사람들, 아아 가장 척박한 땅에

가장 의연히 버티어선 사람들
이제 그들 앞에 무릎을 꿇고
다시금 피투성이 쓰라린 긴 세월을
굳게 굳게 껴안으리라 잘 있거라
　　　(…)　　　　　　　　　(*「결별」 중에서)

그에게 '낮게 기운 판잣집 / 무너져 앉은 울타리'의 도시는 수치고 모멸
이며, 죽고 싶어도 죽을 수 없는, 살아도 사는 것 같지 않은 곳이다. 그는 살
기 위해서 도시를 떠난다. 아니, 운명처럼 주어진 '피투성이의 긴 세월'에 핏
자국을 보태기 위해서, 그 피투성이 속에서 생명을 확인하기 위해 도시를
떠나 '가장 척박한 땅'으로 떠나는 것이다.

여기에서 우리는 김지하의 역사 개념이 과거지향적임을 다시 한번 확
인할 수 있다. 한국 사회에서 독점자본이 본격적인 자기 증식의 길을 걷기
시작하던 당시는 (시집 『황토』는 1970년에 출간되었다.) 한국 사회의 구조
가 근본적으로 바뀌던 과정이었다. 청계천 평화시장의 노동자 전태일이
근로기준법을 준수하라고 외치며 분신한 해가 바로 시집 『황토』가 출간된
1970년이었으니까 말이다.

그러나 김지하는 새로이 형성되는 계급을 보기보다는 '가장 척박한 땅'
의 사람들을 찾아나섰다. 새로이 성장하는 노동자계급을 보지 못했다는 단
한 줄의 지적만으로 시인의 역사의식을 퇴행적이라고 규정할 수는 없다.
그러기에는 1970년대를 관통하고 1980년대를 지나서 오랜 세월 뻗쳤던 그
의 정신적 영향력, 현실과 유리된 그의 유토피아 사상의 영향력은 너무도
컸기 때문이다.

그가 사랑한 사람은 가장 척박한 땅에 가장 적나라하게 고통받는 사람들이었다. 벌거벗은 고통은 벌거벗은 고통끼리 함께 있을 때 생명을 느낀다. '피투성이 쓰라린 긴 세월을 굳게 껴안'을 때, 즉 핏자국이 선연한 길을 걸어 죽음으로 이르는 걸 서로 확인하고 지켜볼 때 생명을 느낀다. 따라서 여기엔 원혼들의 분노와 신음만 있을 뿐, 절망 혹은 반성의 여지가 없다. '운명'의 담론체계가 그런 것들이 개입할 여지를 주지 않는다. 이곳은 완벽한 유토피아다. 그래서 시인에겐 가장 척박한 땅이 오히려 '눈부신 황톳길'이 되는지도 모른다. 세련되기보다 서투른 노동자, 잘 부르는 노래보다 못 부르는 노래, 논리보다 상식적인 감성이 더 노동자적이고 민중적이라는, 그래서 새로운 것을 새롭게 받아들이지 못하는 구태의연한 발상들도 모두 이 '눈부신 황톳길'에서 나왔으리라.

시인이면 누구나 유토피아를 지향한다. 그러나 이 말은, 시를 매개로 해서 현실과 이상 사이의 긴장을 유지한다는 것을 전제한다. 이런 점에서 시인은 유토피아를 지향하지만 종교적 차원의 메시아는 아니라고 말할 수 있다.

김지하 시인에게 노동자계급에 주목했어야 한다고 지적하는 것은 아무런 의미가 없다. 그러나 한 가지 분명한 것은, 그의 분노와 증오가 지향하는 지점이 미래가 아니라 과거라는 사실이다. 운명적인 태도의 근원 역시 이 지점에 있지 않을까?

키 큰 미루나무 달리는 외줄기
눈부신 황톳길 따라 움직이는 숲그늘 따라
멀어져가는 도시여

잘 있거라 도시여(* 「결별」의 마지막 부분)

곧게 뻗은 키 큰 미루나무의 황톳길은 눈이 부시고, 도시는 뒤에서 흔들리며 희미하게 멀어진다. 나와 애비를 이어주던 황톳길은 낮게 기운 판잣집 무너져 앉은 울타리로 이어지지 못하고 애비와 아들의 끝없는 반복의 순환 속으로 다시 묻혀들어간다. 그 순환 속에서 김지하는 순환의 틀 바깥을 향해 분노를 퍼붓고 통곡한다.

시집 『황토』의 발문에서 김승옥은 분노하고 통곡하는 김지하의 시들을 보고 공포스럽다고 말한다. 공포…. 그렇다. 미래로 열려 있지 않은 분노와 증오와 신음은 출구가 없기에 공포스러울 뿐이다. 이때 시인의 사랑은 대상을 비껴가고, 더 나아가 결국에는 오히려 대상을 파괴한다. 이건 테러다. 『황토』는 미래로 열려 있지 않고 과거를 향해 통곡한다.

* * *

이랬던 김지하이니만큼 1970년대 후반부터 이른바 '생명 사상'에 심취하고 또 이 사상을 실천하며 남은 인생을 살았던 것은 어떻게 보면 당연한 경로이자 결과였다. 세상을 구할 열쇠가 무엇인지 '타는 목마름으로' 찾아다닌 끝에 마침내 찾은 것이 '생명'이었는데, 이 귀결은 애초에 그가 시를 쓰기 시작할 때 이미 예정되었던 것이다.

2022년에 김지하가 세상을 떠났을 때, 그와 함께 생활협동조합 한살림 운동을 했던 주요섭은 그를 기리는 글에서 다음과 같이 썼다.

한 생명체 김지하가 생명으로 돌아갔다. '한살림선언'의 마지막 구절처럼, 그가 누구보다 사랑하고 흠모했던 수운(水雲) 최제우의 말씀처럼, '무궁한 내'가 되었다. 그는 이미 저항시인이 아니었다. 1982년 원주의 동지들과 함께 작성한 '생명운동에 관한 원주보고서'의 발간 이후, 그의 나머지 반평생 40년은 생명의 시인이요, 생명 사상가였다. 또한 그는 생명 평화세상을 꿈꾼 개벽 운동가였다.(*"그는 무슨 꽃으로 다시 피어날까?" -모심과 살림의 생명 사상가 故 김지하를 기리며, http://www.hansalim. or.kr/archives/57019)

그러니까 '젊은 벗들, 역사에서 무엇을 배우는가'라는 칼럼을 썼던 문제의 그 1991년에 김지하는 이미, 아니 훨씬 그 이전부터, '진창'이 아닌 '구름 위'에 있었다. 힘든 현실 혹은 더러운 진창과 완전히 동떨어져서 구름 위의 고고하고도 맑은 하늘이라는 이상 속에 존재했다. 김지하는 이미 그렇게 바뀌어 있었기 때문에 '젊은 벗들…'을 쓸 수 있었다.

민주화운동을 억누르고 가로막던 일에 손과 발을 걷어붙이고 나섰던 공안 당국이 이른바 '강기훈 유서 대필 사건'을 조작해서 운동권을 사람의 목숨을 투쟁의 도구로 삼는 부도덕한 집단으로 매도하며 윽박지르던 1991년 당시의 상황에서는, 현실과 이상은 진창과 구름이라는 비유만큼이나 이질적이어서 이 둘은 도저히 하나로 융화될 수 없었다. 그랬기에 김지하는 민주주의의 배신하고 변절한 인물로 비춰질 수밖에 없었다. 생명 사상이라는 '구름 위'에 있었으니까….

그가 이룩한 문화예술적인 성취 그리고 우리 사회의 문화 지평 전체에 그가 끼친 거대한 영향을 고려한다면, 또 고문 후유증으로 정신과 신체가 망가져서 고통을 받았으며 또 그 바람에 아내와 자식들까지 평범한 삶을 살

수 없었던 개인적인 차원의 비극을 고려한다면, 그저 안타까울 따름이다.

4.

다시 단톡방의 그 이견자 소동으로 돌아가서….

그 소동의 주인공을 1991년의 김지하와 나란히 놓을 수 있을까? 또, 혹시 당신은 더럽고 어려우며, 힘들고 구체적이며 생생한 현실에서 도망쳐서 이상이라는 추상적이고 편안한 곳으로 달아난 적이 없는가? 설마, 단 한 번도 없는가?

…나는 있다. 많이 있었겠지만, 최근에 기억에 남는 것은 2021년 5월에 일어난 일이었다.

그때 나는 유시민 평전인 『유시민 스토리』를 출간했다. 그 일로 어느 언론사의 기자와 인터뷰를 했는데, 그 기자는 인터뷰를 마무리할 즈음에 지나가는 말처럼 물었다.

"솔직하게 말해서, 작가님이 보기에, 내년 대선에서 윤석열과 이재명이 붙는다면 누가 대통령이 되겠습니까?"

기자로서는 취재 대상인 나와 내 책에 대해서 최대한 많은 것을 알아내겠다는 바람에서 당연히 할 수 있는 질문이었다. 윤석열과 이재명이라는 강력한 두 대선 후보에 대한 저자의 판단은 유시민에 대한 저자의 평가를 비춰볼 수 있는 중요한 프리즘이었을 것이기 때문이었다.

그 질문을 받고 나는 잠시 망설였다. 내가 어떤 후보를 지지하는지 그리고 그 후보를 얼마나 열렬히 지지하는지를 굳이 드러내고 싶지 않았고, 게다가 그 기자와는 그날 처음 보는 사이였다. 그래서 나는 이렇게 대답했다.

"누가 되든 간에…. 수십 년간에 걸친 산업화와 민주화로 우리 사회가 성숙해졌고 또 이 흐름에 맞춰서 형성되고 성숙한 시대정신이 도도하게 흐르는 한, 누가 되든 의미 차이가 있겠습니까?"

그러자 상대방이 눈빛을 반짝이면서 물었다.

"윤석열이 되어도 상관없을 거라는 말인가요?"

내가 윤석열을 지지하지 않는다는 것은 내 책을 슬쩍 훑어보기만 했어도 금방 알았을 테니까, 차기 대통령 선거의 결과가 우리나라에 미칠 결과나 이것의 의미가 무엇이라고 생각하는지 솔직한 나의 의견을 확인하겠다는 기자의 노련하고도 효과적인 찌르기 기술이었다.

"윤석열이 대통령이 된다고 해도, 시간이야 조금 지체되겠지만, 우리나라가 성숙하고 발전하는 경로에 큰 차이가 있겠습니까?"

"그럴까요?"

"장기적으로 보면요."

"장기적으로 보면요?"

"예, 장기적으로 보면!"

그런 다음에 우리는 오늘날의 시대정신에 대해서 이런저런 이야기를 나누었다. 그리고 나중에 인터뷰 기사를 확인해보니 다음과 같이 정리되어 있었다.

– 한 사람의 시민으로서, 이 작가는 지금 우리의 시대정신은 무엇이라고 생각하는가?

"한국 사회라는 공동체의 새로운 기준을 마련하는 것이 시대적 과제라고 한다면, 세대 갈등과 계층 갈등을 해결해서 그 과제를 실현하게 해줄 지금 우리의 시대정신은 '연민(공감)과 사랑'이 아닐까 싶다. '민주와 자유'라는 시대정신은 시대의 과제이던 커다란 산을 이미 넘어가고 있고 또 제 몫을 거의 다했으니까, 이제 슬슬 물러날 준비를 해야 하는 것 아닌가? 2030세대가 이 주제에 관심을 덜 가지는 것도 바로 그렇기 때문이 아닐까? 아닌 게 아니라, '민주와 자유'에는 어느새 슬슬 때가 묻고 있지 않는가? 성급한 판단인가?"(*[뉴스人 단독 대담] 『유시민 스토리』이경식 작가, http://www.newsin.co.kr/news/articleView.html?idxno=88028

이는 겉만 번드르르만 소리, 개뻥이다.

시장은 장기적으로 '보이지 않는 손'에 의해 항상 균형 상태를 유지한다는 고전경제학의 논리에 대해 케인스가 "장기적으로 보면 우리는 모두 죽고 없는데 그딴 소리가 무슨 의미가 있느냐?"라면서 개소리 집어치우라고 했는데, 내가 "'민주와 자유'라는 시대정신은 시대의 과제이던 커다란 산을 이미 넘어가고 있고 또 제 몫의 역할을 거의 다했다."라는 개소리를 늘어놓았던 것이다.

윤석열이 득표율 0.73퍼센트포인트 차이로 이재명을 누르고 대통령에 당선된 뒤로 채 2년도 지나지 않았지만 그 사이에 얼마나 큰 사건들이 일어났는가?

남북대화는 단절되었다. 남북이 지금 당장이라도 우발적인 무력 충돌의 소용돌이로 말려든다고 해도 이상하지 않을 정도다. 후쿠시마 오염수를 해양에 방류하려는 일본 정부의 무책임한 행동을 윤석열 정부는 오히려 거들고 나선다. 또 윤석열 정부는 미중 갈등의 국제 관계 속에서 철저하게 미국의 행동부대로 나선 바람에, 우리는 지금 최대 교역국이자 흑자무역국이던 중국을 걷어차고는 무역적자와 불경기에 허덕이고 있다. 포스트 코로나 시대를 맞아서 전 세계의 경제가 경기를 회복하며 성장세로 돌아섰는데, 그 어렵던 코로나 시대에도 잘 나가던 한국의 경제만 고꾸라지고 있다. 심지어 미중 갈등의 당사국인 미국조차도 뒤로는 중국과의 교역을 확대하면서 경제 성장을 꾀하고 있는데, 윤석열 정부는 이른바 '가치 외교'라는 원칙을 내세워서 우리의 최대 교역국인 중국을 차고 때리며 욕하는 자해행위를 하며 우리 경제를 구렁텅이로 밀어넣고 있다. 그 결과, 2023년에는 중국과 교역을 시작한 뒤로 31년 만에 처음으로 적자를 기록했고, 대중 무역수지 1년 적자 폭은 11월까지만 180억 달러다. (*"중국과 무역, 31년 만에 첫 적자", 『조선일보』, 2023. 12. 14.) 외교적으로는 윤석열 대통령은 '한미일 삼각동맹'이라는 허울 좋은 모자를 얻어쓰고는 스스로 미국과 일본의 종속 변수가 되는 길을 택해서 우리나라의 외교적·군사적 위상까지도 내팽개친다.

이 시점에서 돌이켜보면, '윤석열이 대통령이 된다고 해도, 시간이야 조금 지체되겠지만, 우리나라가 성숙해지고 발전하는 경로나 속도에 큰 차이가 있겠습니까, 장기적으로 보면…'이라고 했던 내 대답은 얼마나 한가한 소리였던가? 우리 단톡방의 그 이견자가 권유했던 바로 그 '봄 소풍'을 나 역시도 유유자적하게 즐겼던 셈이다, 빌어먹을 '장기적'으로!

내가 스무 살 무렵이던 때에 이종사촌 자형이 나에게 하던 말 그대로였다.

그러고 보면, 내가 사회운동의 지도자가 아닌 게 얼마나 다행인지 모른다. 공자와 부처와 예수가 했던 온갖 유식하고 멋지고 화려한 말을 동원해서 구름 위의 풍경들을 늘어놓으며 진창에서 허우적거리는 사람들을 까대는 모두까기 잡학박사가 아닌 건 정말이지 다행이다. 아닌 게 아니라, 우리의 주인공인 '이견자'가 여야 정치인의 자질을 싸잡아 문제 삼는 '구름 위의 이상'을 제시하며 '현실의 진창'인 후쿠시마 오염수 문제를 덮어버리는 장문의 글을 단톡방에 올린 걸 보면 더욱 그렇다. 이 사람은 일본의 후쿠시마 오염수 방류에 대해서 한국 국민의 85퍼센트가 반대하고 11퍼센트만 찬성하던 와중에(*환경운동연합-리서치뷰, 후쿠시마 오염수 방류 여론조사 결과, 환경운동연합 기자회견, 2023년 5월 25일), 이런 정서를 조롱하면서도 여기에 편승하는 고도의 기술을 구사했다.

이견자: 후쿠시마 오염수 방류도 그렇지만, 지금 정치권에서 끊임없이 방류하고 있는 상대에 대한 적대감과 혐오감을 확산시키는 말들이나 플래카드들이 훨씬 더 해로운 것은 아닐까요? 그리고 시민들에게 후쿠시마 오염수 방류보다 더 스트레스를 주지는 않을까요? (…) 개새끼라는 이름으로부터 자유로운 여야 정치인들이 과연 몇 명이나 될까요? (…) 4류들의 행각이 멈출 리는 없으니 그게 오염수 방류가 아닐까요? 여긴 방류 허용 기준도 없나 봅니다.

구역질이 나는 이런 조롱, 비아냥….
이런 조롱을 입에 달고 다니던 양아치 헛똑똑이 월 헌팅이 현자인 숀을 만나서 진실을 깨우치고 자신을 돌아보며 진정한 연민의 가치에 눈을 뜨는 것과 같은 감동적인 장면은 영화가 아닌 현실에서는 불가능할까?

* * *

장기적인 전망을 추구하는 세상은 종교의 세상이다. 천사들이 불러주는 노래를 들으면서 영원한 안식을 찾겠다는 사람은 종교에 귀의한다. 김지하도 그 장기적인 전망을 좇아서 현실 정치를 뒤로하고 '생명 사상'을 붙잡았다. 이것을 두고 배신이나 변절이라고 할 수는 없다. 그는 그저 '진창의 현실'과 '구름 위의 현실'에 대한 근원적인 질문을 받고 어떤 선택을 했을 뿐이다. 그의 이런 선택이 독재정권의 현실 정치에 이용되어서, 진창에서 헤매던 사람들을 더욱 힘들고 고통스럽게 했다는 사실만 그저 안타까울 뿐이다. 종교는 더럽고 어려우며 힘든 현실의 진창 문제를 직접 해결하지 못한다. 다만 구름 위의 평온하고 따뜻한 햇살과 풍경을 약속할 따름이다.

　현실의 진창 문제는 현실 속의 실천을 통해서만 해결할 수 있다. 정확한 정세 분석, 자기의 역량 분석, 극복해야 할 과제의 특성과 어려움 정도, 자기에게 유리한 환경을 조성할 기회, 연대의 역할과 범위, 진창에서 고통받는 사람들을 향한 애정과 연민, 진창에 있지만 흔들리지 않고 또 두 발로 잘 버티는 활동가들 및 이들의 조직, 잘 계산된 일의 순서 및 로드맵 그리고 이 모든 것을 꿰뚫고 또 모든 자원을 능숙하게 동원하고 지휘하는 유능한 지도자… 이런 것들을 온전하게 갖추어야 현실 문제를 해결할 수 있다.

박제가의
구름 위 산책

○ ○ ○
낭만을 실존의 문제로 껴안고 투쟁하다

그들은
진창에 발을 디디고 서 있지 않았다.
…머리뿐만 아니라 발까지도
구름 위에서 희희낙락했다.
그러나 그것은 그들의 필사적인 생존방식이었다.

5장

1.

18세기 후반의 조선이었다. 박제가는 비주류인 서얼 신분이라서 어차피 잃을 게 별로 없었던 터라 조선의 봉건적인 질서를 근본적으로 허물겠다는 개혁 정책을 제안하고 이를 위해서 싸웠다. 그러나 이 싸움은 애초에 승산이 없었다. 그랬기에 그는 평생 품었던 인생의 소망이 이루어질 기미조차 보이지 않는 암울함 속에서 쓸쓸하게 죽음을 맞았다.

나는 박제가가 살았던 인생을 뒤적이다가 오래전에 들었던 그 말을 문득 떠올렸다.

"나는 해직 기자가 되고 싶어요."

내가 대학교 2학년이던 1981년이었다. 그때는 전두환 군사독재 정권의 서슬이 시퍼렜었다.

대학교 교정에서는, 비장한 결심을 하고 오랜 시간 동료들과 시위 준비를 단단히 한 누군가가 가슴팍이나 가방에 숨기고 있던 유인물을 꺼내서 동료 학생들을 향해 허공에 뿌리면서 "전두환 타도!"를 외치면서 아무리 기습적으로 시위를 시작해도, 학교에 주둔하던 정복 차림 및 사복 차림의 경찰 기동대 대원들과 형사들이 이 주동자를 제압하고 학생들을 뿔뿔이 흩어놓기까지 채 3분도 걸리지 않던 때였다. 그 시위가 학교의 어느 건물 앞에서 몇 시 몇 분에 일어날 것인지는 학생들 사이에 은밀하게 입에서 입으로 눈에서 눈으로 전달되었지만, 경찰들도 어떻게 알았는지 그 정보를 파악하고 주동자가 나타나기로 예정된 문제의 그 장소 주변에서 눈빛을 반짝이며 지켜보고 있었기 때문이다. 아무튼 그런 시절이었다.

그런 시절에 경영대학 연극반의 신입 회원이던 1학년 후배가 마치 나에게 고백이라도 하듯이 진지하게, 그러나 무겁지 않게 살짝 속삭였다.

"나는 해직 기자가 되고 싶어요."

희미한 기억에 비추어보자면, 무슨 상황이었던지는 모르겠지만 편안하고 느긋한 사적인 얘기를 나누던 중에 그 말이 나왔던 것 같다. 어쩌면 저녁이 가까워지던 늦은 오후에 둘이서 교정의 경영대 건물에서 학교 정문까지 제법 긴 그 길을 터덜터덜 걸어가던 중이었을지도 모른다.

그 후배가 해직 기자가 되고 싶다고 말했던 것은, 군사독재 정권의 서슬이 시퍼렇던 당시에 그나마 사람들 앞에 당당하게 나서서 소신을 밝히던 직업군이 종교인이나 예술가 말고는 기자가 (정확하게 말하면, '기자'가 아니라 '해직 기자가) 거의 유일했기 때문이리라. 그때의 기자는 자타가 공인하는 공공재였지, 요즘의 메이저 언론사들에서 볼 수 있는 것처럼 자본의 논리에 따라서 뉴스 상품을 기획·생산·판매하는 영리 기업의 회사원이 아니었기 때문이다.

자유언론을 주장하던 기자들이 해고되는 일은 이미 박정희 유신 정권

때 있었다. 조선일보와 동아일보의 기자들이, 기사에 대한 외부 간섭을 배제하고 기관원이 신문을 검열하기 위해서 신문사 출입하는 것을 거부하며 또 언론인을 불법적으로 연행하는 것을 거부하겠다는 이른바 '자유언론실천선언'을 했다. 그러자 정권이 신문사 경영진에 압박을 가했고, 이 압박에 무릎을 꿇은 경영진은 기자 수십 명을 해고했다. 그러나 이렇게 해고된 기자들은 그냥 물러나지 않았다. 조선자유언론수호투쟁위원회(조선투위)와 동아자유언론수호투쟁위원회(동아투위)를 조직해서 정부의 탄압에 맞서면서 언론의 자유를 지키려고 했다. 그게 1975년의 일이었고, 그 뒤로도 이들의 투쟁은 이어졌다.

1979년 전두환이 쿠데타로 정권을 장악하고 5·18항쟁을 무자비하게 탄압하자 당시 신문·방송·통신사의 다수 언론인이 '광주'에 대한 진실 보도를 주장하며 제작 거부 투쟁을 벌였다. 그러자 전두환 신군부 정권은 노골적으로 언론을 협박하고 나섰다.

전두환은 1980년 5월 20일 이후 직접 두 차례에 걸쳐 언론사 사장 등을 모아놓고 "검열 제작 거부를 즉각 중단시키지 않으면 각오하라"라고 협박하고 일부 언론사 앞에 장갑차와 무장군인을 배치하는 방식으로 겁박했다.(*1980년 해직 언론인 '광주 유공자' 신청 길 열렸지만…", 한국기자협회, 2023. 7. 13.)

그리고 광주항쟁을 무력으로 진압한 뒤에는 수백 종의 월간지 등의 발행을 중단시켰으며, 대중매체 언론사 전체를 상대로 일괄사표를 강요해서 1,000여 명을 불법으로 해고했다. 그리고 언론 악법인 이른바 '언론기본법'

을 만들어 언론을 정권의 나팔수로 만들었으며 '보도지침'을 만들어 언론 보도 내용을 철저히 통제했다.

이런 환경에서도 해직 기자들은 언론의 자유와 민주주의를 위해서 (그리고 생존권을 확보하기 위해서!) 거리에서 굽히지 않고 투쟁했고, 이런 모습은 형사와 기관원이 학교에 상주하던 1980년대 초 당시에 민주주의를 꿈꾸던 우리 학생들에게는 커다란 위안이었다. 그리고 그런 해직 기자들은 김지하와 같은 작가나 문익환 목사와 같은 종교인과 마찬가지로, 모진 탄압에도 굽히지 않는 민주주의의 든든한 뒷배로 느껴졌다.

그래서 그 후배는 해직 기자를 롤모델로 느꼈을 것이다.

그런데… 그때 나는 그 후배의 그 고백을 듣고는 그저 고개만 끄덕였을 뿐 아무 말도 하지 못했다. 거기에는 몇 가지 이유가 있었다. 우선, 누군가가 자기 인생의 목표를 개인적으로 고백하는 말을 듣는다는 것 자체가 워낙 엄숙한 경험이라서 무슨 대꾸를 하든 가볍게 할 수 없어서 그랬던 것 같다. 게다가 그 후배는 광주 출신이었다. 한 해 전에 광주에서 있었던 '그 무서운 일들'을 어떤 식으로든 경험했을 텐데, 아직 학기 초였기에 얼굴을 맞대고 대화를 나눈 적이 몇 번 없었고 그 경험의 자세한 내용을 내가 알지 못했다. 그래서 인생의 커다란 상처에서 비롯되었을 게 분명한 그 결심의 내용을 잘 알지도 못하면서 뭐라고 해봐야 그건 어쭙잖은 충고밖에 되지 않을 것이라고 생각했다. 게다가 결정적인 이유는, 해직 기자가 되고 싶다는 그 바람이 어쩐지 논리적으로 모순된다고 느껴졌기 때문이다.

'해직 기자가 될 거면, 아예 처음부터 기자가 되지 말지? 왜 굳이 기자가 된 다음에 해직되려고 해?'

어쩌면 그것은 자기를 고난받는 예수의 모습으로 사람들에게 드러내고 또 그 모습을 자랑하고 싶은 혹은 그렇게 인정받고 싶은 '유치한' 소망이었을 수도 있다. 또 어쩌면, 그렇게라도 독재정권에 저항하는 모습을 보이겠다는 '유치한' 오기였을 수도 있다. 그러나 아무리 유치한 목표였다고는 해도, 그 후배가 '고난'에 동참하고 싶다 혹은 동참해야 한다는 민중적인 연민이나 공감 또는 신념을 가지고 있었던 것만큼은 분명하다.

2.

서양에서 근대경제학의 아버지라 일컬어지는 애덤 스미스가 『도덕감정론』을 출간하기 9년 전이던 1750년, 조선을 봉건적인 국가에서 근대적인 국가로 개혁해야 한다고 장차 부르짖을 박제가가 조선에 태어났다.

그의 아버지는 우부승지(정3품) 박평이었다. 하지만 그는 서자였고, 서자라는 신분은 장차 그가 살아갈 인생의 방향을 일찌감치 정했다.

조선 왕조의 제도를 완비한 태종 때의 『경국대전』에 따라서 서얼 출신은 범법자, 재혼한 부녀자의 자손 등과 마찬가지로 과거에 응시할 수 없었다. 아버지가 고위 관직을 지낸 양반에 한해서 서얼이라도 비록 양반보다 몇 등급 차이가 나는 벼슬이긴 했지만 벼슬을 할 수 있었다. 이런 신분 차별은 서얼에게는 뼈아픈 천형이었고, 박제가 역시 이 천형의 굴레에서 빠져나갈 수 없었다.

박제가의 어머니는 남편이 세상을 떠난 뒤 삯바느질로 생계를 꾸렸고, 서얼 출신의 수줍고 내성적인 성격의 소년, '어릴 때부터 글을 좋아해 읽은 책은 반드시 세 번씩 베껴 썼고, 입에는 늘 붓을 물고 있었으며 변소에 가서 쪼그리고 앉아 볼일을 보면서도 흙바닥에 그림을 그렸고, 어디든 앉기만 하면 허공에 글쓰기를 연습하던' 영특한 소년은 운명처럼 자기 또래의 서얼 출신 친구들을 만나고 사귀었다. 이덕무, 유득공, 이서구, 서상수 등이었는데, 그들은 작게는 조선 사회 신분제도의 폐해를 철폐하기 위해서 크게는 조선 사회의 체제를 개혁하기 위해서 함께 고민했다.

그 운명의 길은 결코 만만하지 않았지만 박제가는 쉽게 물러서지 않았다. 박제가는 스물여섯 살이 되던 해이자 애덤 스미스가 『국부론』을 펴냈던 해이기도 한 1776년에 '소전(小傳)'이라는 자서전을 썼는데, 이 자서전은 그의 인생의 출사표라고 할 수 있다. (소전은 명나라 말기 소품 문장가들이 썼던 짤막한 자서전 장르다.)

조선이 개국한 지 384년, 압록강에서 동쪽으로 1천여 리 떨어진 곳에 그가 살고 있다. 그가 태어난 곳은 신라의 옛 땅이요, 그의 관향은 밀양이다. 『대학(大學)』에서 뜻을 취하여 제가라고 이름하였고 「이소」의 노래에 뜻을 붙여 초정(楚亭)이라는 호를 지었다.

그의 사람됨을 보자. 물소 이마에 칼날 같은 눈썹을 하고, 눈동자는 녹색이고 귀는 하얗다(綠瞳白耳). 고독하고 고매한 사람만을 골라서 남달리 친하게 사귀고, 권세 높고 부유한 사람은 멀리서 보기만 해도 사이가 멀어진다. 그러니 뜻에 맞는 이가 없이 늘 가난하게 산다.

어려서는 문장가의 글을 배우더니 장성해서는 국가를 경영하고 백성을 제도할 학문을 좋아하였다. 몇 개월 동안 귀가하지 않고 노력하지만 지금 사람은 아무도 알아주지 않는다.

그는 이제 한참 고명한 자와 마음을 나누고, 세상에서 힘써야 할 것은 버리고 하지 않는다. 명리를 따져서 종합하고, 심오한 것에 침잠(沈潛)하여 사유(思惟)한다. 백 세대 이전 인물에게나 흉금을 터놓고, 만 리 밖 먼 땅에나 가서 활개치고 다닌다.

구름과 안개의 색다른 모습을 관찰하고 갖가지 새의 신기한 소리를 듣기도 한다. 원대한 산천과 일월성신, 미미한 초목과 벌레, 물고기, 서리, 이슬은 날마다 변화하지만 왜 그러한지 알지 못하는데 그 현상의 이치를 가슴속에서 또렷하게 터득하였다. 혼자서 터득한 것임을 자부하지만 그 누구도 그 즐거움을 알지 못한다.

아아! 몸뚱어리는 떠날지라도 남는 것은 정신이고, 뼈는 썩을지라도 남는 것은 마음이다. 그의 말을 알아듣는 분은 생사와 성명을 초월한 그를 발견하기 바라노라! 그를 예찬하여 쓰노니,

책을 지어 기록하고 초상화로 그려놓아도
도도한 세월 앞에선 잊히는 법!
더욱이 자연스러운 정화(精華)를 버리고
남과 같이 진부한 말로 추켜세운다면
불후의 인물이 될 수 있으랴?
전(傳)이란 전해주는 것
그의 조예와 인품을 온전히 드러내지는 못해도
완연히 그 사람이라서 천만 명의 사람과는 다르다는 것을 알게 한 다음이라야
천애(天涯)의 타지에서나 오랜 세월 흐른 뒤에 만나는 사람마다 분명히 그인 줄 알리라(*"박제가 소전", 『궁핍한 날의 벗』(2000), 안대회 번역, 태학사, pp. 40~43.)

뜻은 높지만 뜻을 펼칠 길이 없어 아득하다. 그러나 국가를 경영하고 백성을 제도할 학문을 좇아서 자기는 외로운 길을 가고 있고, 또 앞으로 그렇게 걸어갈 것임을 선언한다. 기개는 거리낌이 없이 활달하다. 설령 뜻을 펼치지 못할지라도 오랜 세월이 흐른 뒤라도 자기가 어떤 사람이고 또 어떻게 살았는지 분명하게 기억하라는 당당한 당부이며, 고독하고 고매한 사람들만이 자기를 알아줄 것이고 그렇지 않은 사람은 알아주지 않아도 상관없다는 당당한 입장 선언이고, 자기는 누구보다 당당하고 또 불후의 인물이 될 자격이 있다는 도발이다.

박제가는 무슨 생각을 품고 있었기에 또 어떤 세상을 믿었기에 그토록 자신만만할 수 있었을까?

박제가의 『북학의(北學議)』

박제가가 '소전'이라는 제목으로 인생의 출사표를 썼던 해인 1776년은 애덤 스미스가 『국부론』을 출간한 해이기도 하지만 정조가 즉위한 해이기도 하다. 정조는 즉위하자마자 규정(서얼허통절목)을 마련해서 서얼 출신이 종3품 벼슬인 부사까지 될 수 있도록 했고, 1779년에는 규장각의 초대 검서관으로 박제가, 이덕무, 유득공, 이서구를 임명했다. 이것은 조선의 르네상스라고 일컬어지는 한 세대를 여는 군주의 첫 행보였다. 이렇게 해서 박제가는 그 뒤로 1782년까지 13년 동안 규장각에서 일하면서 구하기 어려운 책을 마음껏 읽으며 식견을 넓힐 수 있었다.

그리고 박제가는 1778년에 채제공의 수행원 자격으로 처음 북경을 다녀온 뒤에 『북학의』를 저술했으며, 청나라를 배워서 조선의 제도를 개혁하자는 개혁안을 정조에게 올렸다. (*『북학의』는 1778년에 처음 북경을 다녀온 뒤에 1차로 저술했고, 그 뒤에 여러 해에 걸쳐서 내용을 보완해서 『내편 북학의』와 『외편 북학의』를 만들었으며, 1798년에 농업 관련 내용을 추가한 『진소본 북학의』를 만들어서 정조에게 바쳤다.)

그런데 '북학의'라는 제목부터 전통적인 유교 관점에서 보면 불온하기 짝이 없었다. 청나라를 쳐서 명나라의 복수를 하자는 북벌론이 아직도 시퍼렇게 살아 있을 때였는데도 청나라를 배우자고 했으니까 말이다.

아닌 게 아니라 박제가는 『북학의』의 서문에서 이 책을 쓰는 의도를 넌지시 밝혔다.

나는 어릴 때부터 최치원과 조헌의 인격을 존경하여, 비록 세대는 다르지만 그분들의 뒤를 따르고 싶었다. (…) 그들은 모두 다른 사람을 통해 스스로를 깨우치고 훌륭한 것을 보면 자신도 그것을 직접 실천하려 했다. 또한 중국의 제도를 이용하여 오랑캐의 풍습을 바꾸려고 애썼다. 압록강 동쪽에서 천여 년간 이어져 내려오는 동안, 이 조그마한 모퉁이를 변화시켜서 중국과 같은 문명에 이르게 하려던 사람은 오직 이 둘뿐이었다.(*박제가, 『북학의』, 박정주 옮김, 서해문집, p. 15.)

최치원은 당나라에서 '황소의 난'이 일어나자 '토황소격문(討黃巢檄文, 황소를 성토하는 격문)'을 써서 문명을 떨쳤으며 나중에 신라로 돌아가서는 개혁안인 '시무책'을 제시했지만 6두품이라는 신문의 한계 때문에 좌절했던 인물이다. 또 조헌은 조선의 선조 대에 도끼를 지니고 상소를 올리면서 자기 말을 받아들이지 않으려면 도끼로 목을 치라고 했던 강직한 선비로, 임진왜란 때는 의병을 이끌고 왜군에 대항하다 전사하였다. 어릴 때부터 이 두 사람을 존경하고 따르고 싶었다는 말은, 이들처럼 조선이라는 '조그마한 모퉁이를 변화시켜서 중국과 같은 문명 수준에 이르게' 하는 것이 자기의 바람이며 또 『북학의』를 쓴 의도라는 말이다.

그런데 당시 조선 백성의 살림살이 수준은 어느 정도였을까?

누가 그런다. 21세기 대한민국의 평범한 사람이 조선시대의 왕보다 더 잘 먹고 더 잘 자며 여행도 더 잘 다니고 더 잘 산다고. 이 말은 현재의 팍팍한 삶을 위로하기 위한 따뜻한 환기일 수도 있고, 수백 년 역사를 통찰하는 진지한 지적일 수도 있고, 또는 특별한 의미가 없는 우스갯소리일 수도 있다. 그러나 조선시대, 그것도 우리가 막연하게 생각하기에 어쩐지 사람들이 풍요롭게 살았을 것 같은 정조 때 일반 백성의 살림살이가 어땠는지는 박제가가 『북학의』에서 하는 증언을 보면 상상을 초월한다.

우리나라는 천 호나 되는 고을에도 반듯하고 살 만한 집이 한 채도 없다. (…) 방구들은 튀어나오기도 하고 움푹 들어가기도 하여 앉을 때나 누울 때도 몸이 항상 한쪽으로 기운다. 또한 불을 지피면 연기가 방에 가득 차서 숨이 막힌다.(*『북학의』의 "가옥", p. 75.)

우리나라의 가난한 백성은 모두 아침저녁 먹을거리가 없어, 열 가구가 사는 마을에서 하루 두 끼를 먹을 수 있는 사람이 몇 안 된다. (…) 우리나라의 시골 사람들은 일 년에 무명옷 한 벌도 제대로 입지 못하고 평생 침구 구경을 못한다. 짚 멍석을 이부자리 삼아 그 안에서 자녀를 기르고, 열 살 내외까지는 여름이고 겨울이고 할 것 없이 벌거벗고 다닌다. 세상천지에 버선이나 신발이란 것이 있다는 사실을 모르는 사람들은 아마 이들밖에 없을 것이다.(*『북학의』의 "농사와 누에치기", p. 229.)

또 도시에 사는 여자아이가 맨발로 다니면서 부끄러워하지도 않고, 여자가 어쩌다가 새 옷을 입고 나가면 모든 사람이 빤히 쳐다보면서 혹시 창녀나 아닌가 의심한다고 했다.

이런 형편없는 경제 수준을 중국이나 일본 수준으로 높일 방안을 마련하기 위해서 상업에 힘을 써야 한다고 박제가는 주장한다.

재물이란 우물과 같다. 퍼내면 차게 마련이고 이용하지 않으면 말라버린다. 그렇듯이 비단을 입지 않기 때문에 나라 안에 비단 짜는 사람이 없는 것이다. 따라서 부녀자가 베를 짜는 것을 볼 수 없게 되었다. 그릇이 찌그러져도 개의치 않으며, 정교한 기구를 애써 만들려 하지 않는다. 나라 안에는 기술자나 질그릇 굽는 사람들이 없어져, 각종 기술이 전해지지 않는다. (…) 나라 안에 있는 보물도 이용하지 않아서 외국으로 모두 흘러들어가는 실정이다. 그러니 남들이 부강해질수록 우리는 점점 가난해지는 것이다. (…) 단지 화물이 제대로 유통되느냐 그렇지 못하느냐에 따른 차이를 말하는 것이다.(*『북학의』의 "시장[市井]", pp. 100~101.)

중국의 화려한 물품과 수레를 보고 사치스럽다고 비난할 게 아니라 우물에서 물을 퍼내듯 소비를 촉진해야 한다고 주장한다. 이 주장은, 국가의 부(富)를 '전체 국민이 해마다 소비하는 생활필수품과 편의품의 양'으로 규

216

정하며 자유로운 상업 활동을 권장했던 애덤 스미스의 경제관과 통한다. 그렇기에 박제가의 주장은 무역 활성화로까지 이어진다. 『북학의 』에서 그는 1763년에 통신사들이 일본에 갔을 때의 일을 인용해서, 우리 측 서기(書記)가 혹시 중국산 먹이 있느냐고 물었더니 잠시 후에 한 짐이나 가지고 오더라는 말을 하며, 일본이 30여 개국과 무역을 하면서 물자가 풍부해졌다고 설명한다. 아울러 이런 무역에서 얻는 이익은 단지 경제적인 측면에만 한정되지 않는다고 말한다.

우리는 그들의 발달한 기술과 풍속을 배워 견문을 넓혀야 한다. 그래야 세상이 넓다는 것과 우물 안 개구리의 부끄러움을 알 수 있다. 그러면 교역을 통해 얻는 이익뿐 아니라 세상의 법도를 밝히는 데도 도움이 될 것이다.(*『북학의』의 "중국과의 무역", pp. 242~243.)

여기에서 말하는 '세상의 법도'란 동양과 서양에서 빠르게 변화하고 있던 세상의 원리로, 봉건적인 낡은 체제가 몰락하고 새로운 질서가 들어서는 시대적인 변화를 말한다.

그러나 이것은 조선 왕조의 기둥이라는 유교 이념 및 사농공상의 신분 체계를 뒤흔드는 위험한 시도였다. 아닌 게 아니라 박제가는, 조선의 유교 이념 체계에서 가장 천한 직업이던 상업에 선비들이 종사하도록 만들자는 제안까지 했다.

놀고먹는 자는 나라의 큰 좀입니다. 그런 사람들이 날로 늘어가는 것은 사족(士族)이 날로 번성하고 있기 때문입니다. (…) 저는 수륙을 왕래하며 장사하는 무역업을 사족들에게 허가해주고, 이들을 문서에 등록시키기를 청합니다. 또한 이를 권장하기 위해서는 그들에게 자금을 빌려주거나 가게를 지어주고, 성과가 뚜렷한 자는 관리로 발탁해야 합니다. 그래서 날마다 이익을 추구하게 한다면, 놀고먹는 자들이 점차 줄어들고 즐거이 직업에 종사하는 마음이 생겨날 것입니다.(*『북학의』의 "병오년에 올리는 글", p. 178.)

박제가는 놀고먹는 양반이 국가의 발전을 가로막는다는 말로써 기존 체제에 직격탄을 날렸다. 양반을 상업에 종사하게 하자는 말은 조선 사회를 지탱하는 신분제도를 허물자는 것이었다. 이것은 노골적으로 불온한 발언이자 발상의 전환 그 자체였다. 게다가 그는 이 말을 1786년(병오년) 정월 22일에 조회에 참석했을 때 임금 앞에서 직접 했다.

이런 발상의 전환은 그가 서얼 출신이라서 가능했다. 애덤 스미스가 스코틀랜드라는 변방에서 태어났기에 주류 잉글랜드 지식인이 할 수 없었던 발상의 전환을 할 수 있었듯이, 박제가는 서얼이라는 신분상의 한계 덕분에 즉 조선을 지배한 양반 계층의 변방에 존재했기에, 조선의 지배 계층인 양반이 볼 수 없었던 조선 사회의 구조적인 문제를 꿰뚫어 볼 수 있었다.

실학의 기본 정신에는 조선의 주체성을 세우자는 철학이 깔려 있었다. 임진왜란과 병자호란을 거치면서 대두된 이용후생(利用厚生) 관념이 현실에 스며들며 이 주체성 관념과 결합한 뒤, 회화에서부터 역사, 지리에 이르기까지 여러 분야에서 실질적인 결과물이 나왔다. 또 다른 한편에서는, 명나라가 망하면서 지배층 사이에서 형성된 반청(反淸) 정서가 소중화주의(小中華主義)로 자리를 잡았다. 소중화주의가 주체적인 이용후생을 덮어서,

까딱하면 실학 정신이 근거 없는 관념론에 매몰될 수도 있는 상황이었다.

이런 상황에서 박제가는 1799년에 정조에게 올린 상소문인 「진북학의 (進北學議)」에 "만약 옛 명나라를 위하여 원수를 갚고 치욕을 씻고자 한다면, 20년 동안 중국을 힘써 배운 후에 그 일을 논해도 늦지 않을 것이다."라고 썼다.

실학 정신이 소중화주의에 덮이고 만다는 박제가의 이런 위기의식은 첨예했다. 그랬기에 양반을 상업 활동에 종사하게 하자는 주장에서 한 발더 앞으로 나아가 소중화주의의 주체성에 전면적으로 맞불을 놓았다. 우리말을 버리고 말과 글을 중국과 일치시키자는 내용이었다. 그래야만 온전하게 중국과 같아질 수 있기 때문이라는 게 그가 든 이유였다.

한자는 문자의 근본이다. 예를 들어 하늘 천은 바로 '천'으로 발음한다. 말뜻을 또 다시 중복해서 풀이해야 하는 번거로움이 없기 때문에 물건의 명칭을 쉽게 분별할 수 있다. (…) 우리나라는 지역적으로 중국과 가깝고 성음(聲音)도 비슷하다. 따라서 백성 전체가 본국의 말을 버린다 해서안 될 이유가 없다. 그래야만 오랑캐라는 말을 면할 것이다.(*『북학의』의 "중국어[漢語]", pp. 110~111.)

청나라에 무릎을 꿇었던 삼전도의 치욕을 소중화주의로써 위안을 받으려던 사람들의 시각으로 보자면 말도 안 되는 펄쩍 뛸 일이었다. 오랑캐와 같이 되자니!

결국 박제가의 개혁 사상은 끝내 열매를 맺지 못한다.

누구의 잘못일까? 혹은, 무엇이 잘못되었을까?

3.

　박제가가 높은 목소리로 개혁을 부르짖었지만, 그가 제안했던 개혁안은 끝내 묵살되고 말았다. 1800년에 정조가 죽은 뒤에는 '불온한 사상' 때문에 주류 양반 집단으로부터 정치적인 보복을 당하며 외로움에 몸부림치며 죽음을 맞이해야 했다.

　조선시대 주류 양반 집단 가운데서도 가장 큰 산은 바로 정조(1752~1800)였다. 박지원을 비롯한 실학파 특히 박제가를 아끼고 중용했던 정조가 알고 보니 개혁의 가장 큰 적이었던 것이다.

　정조는 할아버지인 영조(1694~1776)로부터 성리학의 통치 이념을 탄탄하게 세우는 군주가 되라는 가르침을 받으며 성장했다.

　영조: 나라에 임금을 세우는 것은, 임금을 위해서인가, 백성을 위해서인가?

　세손: 군사(君師)를 세우는 것은 백성을 편안하게 하기 위해서입니다.

　영조: 군사의 책임을 능히 한 자는 누구인가?

　세손: 요·순 등 삼대(三代)의 임금이 모두 그러하였고, 그 이후에는 능한 자가 적었습니다.　[*『영조실록』, 영조 38년 [1762년) 3월 30일]

　이런 가르침을 영조는 죽기 직전까지 했다. 그리고 정조는 생애의 마지막 해인 1800년에 자기의 문집인 『홍재전서(弘齋全書)』를 보관하는 상자를 만들고 다음과 같은 명문(銘文)을 써넣었다.

…내가 정신을 집중하고 깊이 생각하여 만든 결정체이니, 비록 갑자기 유학의 도통을 전수한 것에는 견줄 수 없지만, 경서(經書)와 사서(史書)로 씨줄과 날줄을 삼아 복희, 신농, 요제, 순제, 우왕, 탕왕, 문왕, 무왕, 공자, 맹자, 정자, 주자의 단서를 터득했으니, 내가 만천명월(萬川明月)의 주인임은 묻지 않아도 알 수 있으리라. [*『홍재전서』의 "홍우일인재전서(弘于一人齋全書)의 장명(欌銘) 김문식 번역]

이처럼 정조는 자기 학문이 복희와 신농에서 시작하여 주자까지 이르는 유학의 정통성을 계승했다고 자부한다. 하지만 이런 자부심은 죽음이 임박해서 나온 것이 아니라 영조가 그랬던 것처럼 이미 일찍부터 가지고 있었다.

한 나라의 군사(君師)가 된다는 것은 학문에 바탕을 둔 강력한 왕권을 수립한다는 뜻이었다. 붕당정치에 이리저리 휘둘리는 나약한 왕이 되지 않겠다는 뜻이었다. 붕당 위에 서서 붕당을 제어하며 신하들을 정치적으로뿐만 아니라 학문적으로도 가르치겠다는 뜻이었다. 그렇게 해서 백성과 나라를 평안하게 하겠다는 뜻이었다. 부패한 사회의 기강을 바로잡기 위해서 자기가 먼저 공정한 입장에 서는 도덕적·학문적 성인이 되어야 한다는 성리학의 기본 원리를 실천하겠다는 뜻이었다.

달은 하나이며 물은 수만(數萬)이다. 물이 달을 받으므로 앞 시내(川)에도 달이요, 뒷 시내에도 달이다. 달의 수는 시내의 수와 같은데 시내가 만 개에 이르더라도 그렇다. 그 이유는 하늘에 있는 달은 하나이기 때문이다. 달은 본래 천연으로 밝은 빛을 발하며, 아래로 내려와서는 물을 만나

빛을 낸다. 물은 세상 사람이며, 비추어 드러나는 것은 사람들의 상(象)이다. 달은 태극(太極)이며, 태극은 바로 나다. [*『홍재전서』의 "만천명월주인옹자서(萬川明月主人翁自序)", 정조 22년(1798년)]

하늘에 떠서 수만 개의 그림자를 비추는 존재야말로 정조가 지향하던 이상이었다. 이것은 결국 계몽군주이자 절대군주가 되겠다는 뜻이었다. 그러므로 정조라는 임금의 존재와 그가 지향하는 방향은, 박제가가 꿈꾸었던 봉건 체제의 몰락과 새로운 질서의 건설과는 정반대였다.

그랬기에 정조는 패관과 소품 때문에 경전에 반대하며 윤리를 무시하는 풍조가 만연했다며 이런 상황을 체제를 위협하는 심각한 현상이라고 받아들였던 것이다. 예를 들어서 이덕무가 '문인이나 시인이 좋은 계절 아름다운 경치를 만나면 시 쓰는 어깨에선 산이 솟구치고, 읊조리는 눈동자엔 물결이 일어난다. 어금니와 뺨 사이에서 향기가 일고, 입과 입술에선 꽃이 피어난다. 그러나 조금이라도 분별하여 따지는 마음을 숨김이 있으면 큰 흠결이 된다.'(*이덕무의『청장관전서』에 실린「이목구심서」에서)라고 썼는데, 정조는 이런 선정적인 발상과 표현 자체가 퇴폐적이라서 국가의 근본적인 이념을 흔든다고 보았던 것이다.

왕은 말하노라. 문장은 한 시대의 체제가 있어서 세상의 도와 함께 부침한다. (…) 근래에는 문풍이 점점 변하여 이른바 붓을 잡은 선비는 시서육예의 문장에 바탕을 두지 않고 (…) 마치 혼수상태인 사람이 때때로 헛소리를 하는 것 같은데 (…) 내 이를 민망히 여겨 문체를 변경하여야 한다고 반복하여 거듭 당부한 것이 간절할 뿐만 아니라, 내 말 듣기를 아득히

하여 효력이 막연하다. [*『홍재전서』의 "문체(文體)"에서]

　　정조는 유교 이념을 바탕으로 한 조선의 체제를 수호하는 차원에서 정통적인 옛 문체를 부흥시키려는 문풍 개혁 정책을 강력하게 시행했다. 이른바 문체반정(文體反正)이었다.

　　이렇듯 정조는 철두철미한 봉건주의자로 근대의 새벽이 오는 것을 필사적으로 막으려 했다. 이런 정조가 박제가를 비롯한 개혁주의자들을 가까이 둔 것은 어디까지나 붕당을 제어해서 왕권을 강화하기 위한 수단이었다. 그러니 양반이 상업 활동을 하도록 권장해서 국가를 부강하게 만들자고 했던 박제가의 개혁적인 정책 제안을 정조가 얼마나 가소롭게 생각했을까?

　　아닌 게 아니라 박제가를 비롯한 개혁주의자들의 좌장 역할을 했던 박지원조차도 박제가가 지녔던 예리한 개혁성을 무디게 만들려고 했다. 예를 들어서, 박제가가 박지원을 처음 만났던 해인 1768년에 자기가 쓴 글을 묶어서 『초정집(楚亭集)』을 내면서 박지원에게 서문을 써달라고 했는데, 이 서문의 끝부분에 박지원은 다음 내용을 넣었다.

　　"…[박제가는] 옛글의 격식에 얽매이지 않는다. 그러나 진부한 말을 없애려고 애쓰면 혹 황당무계한 데 빠지기도 하고, 주장을 너무 높이 내세우면 혹 상도(常道)에서 벗어나는 데 가까워지기도 한다. (…) 새것을 만들다가 공교(工巧)해지기보다는 차라리 옛것을 모범으로 삼다가 고루해지는 편이 나을 터이다. (…) 밤에 초정과 더불어 이런 말을 하고, 마침내 그것을 책머리에 써서 권면한다."(*박지원·박희병, "초정집 서문", 『연암을 읽는다』, 돌베개, p. 322.)

이 글에서 박지원은 명나라 문장가들이 옛것을 지키자는 법고(法古)와 새로운 것을 만들자는 창신(創新)을 두고 싸웠지만 양쪽 다 올바른 쪽으로 나아가지 못하고 세상에 아무런 보탬이 되지 못했을 뿐만 아니라 풍속만 해치는 결과를 낳았다는 예까지 동원해서, 창신 쪽으로 '너무 튀는' 박제가의 경향을 눌러주려고 애를 쓴다.

박제가가 결국 뜻을 이루지 못한 것은 그의 잘못이 아니었다. 죄라면 조선에 태어난 게 죄였다. 시민계급 즉 자본가계급이 일찌감치 시민혁명을 완수해서 상공업 발달의 틀을 마련하고, 또 중기기관의 발명으로 (박제가가 스무 살이던) 1770년에 산업혁명이 시작되었던 영국에 태어나지 않은 게 죄였다. 잉글랜드와 합병되어 이 산업혁명의 거대한 흐름 속으로 들어선 스코틀랜드에서 태어났던 애덤 스미스는 행운이었다. 스미스의 경제이론은 박제가의 그것과 다르지 않았지만, 스미스는 시대의 흐름을 타고 근대경제학의 아버지라는 찬사를 받고 있고, 비슷한 시기에 태어났던 박제가는 그저 불운한 개혁가로만 기억될 뿐이다.

* * *

박제가는 젊은 시절에 선배 문사인 추성관 이정재가 뜻을 펼치지 못한채 충청도 공주로 낙향하는 길을 배웅한 적이 있다. 두 사람은 한양이 훤히 내려다보이는 곳에 올라서, '지조를 지키려고' 서울을 떠나야만 하는 상황에 탄식했는데, 그때 이정재는 이렇게 말했다.

"아! 사람은 이곳에서 나고 죽건마는 아무도 그 사실을 깨닫지 못한다.

우리 둘이 높은 데 올라 아래를 굽어보며 비웃는다. 자네는 저렇게 사는 게 어떻다고 생각하는가? 이곳을 떠나 먼 곳으로 가는 사람의 마음은 어떨 것 같은가?"

이때의 일을 박제가는 "공주로 떠나는 이정재를 보내며(送李定載往公州序)"라는 글로 남겼다.

추성관 이자(李子)가 가족을 모두 데리고 한양을 떠나 머나먼 남쪽 충청도 고을로 낙향한다. 약산정 초당(初唐)까지 나가 배웅하였다. (…) 둘이 나란히 언덕에 앉아 아득히 날아가는 기러기를 부럽게 바라보기도 하고, 이별의 노래도 불렀다. 들국화는 꽃망울이 터져 곱게 피었고, 낙엽은 가을바람에 떨어진다. 북녘을 바라보니 도봉산은 하늘에 꽂힌 채 달리듯이 뻗어오고, 백악은 명미(明媚)하고 푸른 기상을 시원스럽게 토해낸다. 높고 수려한 궁궐, 저잣거리를 왕래하는 인파, 북한산 필운대의 운연(雲煙)과 성곽이 가리키는 손가락 끝에서 숨었다 나타났다. (…) 거칠고 소박한 옷을 입고 떠나는 추성관을 붙잡지 못함을 안타까워하며, 오늘이 훌쩍 가버림을 슬퍼한다! 어느덧 술도 다 떨어졌다. 숲이 어둑어둑해지더니 저녁 해가 숨었다. 산이 높아 보이고 지평선에는 저녁연기가 자욱하다. 조금 전까지만 해도 보이던 천문만호는 강물같이 아득하여 다시 분간할 수 없다. 그러나 사람들이 웅성거리는 소리는 아직 그치지 않아 모기떼가 앵앵대는 것 같다. (…) 어둠이 급하게 밀려오자 흰옷도 분간되지 않았다. 마침내 작별이었다.(*박제가, "서울과의 결별", 『궁핍한 날의 벗』(2000), 안대회 옮김, 태학사, pp. 114~117.)

눈물이 나도록 처량한 이별이다.

박제가는 이정재를 배웅하면서 자기도 언젠가는 그렇게 밀려날지 모른다는 상상을 했을 것이다. 아무리 쫓으려고 손을 저어도 끈덕지게 앵앵거리며 달라붙는 모기떼를 바라보며 개혁을 거부하는 완고한 주류 양반 집단을 연상했을 것이다. 그리고 그는 정조의 사망 이후 급하게 밀려오는 어둠 속에 그는 어느새 형체도 보이지 않게 묻혀버린다. 그렇게 작별은 서둘러서 온다.

정조가 사망한 다음 해인 1801년에 박제가는 사은사 일행을 따라 네 번째로 북경을 다녀온 뒤 고문을 받고 유배된다. 오랑캐 청나라를 배우자는 주장을 펼친 죄였고, 양반에게 상업 활동을 하게 하자는 죄였으며, 미천한 서얼 출신이면서 너무 나댄 죄였다. 3년 뒤에 귀양에서 풀려나지만, 이미 어둠은 너무 깊었다. 그리고 그가 원했던 개혁보다 죽음이 먼저 찾아왔다. 1805년이었고, 그의 나이는 쉰다섯 살이었다. 그가 원했던 개혁은 그가 죽은 지 90년이 지나서 갑오개혁이란 이름으로 이루어지며, 봉건의 둑이 무너지고 근대의 문이 열리기 시작한다. 비록 불완전하고 위태로운 양상이긴 하지만….

4.

박제가 개혁에 실패한 이유는 개혁의 대상인 조선 사회가, 국왕인 정조를 필두로 해서 사농공상의 신분 체제 아래에서 여전히 너무도 강력했기 때문이다. 그러나 이게 전부가 아니다. 개혁을 추진하고 이끌어나갈 힘을, 박제가 스스로 그 개혁의 조직적인 힘을 마련해두지 않았다는 점을 들 수 있다. 그는 왕권을 강화해서 계몽군주·절대군주가 되고자 했던 정조의 호의에만 기댔을 뿐 실질적으로 개혁을 추진할 실천적인 조직을 마련하려는 노력을 기울이지 않았다.

심지어 박제가는 자기들 모임의 좌장이던 박지원조차도 설득하지 못했다. 박지원은 상업을 매점매석 행위라고만 인식했다. 수레를 사용해 유통을 빠르게 함으로써 전국의 물가를 안정시켜서 백성을 유익하게 하자고 주장하면서도, 상업 활동은 나라를 망하게 하는 것일 뿐이라고 믿었다. 그는 이런 믿음을 한문 소설『허생전』에서 허생의 입을 통해 엄숙하게 주장하는데, 허생은 자기가 돈을 번 방법이 옳지 않다면서 이렇게 말한다..

이것(매점매석)은 마치 그물의 코처럼 한번 훑으면 모조리 거두어들임과도 같은 게요. (…) 이와 같은 방법은 나라를 위하는 것이 아니오. 오히려 백성을 골탕 먹이는 것이지. (…) 나라는 큰 혼란 속에서 소용돌이치다가 마침내는 병들고 말게요. 그러니 그동안 내가 한 일은 결코 잘한 일이 아니오.

박제가가 어울리던 모임인 이른바 '백탑청연(白塔淸緣)'은 '백탑에서 맺어진 맑은 인연'이라는 뜻으로, 연암 박지원을 좌장으로 하던 북학파 집단이었다. 세상을 바라보는 눈이 다르지 않던 박지원, 박제가, 서상수, 이덕무, 유득공, 이서구 등은 우연하게도 백탑(원각사지 10층 석탑) 부근에 (지금의 탑골공원 부근이다.) 모여서 살았는데, 이들은 수시로 모여 문학과 학문을 토론하고 세상이 나아가야 할 방향을 의논했다. 그리고 현실에서 뜻을 펼치지 못하는 울분을 술과 노래와 장난으로 달랬다. 그리고 이들은 서로 주고받은 시를 엮어서 『백탑청연집』을 펴냈다. 그게 다였다. 봉건제를 허물고 근대적인 체제를 세워야 할 필요성을 민중에게 설득한다거나 그런 일을 할 조직을 만드는 일은 생각도 하지 않았다. 정확하게 말하면, 그들은 혁명가가 아니라 그저 낭만주의자들일 뿐이었다. 그들의 일상을 잘 드러내는 글이 박지원의 『연암집』에 실려 있다.

조금 취하자, 운종가(雲從街)로 나가 종각(鐘閣) 아래서 달빛을 밟으며 거닐었다. 이때 종루(鐘樓)의 밤 종소리는 이미 삼경(三更) 사점(四點)이 지나서 달빛은 더욱 밝아져, 사람 그림자는 길이가 모두 열 발이나 늘어져 스스로 돌아봐도 섬뜩하게 무서웠다. 거리에 개들이 마구 짖어대는데, 동쪽에서 오(獒)가 한 마리 나타났다. 흰 빛깔에 비썩 말랐는데 빙 둘러서서 쓰다듬어 주자 좋아라 꼬리를 흔들며 머리를 숙인 채 한참 동안 서 있었다.(*박지원·박희병, "술에 취해 운종교를 밟았던 일을 적은 글", 『연암을 읽는다』, p. 69.)

이 무리는 통금시간이 훌쩍 넘었지만 집으로 돌아갈 생각은 하지 않고, 도성 한양의 중심가인 운종가 대로를 돌아다니다 개 한 마리를 놓고 장난을 친다. 이 개는 몽고산으로 호백(胡白)이라는 종자인데, 고기를 좋아하지만 아무리 굶주려도 깨끗하지 않은 것은 먹지 않으며 심부름을 시키면 사람 마음을 잘 알아차린다. 해마다 사신을 따라서 조선에 들어오지만 대부분 굶어 죽으며, 또 늘 혼자 다니면서 다른 개와 어울리지 못하는 이 개를 보고 이덕무는 자기들 부류와 다르지 않다는 묘한 동질감을 느낀다. 그래서 개에게 이름을 지어준다.

"너는 지금부터 오랑캐 '호'의 호백(胡白)이 아니라, 호탕하고 멋진 놈이라는 뜻의 '호백(豪伯)'이다. 알겠느냐?"

그러면 '호탕하고 멋진 놈'은 그의 말을 알아듣기라도 한 듯이 이덕무를 바라보며 꼬리를 쳤을 것이다.

잠시 후 개가 보이질 않자 이덕무는 서글피 동쪽을 향해 서서 마치 친구를 부르듯이 '호백아! 호백아! 호백아!' 하고 세 번이나 불렀다. 우리들은 모두 크게 웃었고, 거리가 소란해지자 개들이 이리저리 뛰어다니며 더욱 거세게 짖어댔다.(*위와 같은 글, p. 69.)

친구를 찾는 목소리에 잡견들만 시끄럽게 떠든다.

그들은 자기들을 향해 손가락질하는 조선 사회 주류 집단의 이런저런 비판은 밤거리의 그 잡견들이 짖어대는 '개 소리'일 뿐이라고 믿으며 비주류 집단으로서의 자부심을 가진다.

그리고 이어서 또 한 사람의 동지 집을 찾아가서 술을 더 마시고는 운종교의 난간에 기대서서 대화를 나눈다. 그러다가 다시 자리를 옮겨 청계천의 수표교로 간다. 달을 운치 있게 구경할 수 있는 곳이다.

하지만 어느새 새벽이 되었고, 엄정한 현실로 돌아가야 할 시간이 다가오고 있다. 술은 이미 다 깼다. 술이 깨고 보니, 이슬에 젖은 옷과 갓이 새삼스럽게 무겁다. 그 무게는 앞으로도 계속 버텨나가야 할 현실의 무게다. 수표교에서 들리는 개구리 소리, 매미 소리, 닭 우는 소리는 엄정한 현실, 하지만 끝내 버티고 이겨나가야 할 현실이다.

개구리 소리는 완악한 백성들이 아둔한 고을 원에게 몰려가 와글와글 소(訴)를 제기하는 것 같고, 매미 소리는 엄격하게 공부시키는 글방에서 정한 날짜에 글을 외는 시험을 보이는 것 같고, 닭 우는 소리는 임금에게 간언하는 것을 자신의 소임으로 여기는 한 강개한 선비의 목소리 같았다.(*위와 같은 글, p. 70.)

밤 동안 즐긴 낭만이 끝난 뒤에 어김없이 다가오는 현실은 새벽 서리처럼 서늘했을 것이다. 박제가를 비롯한 그들은 그저 그렇게 고단한 현실을 낭만에 의지해서 살았을 뿐, 가난에 찌들어서 살아가는 일반 백성의 고달픈 현실을 바꾸겠다는 구체적인 노력이나 시도는 하지 않았다. 그저 술과 노래와 장난으로 자신을 위로하고, 과시하며, 오기를 부렸다. 요컨대 권력과 직접 맞서기보다는 유머와 역설을 동원해서 조선의 지배계급인 양반의 위선, 무위도식, 패덕 등을 폭로하고 비판했다. 조선의 통치 이념인 유교가 금기시하는 낭만과 쾌락에 기대서 조선과 조선의 주류 집단을 야유할 때의 그 짜릿한 쾌감을 즐기면서 살았을 뿐이다. 군부독재의 서슬이 시퍼렇던 1981년에 대학교 교정에서 연극반의 어떤 후배가 비분강개하는 마음으로 해직기자를 꿈꾸던 바로 그 오기의 낭만과 같은 것으로….

문제가 무엇인지 정확하게 알지 못하면, 또 안다고 하더라도 그 문제를 해결할 구체적인 경로가 마련되어 있지 않으면, 그래서 할 수 있는 것이라고는 야유와 장난과 독설뿐이라면, 그래봐야 그건 머리를 구름 위로 내놓고 희희낙락하는 것밖에 되지 않는다. 박제가가 그랬고, 그 시대의 북학파·실학파 학자들이 그랬다.

그런데 사실 그들의 발은 진창에 있지도 않았다. 서얼이라는 이유로 주류 '인싸' 집단에 끼지 못하는 '아싸' 신세이긴 했어도 일반 백성처럼 굶주림과 노동의 고통으로 생존의 위협을 받지 않았다. 그렇기는커녕 조선의 최고 권력자이던 정조와 독대했으며 또 청나라까지 들락거리며 살던 사회 최고위 상류층이었다. 즉 그들의 발은 진창을 디디고 서 있지 않았다. 그들은 머리뿐만 아니라 발까지도 구름 위에 있었다.

조선이라는 사회가 너무나 완고하다는 사실을 체감하면 사는 것이 박제가에게는 고통이었을 것이라고 어떤 사람은 진단한다. 또 그 꽉 막힌 완고함이 조선의 미래에 재앙이 되어 덮칠 것임을 예측했다면 그 답답함이 더욱 견디기 힘든 고통이었을 것이라고도 지적한다. (*임용한, 『박제가, 욕망을 거세한 조선을 비웃다』, 역사의 아침, pp. 306~307.) 그러나 박제가는 그 고통을 유쾌한 웃음과 역설의 연료로 삼아서 즐겁게 희롱했다. 그렇게 하지 않고서는 살아남을 수 없을 정도로 절박한 존재의 문제였으니 그럴 수밖에 없었다. 그렇게 할 재주가 있었고 게다가 뜻이 같은 친구들이 곁에 있었으니 어찌 그렇게 하지 않을 이유가 있었겠는가!

그러나 어쨌거나 박제가가 그렇게 조선의 진창 위에 떠 있던 구름 위에서 유쾌하게 산책하고 있었음은 분명하다.

5.

이런 상상을 한번 해보자.

만일 18세기 조선의 박제가가 21세기 한국에 있다면 어떤 모습으로 살아갈까?

이런 낭만주의적인 개혁가가 21세기 한국에 과연 있을까?

조선 사회를 지탱하던 사농공상의 신분 체계를 뒤집어엎겠다는 극좌의 행보에서, 우리말을 버리고 우리의 말과 글을 중국이라는 최강대국과 일치시켜서 온전하게 중국과 같아질 수 있게 하자는 극우의 행보까지 좌충우돌했던 인물, 자신의 지적인 논리 속에서 관념적으로만 민중을 알 뿐이며 민중의 고통에 공감하지 못하는 박제가와 같은 인물이 21세기 한국 사회에 있다면, 그 사람은 과연 어떤 모습으로 살아갈까?

일단, 아마도 학력 수준이 높을 것이다. 그리고 어린 시절에 사회적으로 따돌림을 당했을 가능성이 높다. 또, 함께 어울리던 친구 유득공은 "그가 세 치 혀를 놀리면서 달려나가면 네 마리 말이 끄는 마차를 타고도 못 따라간다"라는 말로써 박제가의 달변을 증언했는데, (말 네 마리의 발 열여섯 개와 마차 바퀴 두 개가 동시에 땅을 치고 또 굴리며 달려갈 때의 시끄러운 소리와 땅이 흔들리는 진동 그리고 펄펄 날리는 흙먼지를 상상해보라!) 오늘날의 박제가도 이처럼 말을 무척 잘해서 말싸움으로는 누구에게도 지지 않을 것이다.

또 오늘날의 박제가라면 아마도 구름 위에서 온갖 아름답고 유쾌하며 신나고 장밋빛인 전망을 내놓을 것이다, 말로만! 또 말썽 많고 원성 높은 온갖 것을 바로잡겠다는 개혁 의지를 활활 불태우고 있을 것이다. 민중이 느끼는 고통을 자기들도 잘 안다고 말할 것이다. 그러나 이들은 민중을 관념적으로만 알 뿐이며 민중의 고통에 있는 그대로 깊이 공감하지 못할 것이다.

그리고 이런 사람들은 자기가 추진하는 개혁이 실패해도 아파하지 않는다. 더 많은 애정과 인정을 받지 못한다는 게 아쉬울 뿐이다. 하지만 그래도 상관하지 않는다. 그들에게는 실패조차도 자기를 돋보이게 만들어주는 훈장이나 장식물이기 때문이다.

그런데 바로 이 점에서 18세기 조선에 있었던 낭만주의적인 개혁가는 21세기 한국에 존재하지 않는다고 볼 수 있다. 18세기 조선의 낭만주의자들에게는 낭만이 절박한 실존의 문제였다. 봉건적인 질서가 지배하는 주류 양반 사회에서는 그런 낭만조차 가지고 있지 않으면 자기의 존재가 흔적도 없이 지워질 것이었기 때문이었다.

그러나 21세기 한국에서 낭만주의적 개혁가들에게는 낭만이 실존의 문제가 아니라 과시하기 좋은 훈장이다. 21세기 한국에서 이완용과 같은 자유주의적 실용주의자들은 실패를 부끄러워하고 무서워하지만, 낭만주의적 개혁가들은 부끄러울 것도, 아쉬울 것도 없다. 자기들이 부조리한 현실에 맞선다는 혹은 맞섰다는 사실만 중요할 뿐이다. 온갖 그럴듯한 말로 이렇다 저렇다 말만 많은 평론가들이나 학자들이 그렇다. 아주 오래전에, 민주주의와 언론의 자유가 탄압받던 군사독재 정권 치하의 그 암담하던 현실에서 고통의 상처로 생겨났던 '해직 기자'라는 딱지를 아무런 희생도 하지 않은 채 그저 과시용 훈장으로만 가지고 싶어 했던 그 연극반 후배처럼 말이다. (아, 잠깐! 그 후배의 본심은 어쩌면 그게 아닐지도 모른다. 온실 같은 환경에서 성장하며 구름 위에서만 노닐다가 현실의 참혹함을 목격하고는, 비겁함을 벗어던지고 현실의 진창에 두 발을 담그겠다는 의지를 그렇게 어눌한 표현으로 드러냈을 수도 있다.)

그러나 여기에 비하면 18세기 낭만주의자들이 가졌던 그 낭만은 얼마나 소중한가, 실존의 문제였으니!

박제가는 '고독하고 고매한 사람만을 골라서 남달리 친하게 사귀고, 권세 많고 부유한 사람은 멀리서 보기만 해도 사이가 멀어지고, 뜻에 맞는 이가 없이 늘 가난하게' 살았다. 스물여섯 살 때 자서전에 그 문구를 적어놓으면서 그가 바랐던 일은 정말 바라던 그대로 이루어졌다. 이백몇십 년이라는 오랜 세월이 지난 뒤에도 사람들은 그를 알아보니까 말이다. 그의 뼈는 썩어져 없어져도 그의 마음만은 그 절박했던 낭만으로 지금까지 기억된다. 젊은 베르테르의 낭만이 지금까지 기억되는 것은 그가 거기에 목숨을 걸었기 때문이고, 박제가의 낭만이 지금까지 기억되는 것은 그가 거기에 인생을 걸 수밖에 없었기 때문이다.

최익현의 신념과
시간 여행

○ ○ ○
상투 하나에 목숨을 거는 이유와 태극기 부대

우리 근현대사의 한 페이지에는
잘린 상투를 주머니에 고이 넣어 간직한 채
울며불며 남태령 고개를 넘던 사람들,
그 바보들의 행진이 있었다.

6장

1.

신선놀음에 도낏자루 썩는 줄 모른다는 속담이 있다. 중요한 일도 잊어버린 채 재미있는 일이나 놀이에 푹 빠져서 시간 가는 줄 모를 때 쓰는 말이다. 이 속담은 신선 사상에 바탕을 둔 전설에서 비롯되었는데, 이 전설의 내용은 지역이나 나라마다 조금씩 다르지만, 대체로 이런 식이다.

옛날 옛적에 한 나무꾼이 나무를 하러 산에 갔다. 좋은 나무를 찾아서 깊은 산으로 들어갔는데, 수염을 허옇게 기른 두 노인이 나무 그늘 아래에서 바둑을 두고 있었다. 나무꾼은 도끼와 지게를 내려놓고 바둑 구경을 했다. 그런데 바둑 한 판이 끝났을 때 노인 하나가 나무꾼에게 도끼를 가리키며 말했다.

"이보게, 자네 도끼의 자루가 썩었네."

그러고 보니 정말 도끼가 자루는 썩고 날만 남아 있었다. 이게 무슨 일인가 하고 정신이 번쩍 든 나무꾼은 황급히 마을로 내려왔다. 그런데 마을이 어쩐지 달라진 것 같다. 아는 얼굴들도 없고, 공터에서 자치기하는 아이들도 낯설며, 또 자기와 눈이 마주친 그 누구도 아는 체도 하지 않는다. 어쩐지 무례해 보인다. 지게를 메고 마을을 나서던 오전에만 하더라도 아이들은 공손하게 두 손을 모아쥐고 인사를 했었는데….

그런데 집에서는 낯선 사람들이 제사를 지낼 준비를 하고 있었다. 그래서 나무꾼이 주인 행세를 하는 사람을 붙잡고 무슨 일이냐고 물어보자 그 사람이 이렇게 대답했다.

"오늘이 제 고조부님의 제삿날입니다. 100년 전 오늘 그분이 산에 나무하러 가셨다가 돌아오지 않아서, 이날을 제삿날로 삼았다고 합니다."

그 말을 들으니 어쩐지 느낌이 싸했다. 그래서 조심스럽게 물었다.

"그 어른의 함자가 어떻게 되오?"

"○자 ○자입니다."

"○○?"

"예, 그렇습니다."

불길하던 예감대로 그건 나무꾼의 이름이었다. 그러니까, 수염이 허옇던 그 두 노인이 바둑 한 판 두는 사이에 100년이란 세월이 휙 지나간 것이다.

이 나무꾼은 얼마나 황당했을까?

자기는 이미 죽은 사람이 되어 있다. 자기의 고손자가 자기와 비슷한 나이이고, 이 고손자는 자기가 누군지 알아보지 못한다. 또 제사상에 제물을 진설하는 것을 보니 엉망이다. 조율이시(棗栗梨柿), 홍동백서(紅東白西),

어동육서(魚東肉西), 동두서미(東頭西尾), 좌포우혜(左脯右醯) 등의 규칙이 전혀 지켜지지 않고 있다. 또 제사 음식을 준비하는 부엌에 남자들이 들락거리고 있다. 이것뿐만이 아니다. 여자들이 남자들과 나란히 서서 제관 행세를 하며 함께 절을 한다. 도무지 있을 수 없는 일, 있어서는 안 되는 일이 벌어지고 있다.

이 나무꾼은 얼마나 답답하고 화가 날까?

…그런데 그 나무꾼의 고손자는 얼마나 더 황당할까?

생판 모르는 사람이 자루도 없이 녹이 벌겋게 슨 도끼날을 들었다 놨다 하면서 자기가 100년 전에 이 집의 주인이었다고 하질 않나, 자기가 멀쩡하게 살아 있는 고조할아버지라고 핏대를 세우며 삿대질을 하질 않나, 여자가 무슨 제관 행세를 하느냐며 지게 작대기로 툇마루를 탕탕 치며 행패를 부리질 않나….

이런 생각을 하다 보면, 혹시라도 시간 여행을 하게 된다면 과거로 가는 편이 낫지 미래로는 가지 않는 게 좋을 듯하다. 아무래도 낯선 미래는 낯익은 과거보다 불편할 테니까 말이다. 본인도 그렇겠고 또 미래에 사는 사람들이 황당해하고 답답해할 것을 생각하면 그렇다.

그런데 조선 후기의 유학자인 면암 최익현(1834~1907)은 그렇게 하지 않았다. 신기하게도 그는 현재에 살면서도 미래로 시간 여행을 가는 경험을 했다. 비록 다른 사람들의 눈에는 그가 과거에서 온 시간 여행자로 비춰졌겠지만….

물론 그가 원해서 그렇게 된 건 아니다. 아인슈타인이 말했던 시간 여행의 벌레구멍(worm hole)이 난데없이 19세기 말 조선에서 그의 주변에 생겨난 바람에 어쩌다 보니 그렇게 되었다. 그렇게 떠난 미래에서는 그가 백

번 옳다고 믿어 의심치 않는 규칙과 법도를 무시하는 사람이 대부분이었고, 그게 불편해서 미칠 지경이었다.

한편 다른 사람들은 이런 그를 보면서 수백 년 전 과거의 인물이 이 세상에 갑자기 나타나서 남의 제사상에 감 놔라 배 놔라 하는 게 여간 불편하지 않았다.

2.

내가 처음 최익현이라는 이름을 알았을 때 그 이름은 나에게 충격적인 깨달음과 함께 다가왔다. 그때 나는 독일의 어떤 일과 조선의 어떤 일이 1895년이라는 같은 해에 일어났다는 사실을 깨달았는데, 그 두 개의 사건이 너무도 이질적이라서 그 깨달음의 충격은 소름이 돋을 정도였다. 고등학생 시절이었다. 국사 시간이었는지 국어 시간이었는지 모르겠다. 어쩌면 과학 시간이나 수학 시간이었을 수도 있다.

그해에 독일에서 일어난 사건은 뢴트겐(1845~1923)이 엑스(X)선을 발명한 일이었다.

1895년 11월의 어느 금요일 오후였다. 뢴트겐은 레나르드의 유리관으로 바륨 화합물을 칠한 형광물질의 스크린에 음극 광선이 어떻게 반응하는지 그 효과를 실험하고 있었다. 레나르드가 했던 방식 그대로 판지와 주석 박막으로 유리관을 감쌌다. 정전기가 발생하는 걸 막고 또한 빛을 유리관 안에 가두기 위해서였다. (…) 실험실의 불을 끄고 코일에 전류를 흘려보내 덮개가 제대로 역할을 하는지 시험을 했다. 덮개가 제대로 역할을 하는 것 같았다. 이때 그는 유리관에서 빛이 나오는 걸 전혀 보지 못했다. 하지만 전류 스위치를 내리고 바륨 스크린을 가까이 끌어당겨 본 실험을 하려는 순간, 테이블 끝에 초록색 얼룩이 생긴 게 눈에 띄었다."(*줄리 펜스터, 『의학사의 이단자들 』, 휴먼앤북스, pp. 46~48.)

그야말로 첨단 과학의 현장이다.

그런데 조선에서는 바로 이 해에 어떤 일이 일어났을까? 봉건적인 질서를 뒤집어엎겠다고 들고일어났던 동학농민혁명의 지도자 전봉준이 4월에 처형되었다. 10월에는 민비가 일본의 조직적인 계획 아래 사무라이들에게 살해되었고, 12월 30일(음력 11월 15일)에 조선에서는 상투를 자르라는 단발령이 내려졌다.

"상투를 잘라라! 위생에 이롭고 작업을 편리하게 하기 위함이다!"

조선이 발칵 뒤집어졌다. 신체와 터럭과 살갗은 부모에게 받은 것이므로 훼상하지 않는 게 효(孝)의 시작이라는 것이 유교의 핵심적인 가르침이었다. 이 가르침은 조선의 건국 이념이자 정치 체계인 성리학적 질서로 조선 왕조 500년을 지탱해온 지침이었는데, 단발령이 이 지침을 전면적으로 뒤엎은 것이었다

그러자 당대 유림의 거두인 최익현은 단발령에 반대하는 운동의 선두에 섰고, 내무대신 유길준은 이런 최익현을 본보기로 잡아들여서 상투를 자르려고 했다. 그러나 최익현은 자기는 결코 머리털을 자르지 않겠으니 죽이든지 살리든지 맘대로 하라고 했다. 이 상황을 최익현의 유고 문집인『면암선생문집』은 다음과 같이 기록하고 있다.

유길준이 (…) 사람을 보내어 단발 조칙(斷髮詔勅)을 보이며 말한다.

"금령이 내리면 머리를 깎고 상복(上服)을 버리고서 성으로 들어와야 하는데, 옛날 의건(衣巾)을 아직도 버리지 않았다 하니, 신자의 도리에 어떻겠습니까? 혹 시골에 있어서 (상투를 자르라고 말씀하신) 황상의 조칙을 보지 못해서 그런 것입니까?"

(…) 그러자 선생은 엄중하게 꾸짖으며 이렇게 말한다.

"내가 이 한 몸을 그대에게 내맡기니, 죽이든지 살리든지 마음대로 할 것이지 물을 필요가 없다."(*『면암선생문집』 부록 제2권)

그런데 이렇게 상투에 목숨을 건 사람은 최익현뿐만이 아니었다. 그 무렵에 서울에 머물던 지방 사람들 가운데 강제로 상투를 잘린 사람들은 그렇게 잘린 상투를 주머니에 고이 넣어 간직한 채 울며불며 과천 가는 남태령 고개를 넘어서 영남으로 또 호남으로 내려갔다고 했다. 정말 대단한 '바보들의 행진'이었을 게 분명하다.

그런데 곰곰이 생각해보자.

최익현은 단순한 바보가 아니었다. 머리가 텅 빈 채 오로지 상투만 붙잡고 살던 미치광이 노인이 아니었다. 1905년에 을사조약이 체결되자 '청토오적소(清討五賊疏)'라는 제목으로 상소를 올려서 조약의 무효를 국내외에 선포하고 또 이 조약에 참여한 5적을 처단할 것을 주장했으며, 그 뒤에는 의병을 일으켰던 인물이다. 그리고 일본군에 체포된 뒤에도 일본의 회유와 심문에 굴하지 않고 저항하다가 대마도에서 순국한, 당대 조선의 지성을 대표하던 엘리트가 아니었던가?

그렇다면, 잘린 상투를 주머니에 고이 챙겨넣고 울며불며 남태령 고갯

길을 넘던 행렬은 단순한 바보들의 행진만은 아니었을 것이다.

과연 그렇다면, '내 머리를 자를 수 있을지언정 머리털을 자를 수 없다!'
는 정신의 실체는 무엇일까?

또 이런 상상을 해보자.

만일, 단발령을 놓고 조선에서 벌어진 사건을 당시 독일의 과학자 뢴트
겐이 해외 토픽 뉴스를 통해서 알았다면 이렇게 말하지 않았을까?

"타임머신을 타고 과거에서 날아온 사람들도 아니고, 쯧쯧쯧! 그까짓
헤어스타일 하나에 목숨을 건 사람들이 나라를 이끌고 있으니, 그 나라는
언제 망해도 망하겠지."

솔직히 고등학생 시절에 그 얘기를 했던 선생님도 그렇게 말했고, 나나
다른 친구들이 대부분 그렇게 생각했다. 그때뿐만 아니라 지금도 그렇다.
실제로 그때 이후로 머지않아서 조선은 망하지 않았던가!

* * *

18세기와 19세기에는 전 세계적으로 봉건 질서가 무너지고 새로운 질
서가 형성되고 있었다. 유럽에서는 1789년 프랑스혁명을 시발점으로 해서
군주제가 사라지고 공화제가 들어서기 시작했고, 가까운 일본도 1868년 메
이지유신을 통해서 근대화의 발걸음을 빠르게 놀리고 있었다. 그러나 19세
기 조선에서는 1812년 홍경래의 난을 필두로 해서 크고 작은 민란이 100여
건이나 일어났지만 봉건적인 질서는 관성대로 유지되었다.

그러나 조선이라고 해서 세상의 흐름을 비껴갈 수는 없었다. 단발령이
내려지기 20년 전인 1875년, 일본이 운요호라는 군함으로 조선을 침공했

다. 이듬해에는 일본을 상대로 굴욕적인 병자수호조약(강화도조약)이 체결되었고, 마침내 조선의 쇄국정책은 무너지고 부산, 인천, 원산이 일본에 개방되었다.

그러자 40대 초반의 최익현은 이를 두고 볼 수 없다며 도끼를 들고 한양으로 올라가 고종에게 상소를 올렸다. 상소문의 제목은 '병자년에 도끼를 들고 가서 올린 상소문'이란 뜻의 '병자지부소(丙子持斧疏)'였다.

우리가 방비가 없고 약점을 보이는 실상을 저들이 알고서 우리와 더불어 강화를 맺는다면 앞으로 저들의 한없는 욕심을 무엇으로 채워 주겠습니까? 통상을 하자면 물건을 서로 사고팔아야 하는데 우리의 물건은 한정되어 있고 저들의 요구는 끝이 없어서 한 번이라도 맞추어 주지 못하게 되면 저들은 화를 내면서 우리를 약탈하고 국토를 유린할 것입니다. 지금 강화를 맺는다면 훗날 멸망을 초래할 것입니다.(*이승하, 『마지막 선비 최익현』, 나남, p. 125.)

'바른 것을 지키고 사악한 것을 배척한다'는 뜻의 구한말 위정척사(衛正斥邪) 발상은 뿌리가 깊어 1636~1637년의 병자호란으로까지 거슬러 올라간다. 남한산성으로 피신한 인조를 가운데 두고서 주화론과 척화론이 대립했다. 주화론자이던 이조판서 최명길은 세자를 볼모로 청국에 보내는 조건으로 화평을 맺자고 주장했고, 주전론자이던 예조판서 김상헌은 청군의 목에 상금을 걸고 결전의 의지를 보여야 한다고 주장했다. 그러나 결국 인조는 청나라 사신 앞에서 세 번 절을 하고 아홉 번 머리를 조아리는 수모를 겪는 길을 택했다. 그리고 이 일은, 명나라가 사라지고 없는 상황에서 명나라를 그리워하고 조선을 '소중화'로 칭하며 '충(忠)'과 '효(孝)'와 '인(仁)'이라는 가치를 최고의 덕목으로 치며 지켜왔던 조선의 선비들에게 트라우마로 남았다.

그러나 역사는 이들이 바라던 대로 흐르지 않았다. 1895년에 을미사변이 일어나서 민비(명성왕후)가 궁궐에서 일본인 무사들에게 무참히 살해되었고, 그해 말에는 단발령이 시행되었던 것이다.

그리고 결국 1905년 11월에는 일본이 한국의 외교권을 박탈하고, 내정 장악을 위해 통감부를 설치하는 것을 핵심 내용으로 하는 을사늑약이 강제로 체결되었다. 그러자 최익현은 을사늑약 체결에 적극적으로 나섰던 대신 다섯 명을 '5적'이라 칭하며 이들을 처벌하라는 상소를 올렸다. 하지만 조정에서 아무런 반응이 없자 그는 의병을 모은다는 포고문을 지어 8도에 보냈다.

그리고 해가 바뀌어 1906년 4월, 일흔두 살의 백발노인이던 최익현이 의병을 일으켰다. 우선 그는 전 낙안군수인 임병찬을 찾아가서 거사에 힘을 보태길 청했는데, 임병찬에게는 갑오농민전쟁 때 관군의 일원으로 동학군을 토벌했던 경험이 있었기 때문이다. 임병찬은 기꺼이 부하가 되기로 맹세하고, 최익현이 죽을 때까지 그의 곁을 지키며 그의 유언을 글로 적어 후세에 남긴다. 그런데 동학혁명을 진압했던 인물이 최익현 의병의 핵심 참모가 되었다는 사실이 아이러니하다. 그러나 동학혁명은 조선의 봉건성을 깨부수어 나라를 구하고자 했던 반면에 최익현의 의병은 조선의 봉건성을 단단히 지켜서 나라를 구하자고 했기 때문에, 동학과 조선 말 의병의 엇갈리는 운명은 필연이었다.

그런데 한번은 어떤 사람이 최익현에게 이번 거사가 과연 성공할 수 있겠느냐고 물었다. 그러자 최익현은 이렇게 대답했다.

"나도 성공하지 못할 것을 잘 알고 있소. 그러나 우리나라의 역사 500년이 여기서 종지부를 찍으려 하는데 백성들 중 힘을 합쳐 적을 토벌하고 국권을 회복함을 의로 삼는 사람이 한 사람도 없으면 후손들 보기에 얼마나 부끄럽겠소? 내 나이가 일흔 넷이지만 신하의 직분을 다할 따름이요 죽고 사는 것에 연연하고 싶지 않소이다."(*『마지막 선비 최익현』, p. 236.)

일본과 싸워서 이길 수 없음을 잘 알지만 싸우지 않을 수 없으니 싸우겠다는 각오, 이것이 바로 최익현이 택한 구국의 해법이었다.

그러나 이 거사는 그해 6월이 끝나기 전에 일본군에 진압되었고, 최익현은 임병찬과 함께 쓰시마 섬으로 압송·감금 되었다. 그리고 일본에서 난음식을 먹지 않겠다며 단식했고, 결국 해를 넘겨서 1907년 1월 1일에 사망했다. 죽기 전에 그는 고종에게 바칠 상소를 임병찬에게 구술했는데, 이 상소의 마지막 부분은 다음과 같다.

신은 죽음에 임해서 정신이 어지러워서 하고 싶은 말을 일일이 전할 수 없어 여기까지만 써서 신과 함께 갇힌 전 군수 임병찬에게 부탁하고 죽으면서 그로 하여금 때를 기다려 올리게 부탁했사옵니다. 엎드려 비옵건대 폐하께서는 어여삐 여기시어 살펴 주옵소서. 신은 눈물을 이기지 못하오며 영결하는 심정으로 삼가 스스로 숨 끊었음을 아룁니다.(*『마지막 선비 최익현』, p. 286.)

이렇게 최익현은 죽음을 눈앞에 두고도 조선 왕조와 조선 왕에 대한 충성의 끈을 놓지 않았다.

그런데 최익현이 스스로 목숨을 끊는 길을 선택하고 조선이 일본에 강제로 병탄되는 과정에는 또 한 명의 흥미로운 인물이 등장한다. 시골 출신의 선비로 최익현보다 스무 살 정도 아래였으며 『매천야록』의 저자이기도 한 매천 황현(1855~1910)이 바로 그 씬스틸러다. 조선이 일본에 병합된다는 내용의 교서가 1910년 8월 29일에 발표되었는데, 전남 구례에 있던 황현이 이 소식을 들은 것은 9월 6일 무렵이었다. 그 뒤로 그는 식음을 전폐했고, 그러다가 며칠 뒤인 1910년 9월 10일 자정 무렵에 떨리는 손으로 붓을 들어 절명시를 썼다. 그러고는 아편 덩이를 탄 술을 마시고 스스로 목숨을 끊었다.

도대체 그는 무엇을 좇아서 죽음을 선택했을까? 그가 죽기 직전에 가족에게 남긴 유서인 '유자제서(遺子弟書)'를 보면 그가 죽음을 선택한 이유를 알 수 있다.

내가 가히 죽어 의(義)를 지켜야 할 까닭은 없으나, 다만 국가에서 선비를 키워 온 지 500년에 나라가 망하는 날을 당하여 한 사람도 책임을 지고 죽는 사람이 없다. 어찌 가슴이 아프지 아니한가? 나는 위로 황천(皇天)에서 받은 올바른 마음씨를 저버린 적이 없고 아래로는 평생 읽던 좋은 글을 저버리지 아니하려 길이 잠들려 하니 통쾌하지 아니한가? 너희들은 내가 죽는 것을 지나치게 슬퍼하지 말라.(*『보수주의자의 삶과 죽음』, p. 159.)

'선비'로서의 소명을 다하기 위해서 죽는다는 것이다. 이처럼 매천 황현과 면암 최익현이 공동으로 가지고 있었던 '선비'라는 정체성은 근대적인 개념이 아니라 철저하게 봉건적인 개념이었고, 이 정체성은 조선에 일본에 병합되고 마는 현실에서 더는 존재할 의미가 없었다. 그들이 보기에도 그 랬고, 객관적으로 보더라도 그랬다. 이완용처럼 근대적인 실용주의라는 정 체성으로 갈아타기 전에는….

* * *

그런데 우리의 근현대사의 한 페이지에, 잘린 상투를 주머니에 고이 넣 어 간직한 채 울며불며 남태령 고개를 넘던 바보들의 행진이 있었다고 해 서, 또 이미 유령이 되고 망령이 되어버린 조선의 통치 이념 및 조선이라는 봉건 국가의 몰락에 아무런 대가도 없이 목숨을 바치며 함께 죽음의 길로 나아갔던 천치들의 행진이 있었다고 해서, 우리의 역사를 부끄러워할 필요 는 없을 것 같다. 근대의 여명이 밝아오던 시기에는 그런 바보천치들이 우 리나라에서뿐만 아니라 다른 나라에서도 널려 있었으니까 말이다.

우선 스페인의 작가 세르반테스가 소설 『돈키호테』(1605)의 주인공으 로 만들어낸 인물인 돈키호테가 있다. 돈키호테는 중세의 기사 모험담에 매 료되어 정신이 나간 나머지, 낡고 녹슨 갑옷을 차려입고 늙고 말라빠진 말 로시난테를 타고서, 섬의 총독 자리를 약속하여 꾀어낸 산초 판사를 시종 으로 거느리고 기사로서의 편력을 길을 떠난다. 스페인의 화려했던 영광의 시대는 1588년 무적함대의 침몰과 함께 이미 사라지고 있었기에, 돈키호테 가 펼치는 우스꽝스러운 무용담은 돌이킬 수 없는 과거에 대한 집착을 풍 자하는 것이었다. 즉, 돈키호테가 벌이는 온갖 황당한 일화는 영광스러웠 던 과거가 여전히 현실이라고 생각하는 경향에 대한 우스꽝스러운, 그래서 더욱 슬픈 조곡(弔哭)이었던 셈이다. 남을 웃기려면 자기는 웃지 않아야 하는데, 돈키호테가 그랬다. 돈키호테는 가공 인물이었지만 실제보다 더 현실적인 시간 여행자였다.

일본에서도 19세기 말에 이런 시간 여행자들이 떼로 나타났다. 이 시간 여행자들을 소재로 한 영화가 있는데, 미국과 뉴질랜드와 일본이 합작해서 제작한 「라스트 사무라이」다. 1877년에 일어난 내전인 세이난전쟁을 모티브로 해서, 일본 정부군의 초빙 교관이던 미 육군 장교가 사무라이 신분의 반란군에게 동화되고 그들의 정신을 존중한 나머지, 그들과 한편에 서서 정부군을 상대로 싸운다는 내용이다. 이 영화에서 전통을 지키길 고집하는 사무라이들은 신식 무기인 총 대신에 칼을 들고 개틀링 기관단총을 향해서 돌진한다.

3.

이런 시간 여행자들은 기후 변화 현상을 둘러싸고도 떼로 나타난다.

최근의 기후변화 양상은 매우 심각한데, 2023년 7월 27일, 세계기상기구(WMO)와 유럽연합(EU) 기후변화 감시기구인 코페르니쿠스 기후변화서비스(C3S)가 공동성명을 발표해서 2023년 7월이 역사상 가장 뜨거운 달로 기록될 가능성이 크다고 밝혔다. 또 안토니우 구테흐스 UN 사무총장은 전 세계적으로 기후변화가 본격적으로 시작되었다면서 다음과 같이 경고했다.

"지구 온난화가 끝나고, 지구 열대화의 시대가 되었다. 숨을 쉴 수 없다. (…) 전 세계의 지도자들이 앞장서야 한다. 더는 망설이지 말고, 더는 변명하지 말고, 다른 나라 다른 사람이 먼저 움직이기를 기다려서는 안 된다."

기후변화로 전 세계 곳곳이 영향을 받고 있다. 미국 캘리포니아의 데스밸리는 2023년 7월 밤 기온이 전 세계에서 가장 높은 수준까지 올라갔었는데, 이는 사막에서 일반적으로 밤에 더 기온이 낮은 점을 고려하면 이례적인 현상이라고 한다. 이탈리아 시칠리아섬에서는 섭씨 40도를 넘는 폭염에 산불이 여기저기서 발생했으며, 중국 북서부에서는 최고 섭씨 52.2도까지 오르는 신기록이 나왔다. 한편 인도의 2023년 2월은 역사상 가장 더운 2월이었다.

2022년에 질병관리청이 발간한 「2020-2021 질병관리청 백서」에 따르면, 우리나라 연평균기온은 지난 109년간(1912~2020년) 꾸준히 상승하였고, 최근 들어서 폭염, 폭우, 겨울철 이상고온 현상 등 급격한 기후변화로 인한 이상기후가 증가하고 있으며, 또 지난 109년 동안 가장 더웠던 해 10번 가운데 여섯 번이 최근 10년 사이에 있었다. (*질병관리청, 「2020-2021 질병관리청 백서」, p. 593.)

기후변화 시간 여행자들이 어떤 모습으로 우리 주변에 존재하는지는 다음 몇 개의 장면으로 생생하게 확인할 수 있다.

장면-1. '트럼프 vs. 툰베리'의 대결

2019년 9월 23일, 뉴욕 유엔본부에서 열린 기후행동정상회의. 스웨텐의 16세 소녀 환경운동가 그레타 툰베리가 전 세계 지도자들 앞에서 연설을 한다. 툰베리의 목소리는 시종일관 매우 화가 나 있다.

"바다 반대편의 학교에 있어야 할 제가 여기에 있다는 것은 무언가 잘못된 것입니다. 여러분은 모두 우리 젊은이들에게 희망을 얘기하러 왔다고 합니다. 어떻게 그럴 수가 있나요? 여러분은 이런 공허한 말로 제 어린 시절의 꿈을 앗아갔습니다. (…) 많은 사람이 고통받고 있고 많은 사람이 죽어가고 있으며 생태계 전체가 붕괴되고 있습니다. 우리는 대규모 멸종의 초입에 와 있습니다. 하지만 여러분은 돈과 경제가 끝없이 성장할 것이라는 동화 같은 얘기만 늘어놓고 있습니다. 어떻게 그럴 수가 있나요? (…) 여러분은 저희를 실망시키고 있습니다. (…) 여러분이 우리를 망가뜨리려 한다면 우리는 결코 용서하지 않을 것입니다. 우리는 여러분이 이 문제에서 도망가도록 두지 않을 것입니다. 세계가 깨어나고 있습니다. 변화가 다가오고 있습니다. 여러분이 원하든 원치 않든 말입니다."

당시에 툰베리가 기자회견을 하려고 이동하는 도널드 트럼프 미국 대통령을 화난 얼굴로 쏘아보았는데, 이 장면이 사진으로 포착되어 널리 퍼졌다(트럼프, 의문의 1패!).

그리고 2020년 1월 21일, 세계경제포럼(다포스포럼)이 열리는 스위스의 다보스. 트럼프 대통령이 특별연설을 하면서 기후변화 문제를 비관할 때가 아니라 낙관할 때라면서 "내일의 가능성을 수용하기 위해 우리는 비관론을 퍼뜨리는 예언자나 대재앙에 대한 그들의 예언을 거부해야 한다"라고 말했다. 그러자 곧이어 연단에 오른 툰베리는 이렇게 말했다.

"우리 집이 불타고 있다. 그런데 당신들의 무심함이 불난 집에 시시각각으로 부채질하고 있다."

장면-2. 'RE100'을 놓고 토론하는 이재명과 윤석열

2022년 2월 3일, 대한민국. KBS·MBC·SBS 방송 3사 합동 초청 2002 대선후보 V 토론회가 열리고 있었다. 네 명의 후보가 참석했고, 주도권 토론이 진행되는 가운데 이재명 후보가 윤석열 후보에게 질문을 던졌다.

이재명: RE100에 대해서는 어떻게 대응하실 생각입니까?

윤석열: 네?

이재명: RE100에 대해서는?

윤석열: (말없이 이재명을 바라보다가) 다시 한번 말씀해주시죠.

이재명: 알, 이, 백.

윤석열: 알이백이 뭐죠?

이재명: 아….

윤석열: (어색하게 웃는다) 하하….

이재명: 그러니까 이게….

윤석열: 탄소중립 얘기하시나?

이재명: 재생에너지 100퍼센트.

윤석열: 아…. 재생에너지….

이재명: 100퍼센트….

윤석열: 그게 현실적으로 저는 가능하지….

이재명: 잠깐만요.

윤석열: …않다고 생각합니다.

 이재명: 가능하지 않다고 생각하시지만, 전 세계의 유수한 글로벌 기

업들이 이미 RE100을 채택해서, 재생에너지 100퍼센트로 생산하지 않는 부품을 공급하지 않겠다, 이런 게 정말 많지 않습니까?

윤석열: … (고개를 젓는다.)

'RE100'은 기업에서 사용하는 에너지를 100퍼센트 재생에너지로 사용하는 것을 목표로 글로벌 기업들이 벌이는 캠페인이다. 그런데 윤석열은 이 용어를 몰라서 토론 중에 잠시 버벅댔다. 그래서 윤석열 후보가 RE100에 대해서, 더 나아가 기후변화 문제에 대해서 별로 아는 게 없거나 고민을 하지 않았다는 지적이 나왔다.

장면-3. 삼성의 RE100 선언

2022년 9월 15일, 삼성은 RE100을 하겠다고 선언했다. 생산에 소비되는 전력 100%를 재생에너지로만 쓰는 전환 시점을 2050년으로 잡고 그 방향으로 가겠다는 선언이었다. 변화하는 환경에 적응하기 위한 어쩔 수 없는 선택이었다. 그러나 삼성의 임원들이 언론사에 전화를 해서 해당 보도를 좀 작게 처리해달라고 간청했다. 이 선언을 해외에서 알아주길 바라면서도 국내에서는 윤석열 대통령을 의식해서 소문이 커지지 않길 바랐던 것이다. (* 김성회 외, 『아무도 행복하지 않은 나라』, 메디치미디어, p. 208.)

장면-4. 윤석열의 원전 세일즈

2023년 1월 19일, 세계경제포럼(다보스포럼)이 열리는 스위스의 다보스. 그해의 행사에서 가장 눈에 띄는 연설이 있었다. 윤석열 대통령이 했던 특별연설이었다.

이 연설에서 국내외 원전을 확대할 원전 중심의 협력체계를 구축하겠다고 밝혔다. 대통령의 목소리는 우렁찼지만 현장의 반응은 싸늘했다. 이미 재생에너지와 환경보호무역주의가 중심 의제가 되어 있는 상황에서 '원전이 탄소중립의 핵심'이라는 윤 대통령의 뚱딴지 같은 제안은 세계적인 추세의 탄소중립 방향성에서 벗어난 것이기 때문이다.

다보스포럼이 1월 11일에 공개한 「글로벌 리스크 보고서」는 향후 10년 동안 지구에서 가장 심각한 영향을 미칠 가능성이 있는 위험 1~4위로 기후위기를 꼽았다. 전 세계의 주요 정상들도 특별연설을 통해 기후위기에 대한 조속한 대응을 촉구했다.

예를 들어서 스페인 총리는 재생에너지와 그린수소를 늘려 85,000개의 일자리를 창출하겠다는 계획을 발표했고, 독일 총리는 "재생에너지만이 미래이며 2045년 첫 기후중립국이 되겠다"라고 선언했다. 개발도상국도 예외는 아니어서, 모로코 총리는 모로코의 재생에너지 비중을 2030년까지 50퍼센트로 확대하겠다고 발표했다.

삼성전자는 한국 전체 가구 전력 소비의 23퍼센트에 해당하는 막대한 전력을 소비한다.

이 전력은 대부분 한국전력에서 생산한다. 그러므로 만약 한국전력이 신재생에너지 중심으로 전환하면, RE100을 시행하는 삼성전자로서는 인프라 투자를 따로 할 필요가 없다. 그러나 한국전력이 그 준비를 하지 않으면 삼성전자가 그 투자를 해야 한다. 이런 상황에서는 삼성전자로서는, RE100에 엄청나게 투자하는 미국으로 공장을 옮기는 게 유리할 수 있다.

이런 와중에 윤 대통령 혼자만 원전이 탄소중립의 대안이라며 원전 기술을 공유하고 수출하겠다고 했으니, 다보스포럼의 다른 참석자들은 윤석열을 어떤 눈으로 바라보았을까?

유럽연합은 2026년부터 탄소국경조정제도(CBAM)를 도입해 탄소 배출량이 많은 수입품에 이른바 '탄소세'를 부과할 계획인데, 대한무역투자진흥공사(KOTRA, 코트라)가 정리한 '해외 기업의 RE100 이행 요구 실태 및 피해 현황 조사' 자료가 충격적인 내용을 담고 있다. BMW와 볼보 등 유럽 자동차 기업들이 한국 부품회사에 2025년까지 모든 제품에 대해서 RE100를 이행할 것을 요청하면서 계약을 잇달아 취소하고 있다. 재생에너지 비중은 OECD 평균이 32퍼센트이지만 한국은 9퍼센트도 채 되지 않는다.

이처럼 전 세계는 지금 기후위기에 대응하기 위해 빠르게 돌아간다. 미국이 자국에서 최종 조립한 전기차에만 보조금 혜택을 주는 등의 내용으로 한국 자동차 업계에 충격을 준 인플레이션감축법(IRA)을 도입했고, 유럽은 풍력터빈 쿼터제 도입을 카드로 꺼낸 데 이어 탄소중립산업법을 도입하여 재생에너지와 관련 산업을 보호하겠다는 의지를 보였다. 특히 2026년 시행(시범 시행은 2023년)될 탄소국경조정제도(CBAM)는 그 시발점이 될 것이다. 이 제도는 탄소 배출량 감축 규제가 강한 국가에서 상대적으로 규제가 덜한 국가로 탄소 배출이 이전되는 탄소 유출(Carbon Leakage) 문제의 해결을 위하여 EU가 도입하고자 하는 무역관세의 일종이다. 중국 역시 2025년까지 재생에너지 비중을 33퍼센트까지 끌어올리고, 녹색산업을 집중적으로 육성해서 2030년 1,400조 원 규모로 성장할 재생에너지 시장을 선점하겠다는 계획을 발표했다. 민간 차원의 캠페인이었던 RE100은 이미 국제 표준이 된 지 오래여서 애플이나 구글과 같은 다국적기업은 물론이고 삼성, 엘지, 에스케이 등과 같은 주요 국내 대기업 역시 RE100에 동참한다고 선언했다.

2022년 11월에 국제 환경단체들이 평가하는 '기후변화대응지수(CCPI) 2023'에서 우리나라가 온실가스 배출 상위 60개국 가운데 57위라는 사실을 윤석열 정부는 과연 알고 있을까? 알고 있다면 과연 그렇게 원전 세일즈에 나섰을까? 그것도 다보스포럼에 가서, 그것도 해당 부서의 장관이 아니라 본인이 직접?

아마도 몰랐던 것 같다. 아랍에미리트(UAE)·스위스 순방 일정을 마치고 돌아온 윤석열 대통령이 그 직후인 2023년 1월 25일에 국무회의를 주재하면서 했던 다음 말을 보면 알 수 있다.

"여기 계신 국무위원들 한 분 한 분 모두 다 이 나라의 영업사원이라는 각오로 뛰어 주시기를 부탁드립니다. (…) 규제, 노동 이런 모든 시스템에서 글로벌 스탠다드의 우리 제도를 정합시켜 나가지 않으면 우리나라에 투자도 하지 않을 것이고, 또 국제시장에서 우리 기업이 경쟁을 하기가 어렵습니다. (…) 첫째도 경제, 둘째도 경제, 셋째도 경제입니다."(*대통령실 홈페이지의 '대통령의 말과 글')

2월에는 대통령실이 '대한민국 1호 영업사원'이라는 문구가 커다랗게 박힌 명함을 공개했다. 이 명함에는 밝게 웃는 윤 대통령의 사진과 함께 '한국 시장은 열려 있고 제 집무실도 열려 있습니다'라는 문구도 들어가 있다. 물론 실제로 사용하는 명함은 아니고 국정 홍보용 영상물이다.

'첫째도 경제, 둘째도 경제, 셋째도 경제'인 윤석열 정부에 경제라는 실용의 원칙은, 사람보다 이익을 우선하고 모든 것을 경제적인 이익으로 환산하는 신자유주의의 천박함을 가려주는 세련된 화장술이자 냉정한 손익 계산법이다.

　윤석열 정부의 이 계산법은, 원전이든 120시간 노동이든 관리를 제대로 하기만 하면 안전해서 다치지 않고 아프지 않으며, 터지지 않을뿐더러 비용이 쌀 것이라고 하지만, '관리를 제대를 한다'는 그 조건을 충족하기 위한 투자에는 한없이 인색하게 구는, 앞뒤가 맞지 않는 계산법이다. 또 기업의 자유로운 영업 활동을 보장하기 위해서 규제를 풀고 정부의 기능을 최소화한다는 명분을 내세워서 정부의 통제 및 개입 기능을 최대로 동원하는 이율배반적인 계산법이다. 전 세계에서 신자유주의의 깃대가 꺾이고 그 깃발이 찢어져서 너풀거리는 2020년대에….

　세상이 달라졌음을 알아야 한다!

　2020년대가 어떤 시기인가? 기후변화라는 전 지구적 차원의 문제에 맞서기 위해서는 전 세계의 모든 국가와 기업과 개인이 무한경쟁의 신자유주의 세계관에서 벗어나서 협력의 새로운 틀을 모색해야 하고 또 실제로 그렇게 노력하는 틀이 빠른 속도로 형성되는 시기가 아닌가? 트럼프처럼 기후변화가 진짜로 가짜뉴스라고만 생각했다가 최근 이삼 년 사이에 기후변화로 인한 온갖 기상이변을 직접 몸으로 경험하고서야 비로소 기후변화가 정말 심각한 현실 문제임을 절실하게 깨달았다는 사람이 점점 늘어나고 있지 않은가 말이다.

　그렇다면… 기후변화 문제의 해결을 모색하는 외교 행사장에 가서 기후변화 위기를 평가절하하고 원전 세일즈에 나서는 윤석열 대통령은 혹시 과거에서 온 시간 여행자가 아닐까?

　1895년에 독일에 살던 뢴트겐이 멀리 아시아의 조선이라는 나라에서 어떤 선비가 상투를 자르라는 국왕의 명령에 차라리 목을 자를지언정 상투를 자르지 못하겠다고 했다는 해외토픽을 들었다면 깜짝 놀랐을 텐데, 독일의 올라프 숄츠 총리도 다보스포럼에서 윤석열 대통령이 기후변화에 대해서 세계적인 추세 및 표준과는 전혀 다른 제안을 하면서 '청정에너지'라는 이름을 붙여서 원전을 팔러 다니는 걸 보고는 깜짝 놀라지 않았을까? 혹시 윤석열 대통령이 과거에서 온 시간 여행자일지도 모른다는 생각을 잠시 하지 않았을까?

4.

　현대적인 의미의 '태극기 부대'는 이명박 대통령과 함께 등장했다. 이명박 대통령의 취임식이 열린 2008년 2월 25일 오전 서울 여의도 국회의사당에는 '이명박과 아줌마 부대'라는 아줌마 팬클럽 회원 31명이 독특한 차림으로 등장해서 이 대통령의 취임을 축하했다. 이명박의 친위부대로서 취임식에 초청받았다고 밝힌 이들은 식전 축하 행사가 열리기 전부터 국회의사당에 모습을 나타냈으며, 흰색 점퍼와 모자 위에 태극기를 두른 패션을 선보여 눈길을 끌었다. 이들은 한나라당 내부에서 경선이 진행될 때부터 활동했으며, 창립된 지는 다음 날인 2월 26일로 2년이 된다고 했다. ("[대통령 취임식] '아줌마 부대' 떴다", 『스포츠조선』, 2008. 2. 25.)

　그리고 태극기 부대는 박근혜 대통령 탄핵을 둘러싸고 벌어졌던 보수 진보의 충돌을 분수령으로 해서 급격하게 영향력을 키우면서 아스팔트 우파로서의 입지를 확실하게 굳히는 동시에 다양한 단체 및 정파를 지지하는 집단으로 분화했다.

한국에서 아스팔트 우파의 역사는 해방 직후로 거슬러 올라간다.

해방정국에서 많은 한국인은 친일 청산과 단일 정부를 지지했다. 그러나 미군정 및 미군정을 등에 업은 이승만은 여기에 반대했고, 그래서 미군정은 극우단체들이 활개를 칠 환경을 조성했다.

남한에 잔존했던 악질적인 반역자들과 친일파들이 이북에서 도피해온 같은 부류의 악질분자들과 결탁하여 남한 사회를 장악해버렸던 겁니다. 이북에서 도피해온 그런 부류의 청년들이 서북청년단이라는 것을 결성해 미군정과 경찰의 비호하에 온갖 테러와 불법행위, 폭력을 자행하고 있었어요. 오직 주먹 센 자들, 미군정에 빌붙은 자들, 간악한 정상배(政商輩), 약삭빠른 놈들, 이런 반사회적이며 비양심적인 자들이 남한 사회를 지배하고 있더군요.(*리영희·임헌영, 『대화』, 한길사, p. 80.)

이런 환경 조성의 이념적인 토대는 미군정과 이승만이 내세운 '반공' 이념이었고, 그때부터 한국에서 아스팔트 우파의 구호는 '반공, 멸공, 빨갱이 때려잡기'가 되었고, 이들이 기대는 뒷배는 미국이었다. 그렇기에, 보수주의를 주장하는 태극기 집회에는 예외 없이 성조기가 태극기와 나란히 내걸렸고, 이런 철학과 전통은 지금까지 이어진다. 오늘날 태극기 부대가 지지하는 정치 세력은 해방 이후에 미군정과 이승만이 '반공' 이념을 내세워서 결집시켰던 바로 그 집단이라는 말이다.

이런 사실은 어느 보수주의자가 태극기 집회의 역사를 정리한 글에서도 확인할 수 있다.

좌파의 바다 위에 외로운 섬처럼 떠 있던 박근혜 우파 정권이 어이없이 무너지는 꼴을 지켜보던 우파 국민은 박근혜에 대한 불법 사기 탄핵이 우파 국가 대한민국에 대한 불법 사기 탄핵임을 직감하고 하나둘 태극기를 들고 거리로 나와 '탄핵 무효'를 외치기 시작했다.

2016년 12월 추운 겨울의 일이었다. (…) 해가 바뀌어 2017년이 되자 매주 토요일 열리는 태극기 시위의 규모는 몇천 몇만이 아니라 십만을 넘길 정도가 되었다. 누가 시킨 것도 아닌데 매주 전국 각지에서 자비로 대절한 관광버스를 타고 몰려왔다. (…) 우파 국민 사이에서는 대한민국의 이번 위기는 6.25 당시 낙동강 전투 때보다 더 심각하다는 얘기도 나돌았다. 낙동강 전투에서는 적이 바깥에 있고 전선이 분명했지만 이번에는 적이 내부에 널리 퍼져 있고 전선 자체가 불분명하다는 것이 그 얘기의 근거였다.(*최진덕, "우파 국민 형성 과정과 태극기 시위의 역사적 의미", 『프리덤뉴스』, 2022. 6. 3.)

또 이 칼럼은 "자유는 대개 젊은이들의 가치인데 대한민국에서는 늙은이들의 가치가 되었다. 무슨 나라가 젊은이들보다 늙은이들이 더 진취적인가. 기분이 별로 좋지 않다. 윤석열 정부의 등장에도 불구하고 불안한 것은 그 때문이다."라며 자유의 역전을 한탄한다. 그러나 여기에서 말하는 '자유'는 철 지난 '신자유주의'의 그 자유가 맞다. 그리고 그 자유는 시간 여행자의 뒤집힌 시간 속에서 바라보는 자유이기에 뒤집혀 보이는 게 당연하다.

윤석열 정부가 출범한 직후에 발표되어 태극기 부대 사람들 사이에서 교과서처럼 회람되는 이 칼럼은, 우파가 다시 좌파에 압도당하고 윤석열 정부가 무너지거나 좌파와 비굴하게 타협하지 않도록 말싸움에서부터 좌파를 이겨야 한다는 다짐으로 끝을 맺는다.

윤석열 정부는 태극기 부대의 이런 피 끓는 호소에 기꺼이 호응한다. 아니, 사실은 태극기 부대가 윤석열 정부를 탄생시켰기에, 그런 호응은 기꺼운 것이 아니라 당연한 것이다. 그래서 태극기 부대에서 영향력이 있는 인물들을 대거 정부 요직에 포진시킨다.

2023년 7월에 윤석열 정부는 차관급인 국가공무원인재개발원장에 극우 유튜버로 명성이 높은 김채환을 임명했다. 통일부 장관에도 극우 유튜버로 명성이 높은 김영호를 임명했다. 김채환은 자기가 운영하는 유튜브 채널을 통해서, 문재인 대통령이 (코로나 시기에) 군인들에게 마스크를 벗으라고 한 것은 군인을 생체 실험의 대상으로 삼으라는 지시였다거나 중국 공산당이 박근혜 퇴진 시위에 영향력을 행사했다거나 하는 등의 극우적인 음모론을 펼쳤던 인물이다. 또 김영호는 미국이 신냉전에서 중국을 이기려면 시진핑 중국 국가주석을 제거해야 한다거나 북한 수뇌부를 제거해 체제를 무너뜨리고 흡수통일을 해야 한다는 주장을 언론과 유튜브를 통해서 해왔다. 통일을 이루기 위한 노력을 하지 않겠다는 (혹은, 전쟁을 통해서 통일을 하겠다는) 의지가 명백하게 드러나는 인선이다.

또 같은 해 9월에 국방부 장관 후보로 지명된, 3성 장군 출신의 신원식 의원은, 비례대표의원으로 발탁되기 전에 아스팔트의 태극기 부대 집회에서 했던 연설에서 현직 대통령이던 문재인의 "모가지를 따야 한다"라고 발언했으며 또 유튜브 방송에서는 12·12쿠데타와 5·16쿠데타를 옹호하는 발언을 했던 인물이다.

5.

심리학자인 레온 페스팅거에 따르면, 인간의 정신은 자기가 바라보는 세상이 이치에 맞길 원한다고 한다. 그렇게 되려면 그 사람의 모든 인식(생각, 지각, 기억)이 서로 잘 맞아떨어지고 조화를 이루어야 한다. 만일 그렇지 않다면 즉 인식 내용이 서로 맞아떨어지지 않아서 어떤 사람이 모순을 느낀다면, 그 인식 내용은 부조화 상태에 놓인다. 이런 인지부조화가 존재하는 상태에서는 마음이 편하지 않다.

'내가 생각하기에 윤석열 대통령은 분명히 공정과 상식을 원칙으로 삼아서 일생을 살았고 또 그 원칙을 비타협적으로 실천하는 정의로운 대통령이다. 이 대통령이 자기 장모는 남에게 10원 한 장 피해를 주지 않았다고 말했다. 그런데 대통령의 장모라는 사람이 은행 잔고를 위조해서 대출 사기를 벌이는 등 부동산 개발 사업을 하면서 여기저기 사기를 치고 남의 눈에 피눈물이 나오게 만들었다니…. 그렇다면 나는 지금까지 잘못된 믿음을 가지고 있었단 말인가? 나는 왜 그렇게 바보처럼 생각했을까? 아아, 괴롭다.

2016년 11월 19일 태극기 집회

박사모(박근혜를 사랑하는 모임), 대한민국애국시민연합, 엄마부대 등 70여 개 보수단체는 서울역 광장에서 주최 측 추산 2만여 명이 참가하는 집회를 열어서 박근혜 탄핵을 막으려고 했다. 이 집회에는 "난동 세력을 진압하라", "대통령을 사수하라", "강제하야 절대반대" 등의 문구가 적힌 피켓이 동원되었다.

이 괴로움 마음을 어떻게 해야 하지?'

어떻게든 이 불편한 심리 상태를 바로잡아야 한다. 이럴 때 가장 좋은 방법은 자기가 믿고 싶은 대로만 정보를 취사선택하는 것이다. 즉 갈등의 여지 없이 명쾌한 소망편향이라는 심리적인 경향으로 자기를 밀어넣기만 하면 된다. 과연 이게 통할까? 이 실험을 하려고 심리학자들이 경마장에 가서 경주마에 돈을 걸려고 줄을 선 사람들에게 질문을 던졌다.

"당신이 이길 확률이 얼마나 될 것 같습니까?"

사람들은 평균적으로 볼 때 '공정하게' 예측했다.

그런데 이 사람들이 각자 우승을 예상하는 말에 돈을 걸고 나올 때 심리학자들이 다시 물었다.

"당신이 이길 확률이 얼마나 될 것 같습니까?"

그러자 사람들은 자기가 이길 확률을 '상당히 높게' 예측했다. 그리고 어떤 사람들은 자기 쪽에서 먼저 심리학자들을 찾아와서 아까 말했던 예측치를 바꾸겠다고 했다. 자기가 마음을 바꾸었다는 사실을 연구자들에게 알려주고 싶었던 것이다. 조금 전까지만 하더라도 자기가 공정하게 확률을 예측했다고 해놓고서는, 이제 와서 그 확률을 아까보다 훨씬 더 높게 잡은 것이다.

"내가 예상한 말이 최곱니다. 이보다 더 확률이 높은 순 없습니다."

자기가 믿고 싶은 대로 믿으면 마음이 그렇게 편할 수가 없다.

또, 이것과 비슷하지만 조금 다른 확증편향이라는 심리 현상도 있다. 자기가 이미 가지고 있는 신념이나 의견이 옳다고 믿는 심리적 경향이다.

확증편향에 사로잡힌 사람은 자기 믿음과 모순되는 증거에 매우 엄격한 기준을 들이대거나 이 증거를 아예 무시한다. 반면에 그 믿음을 지지하는 증거에 대해서는 매우 느슨한 기준을 적용해서 아무리 미흡한 증거라 하더라도 강력한 증거로 삼는다. 예를 들어 일본이 진주만을 공격했을 때, 미국에 있는 일본인이 파괴 책동을 벌일 것이라고 확신했던 존 드위트 장군은 이들을 격리해야 한다고 주장했고, 시간이 지나도 그런 일이 일어나지 않자 자기 주장을 철회하기는커녕, 지금까지 그런 파괴 책동이 일어나지 않았다는 사실은 조만간에 그런 행동이 일어날 것이라는 확실한 증거라고 우겼다.

놀랍다, 사람이 가지고 있는 믿음의 힘이 이토록 셀 줄이야!

아무리 공정한 관찰자들이 논리적으로 동의하는 내용이라 하더라도, 어떤 사람이 가지고 있는 믿음을 꺾지 못할 때가 많다. 심지어 이런 믿음은, 애초에 그 믿음의 토대가 되었던 증거가 모두 사라진다 해도 무너지지 않고 살아남는다.

그랬기에, 1997년에 법원으로부터 2,000억 원의 추징금 납부를 명령받은 전두환이 추징금 가운데 지극히 일부만 납부하고 "예금이 29만 원밖에 없다."라고 말했을 때 그가 훌륭하고 강직한 대통령이라고 믿던 (혹은 소망하던) 사람들은 그 말을 진짜라고 믿었다. 또 이명박이 자기들은 도덕적으로 완벽한 정권이라고 말했을 때나, 법정 스님이 입적한 다음 날 성북동 길상사에 마련된 분향소를 직접 찾아 조문하면서 "나는 오래전부터 스님의『무소유 』라는 책이 닳아서 찢어질 정도로 읽었다."라고 말했을 때나, 또 자기 집안의 가훈이 정직이라고 말했을 때, 그가 유능하고 훌륭하고 정직한 대통령이라고 믿는 (혹은 소망하던) 사람들은 그 말들을 모두 곧이곧대로 믿었다. 또 윤석열 대통령이 후보 시절에 "내 장모가 사기를 당한 적은 있어도 누구한테 10원 한 장 피해준 적이 없다."라고 말했을 때 그가 공정과 상식의 원칙을 실천하며 살아왔고 앞으로도 그렇게 살 것이라고 믿는 (혹은 소망하는) 사람들은 그 말을 믿었으며, 심지어 그 장모가 누군가에게 피해를 줬음이 유죄 판결로 확인된 뒤에도 그 믿음은 바뀌지 않았다. 그리고 '바이든'이 아니라 '날리면'이라고 말했다고 할 때도 그 말을 믿었다.

만일 19세기 말의 최익현과 황현이 현재로 시간 여행을 와서 전두환과 이명박이 했던 말을 곧이곧대로 믿는 사람을 본다면, 그리고 윤석열이 한 말을 믿고 또 '바이든'이 아니라 '날리면'이라는 대통령실의 해명을 믿는 사람을 본다면 뭐라고 말할까? 또, 거꾸로 이 사람들은 조선이 일본에 넘어갔다는 사실을 인정할 수 없거나 거기에 책임을 지고 스스로 목숨을 끊는 최익현이나 황현을 보고 뭐라고 말할까?

최익현과 황현은, 유럽에서 시작된 봉건 질서 붕괴의 바람이 일본을 거쳐서 조선에도 상륙해서 곧 근대의 아침이 밝아올 것이라는 사실을, 그것이 세상의 자연스러운 이치임을 애써 외면한 채로, 봉건의 세상만이 인간이 살아가는 의미가 있는 세상이라고 믿고서 목숨을 기꺼이 스스로 끊었다.

어떤 사람들은 이것을 초지일관하는 우국충절의 지조라고 높이 평가한다.

사람이라면 바람이 불면 흔들릴 수 있는데, 특히 지식인이라면 '권력과 영광' 앞에서 초심을 잃어버릴 수 있는데, 최익현은 아무리 자료를 찾아보아도 변심이나 변절은커녕 자신의 굳은 신념에 의해 의심하거나 회의하지 않고 한결같이 고지식하게 '우국충절'의 정신을 지켰다. (…) 흔들림 없는 애국심과 백성을 위해 헌신하려는 마음은 현대를 살아가는 우리가 가슴 깊이 새길 만한 덕목이다.(*『마지막 선비 최익현』, p. 8, 9.)

좋은 말이다. 그러나 나는 이 좋은 말에 동의할 수 없다.

이미 벌어진 잘못된 일들에 책임을 지는 것도 중요하지만, 그 잘못된 일들을 바로잡을 해결책을 마련하는 것은 더 중요하다. 아니, 꼭 필요하다. 사물이 아닌 인간을 중시하는 가치관에 바탕을 두고 현실을 냉철하게 분석해서 올바르고도 실현할 수 있는 해결책을 마련해야 한다. 그러려면 과거의 사고 틀을 깨어야 한다. 과거에 집착해서 소망하고 확증하는 심리적인 태도로는 현실적인 해결책을 찾지 못한다. 그런 행동으로는 최익현이나 황현이 그랬듯이, 그리고 개틀링 기관총을 향해서 일본도를 휘두르며 돌격했던 일본의 사무라이들이 그랬듯이, 스스로 자기 목숨을 끊기만 할 뿐이다. 그러나 세상을 위해서 또 다른 사람들을 위해서는 '찌그러진 우산 챙'을 반듯하게 펼 현실적인 해결책이 필요하다.

* * *

기회가 주어지기만 한다면 나도 시간 여행을 한번 해보고 싶다.

그러나 최익현을 보면 미래로의 시간 여행이 어쩐지 유쾌하지만은 않을 것 같다. 과거 사람인 내가 미래 사람들에게 꼬장꼬장하게 망령 난 노인 돈키호테나 기관총을 향해 칼을 휘두르며 돌격하는, 세이난전쟁 때의 사무라이처럼 보일 게 분명하기 때문이다.

그런데 나야 그까짓 시간 여행을 안 하면 그만이지만, 이미 현실에 발을 디디고 있는 과거에서 온 시간 여행자들을 생각하면 안타까울 따름이다. 과거의 가치관에 사로잡힌 이 시간 여행자들은 모든 게 끝이 날 때까지 어떻게든 버텨야 한다. 그런데 아무래도 그 끝은 삶보다는 죽음일 가능성, 희

극보다는 비극일 가능성이 더 크다. 역사의 수레바퀴는 거꾸로 돌아가지는 않기 때문이다. 그리고 그들이 당하는 죽음과 비극을 본인뿐만 아니라 그 사람의 주변에 있는 다른 사람들까지 함께 당하고 겪어야 한다는 사실이 안타까울 뿐이다. 그들도 이런 사실을 진작 알았더라면 시간 여행을 오지 않았겠지만, 이미 와 있는 걸 어떡하겠는가.

그런데 어떤 사람들은 이들을 바라볼 때 느끼는 감정을 '당혹감'이라고 표현하면서, 우리 시대 한국에서의 민주주의에 대한 근본적인 성찰이 필요하다고까지 말한다.

2017년의 거리에서 보이는 '태극기 부대' 앞에서 우리는 때로는 당혹감을 느끼고, 심지어 연민의 정까지 가지곤 하였다. (⋯) 광장 한 귀퉁이에서 또 주택가 거리에서 울부짖는 태극기 부대의 저주와 광기 어린 목소리와 몸짓 (⋯) 우리는 그 부대가 동원된 대중이라고 간편하게 생각하다가, 그 부대원들 역시 냉전적 반공주의 독재의 희생자라고 연민의 정까지 가지기도 하였다. 때로는 우리는 태극기 부대를 '신자유주의의 전 세계적 확산과 이를 배경으로 한 한국 내(內) 보수 정권의 연속적 집권과 정치 퇴행'의 소산이라고, 또 '민주주의 위기의 시대'의 표현이라고 판정하기도 한다. 그들에게서 느끼는 당혹감은 때로는 우리로 하여금 민주주의 자체를 성찰하도록 이끌기도 한다. (⋯) 혹시 태극기 부대가 '제도화된 민주주의가 작동하는 속에서 발생하는 특정 집단의 희생과 차별'의 소산은 아닐까? [* 『기억과 전망』 2017년 겨울호(통권 37호)의 "책 머리에", pp. 3~4.]

정말이지 당혹스럽다. 여기에 대해서는 우리 현대사의 트라우마와 관련해서 2장에서 살펴보았으니 참조하라.

류형수의
「저 평등의 땅에」

○ ○ ○
긍지와 눈물이 아름다운 현실주의

우리 노동자의 긍지와 눈물을 모아
저 넓디넓은 평등의 땅 위에 뿌리리.
우리의 눈물 우리의 긍지
평등의 땅에 맘껏 뿌리리.

7장

1.

2023년 6월 24일이었고, 콘서트 공연 시각은 오후 다섯 시였다. 공연장인 소월아트홀에 도착했을 때는 아직 시간이 많이 남아 있었다. 왕십리 전철역에서 멀지 않은 곳이었지만 거기까지 걸어가는 길이 무척 덥고 습했다. 장마 직전이어서 더욱 그랬다. 소월아트홀 옆에는 커다란 나무들이 그늘을 드리우는 작은 공원이 있었고, 거기에서는 어린아이 서너 명이 깔깔거리며 뛰고 달아나며 장난치고 있었다. 주변의 여기저기에 놓인 벤치에는 노인들이 앉아서 그 모습을 바라보았고, 나도 벤치 하나에 자리를 잡고 앉아서 땀을 식혔다. 그리고 가끔 공연장 입구 쪽으로 고개를 돌려 반가운 얼굴이 오는지 살폈다.

콘서트의 제목은 '하루'였고, 작곡가 류형수가 그날 공연의 주인공이었다. 그날 무대에서 불릴 노래는 모두 그가 작사·작곡한 노래였다.

류형수는 1984년에 결성되었던 노래 모임인 '새벽'의 회원이었다. '새벽'

은 대학 노래패에서 활동하던 작곡가나 가수가 모였던 진보적인 노래운동 단체로 당대의 민중가요 운동을 선도한다고 자처했다. '새벽'은 「그날이 오면」, 「벗이여 해방이 온다」, 「솔아 솔아 푸르른 솔아」, 「유월의 노래」, 「저 평등의 땅에」 등 대표적인 민중가요를 다수 창작하고 집회와 공연과 카세트테이프 그리고 노동자 교육 활동을 통해서 이런 노래들을 알렸다. '새벽'이 처음 만들어진 시점에서는 기획자·연출가였던 표신중과 작곡가였던 문승현, 그리고 노동 현장 활동가였던 김보성, 시민 현장 활동가였던 김제섭과 박미선 또 이론가였던 김창남과 이영미 등이 함께했었다. 그러다가 1986년부터 '새벽'은 본격적이고 상시적인 조직으로 굴러갔는데, 이때부터는 문승현 외에 이창학(이성지), 문대현, 이현관, 여계숙, 정윤경, 류형수 등의 작곡가와 김광석, 안치환, 임정현, 윤선애 등의 가수들 및 연주자들이 있었다. [*노래를 찾는 사람들(노찾사)'의 홈페이지, www.nochatsa.org.]

'새벽'은 민중문화운동협의회(민문협, 1984년)과 민중문화운동연합(민문연, 1987년) 그리고 노동자문화운동연합(노문연, 1989년)으로 발전했던 문화운동 단체에 음악분과에 소속되어 노동자계급 중심의 세계관에 기초한 음악적 실천을 한다는 목표 아래 활발하게 활동하며 민중가요의 역량을 크게 길렀다. 당시에 나는 민문협 시절부터 이 단체에서 활동을 함께 했기에 '새벽'의 여러 활동가를 알고 있었다. 그래서 류형수의 콘서트 소식을 듣고는 그날을 손꼽아 기다리다가 반가운 마음으로 달려갔다.

2.

그 개미 사회에는 특별한 관습이 있었다. 8일 동안 가장 일을 많이 한 개미들이 아홉째 날에는 장엄하게 불에 구워져서 다른 개미들의 먹이가 되는 것이다. 이런 관습을 통해 가장 성실한 개미의 노동 정신이 그 개미를 먹는 다른 개미들에게로 전이된다고 그 사회의 개미들은 믿었다. 그 개미들은 8일 동안 열심히 일하고 아홉째 날에 불에 구워져 다른 개미의 먹이가 되는 것을 매우 특별한 명예로 여겼다.

그런데 한번은 이런 일이 벌어졌다. 8일 동안 성실하게 일했던 개미 한 마리가 불에 구워지는 장엄한 의식을 치르기 전에 개미들 앞에 나서서 연설을 했다.

"친애하는 형제자매들이여! 당신들이 나를 존경하고 싶다니 아주 기분이 좋습니다. 그러나 솔직히 말해, 내가 성실한 개미가 아니라면 나는 더 기분이 좋았을 겁니다. 우리는 단지 죽도록 일하기 위해서 사는 건 아닙니다!"

그러자 개미들은 이 위대한 웅변가를 재빨리 프라이팬에 집어넣었다. 그렇게 하지 않았다면 이 개미는 결코 하지 말아야 할 말을 더 많이 했을 것이다.

덴마크 작가인 파울 쉐르바르트(1863~1915)가 노동의 의미와 목적을 일깨우기 위해서 썼던 우화다. 이 우화와 같은 일은 우리나라에서도 일어났다. 언론·집회·결사라는 기본적인 인권이 제약을 받고 노동조합이 불법으로 여겨지던 때의 이야기다. 그래서 전태일이라는 청년 노동자는 "근로기준법을 지켜라!"라고 외치며 분신자살을 했다. 그게 1970년 11월 13일의 일이었으니 정말 까마득하게 먼 옛날의 이야기다.

그 일이 있은 지 9년이라는 세월이 지난 뒤인 1979년 10월 26일, 박정희 대통령이 심복 김재규에게 암살되면서 18년여에 걸친 박정희 독재 체제가 무너졌다. 그러나 민주주의의 환한 햇살은 구름 사이로 잠깐 비추기만 했을 뿐, 독재는 얼굴을 바꾸어서 다시 이어졌다. 전두환을 중심으로 한 신군부가 12월 12일에 쿠데타로 권력을 장악했고, 이 끈질기고 강력한 독재의 아성이 온전하게 무너지기까지는 그 뒤로도 많은 세월의 고통이 이어졌다. 그 사이에 때로는 수많은 청춘이 송두리째 박살나기도 했고 때로는 사랑하는 사람들이 생이별을 하기도 했으며 또 때로는 소중한 목숨이 희생되기도 했다. 가족이 해체되기도 했고 크고 작은 공동체가 무너지기도 했다.

그렇게 10년 가까운 세월이 흐르는 동안 민주주의가 이 땅에 온전하게 자리를 잡도록 수많은 사람이 염원하고 투쟁하고 희생했다. 그러나 전두환 대통령은 시민의 뜻을 거스르며, 대통령 선거의 간선제를 지키겠다는 이른바 '4·13 호헌 조치'를 발표했다. 앞으로도 계속 체육관에서 간접선거로 대통령을 뽑는 '체육관 선거'를 하겠으며, 개헌을 주장하는 세력은 '빨갱이'로 간주하고 때려잡겠다는 말이었다. 그게 1987년 4월 13일이었다.

마침내 온 국민이 들고일어났다. 온갖 직종의 대표자들이 성명을 발표했고 한목소리로 뭉쳤다. 전국에서 들불처럼 타오른 '호헌철폐, 독재 타도, 민주 쟁취'의 외침은 정당, 재야, 학생, 각계각층의 단체 대표들로 구성된 '민주헌법쟁취국민운동본부(국본)'의 결성으로 이어졌다. 그리고 국본은 '6·10 국민대회'를 열기로 하고 이 대회의 행동 요강을 보도자료로 발표했다. 그 가운데에는 이런 내용이 들어 있었다.

(1) 오후 6시 국기 하강식을 기하여 전 국민은 있는 자리에서 애국가를 제창하고,

(2) 애국가가 끝난 후 자동차는 경적을 울리고,

(3) 전국의 사찰, 성당, 교회는 타종을 하고,

(4) 국민들은 형편에 따라서 만세삼창(민주헌법 쟁취 만세, 민주주의 만세, 대한민국 만세)을 하든지 제자리에서 1분간 묵념을 함으로써 민주 쟁취의 결의를 다진다.(*민주화운동기념사업회 사료관. https://archives. kdemo.or.kr/isad/view/00311808.)

그리고 6월 9일, 연세대 학생들이 6·10국민대회 참가 결의대회를 마치고 교문 앞에서 시위를 벌이던 중에 2학년 학생 이한열이 총류탄에 뒷머리를 직격당해 혼수상태에 빠졌다. 다음날인 6월 10일 아침 신문에는 의식을 잃은 채 머리에 피를 흘리는 이한열을 다른 학생이 안고 있는 사진이 보도되었다. 그날 전국의 학생과 시민이 거리로 쏟아져나와 '독재 타도!'를 외쳤다. 다음은 그날의 시위 상황을 묘사한 글이다.

6월 10일 오후 여섯 시, (…) 서울시청 일대 거리는 그야말로 눈 깜짝할 사이에 시위대로 뒤덮였다. 최루탄이 터졌고 버스와 택시, 승용차들이 경적을 마구 울려댔다. (…) 전국 22개 도시에서 50만 명의 시민들이 참여했고, 4,000여 명이 연행되었다. 서울에서는 경찰이 시위대에 밀려 청와대와 세종로 정부종합청사 부근 전략거점으로 후퇴했다. (…) 1980년 5월 15일 서울역 광장에서 그랬던 것처럼, 1987년 6월 10일 서울 도심에서 내가 본 것도 혼돈이었다. 그러나 이번에는 두렵지 않았다. 넥타이를 맨 젊은 직장인들과 더 나이 든 시민들이 함께했기 때문이었다. 게다가 국본이라는 지도부가 있었고 양김이 이끄는 야당도 있었다.(*유시민, 『나의 한

국현대사」, 돌베개, pp. 255~257.)

그로부터 30년이 지난 뒤인 2017년 6월 10일, 서울광장에서 진행된 6월 민주항쟁 30주년 기념 음악극 공연 「6월의 노래, 다시 광장에서」에서 불렸던 합창은 당시의 투쟁 상황을 이렇게 묘사한다.

달려 달려 달려라! 외쳐 외쳐 외쳐라!

깃발 높이 들어라! 우리 모두 나서자!

뜨겁던 유월의 아스팔트 길 위로 괴물 같은 장갑차, 함성소리 퍼질 때

한국은행 분수대 위로 짱돌이 날고 명동 거리 군홧발 어지러이 달릴 때

최루탄 연기가 하늘을 수놓고 백골단 몽둥이가 허공을 가를 때

아아아~ 팔은 으스러져 머리 깨져 나뒹굴 때

아아아~ 검은 아스팔트 붉은 피로 적실 때

우리 마침내 머릿속 굴종의 쓰레기를 버렸다, 굴종의 쓰레기!

우리 마침내 마음속 아주 오랜 공포를 버렸다, 아주 오랜 공포!(「아스팔트에 핀 꽃」, 이경식 작사·이현관 작곡)

그렇게 체념과 공포 대신 분노와 자신감이 사람들을 뒤흔들었다.

"호헌 철폐! 독재 타도! 민주 쟁취!"

그날 이후로 구호는 더욱 뜨겁고 크게 거의 날마다 전국 곳곳에서 이어졌다. 26일에는 전국 37개 도시에서 사상 최대 인원인 100만여 명이 밤늦게까지 격렬한 시위를 벌였다. 경찰력으로는 이 시위를 제어할 수 없다는 것은 누가 봐도 명백했다.

마침내 6월 29일, 민정당의 대통령 후보이던 노태우가 손을 들고 항복했다. 대통령직선제 개헌을 통해서 1988년 2월에 정권을 평화적으로 이양하겠다고 약속하는 이른바 '6·29선언'을 발표한 것이다.

　마침내 6월 29일, 민정당의 대통령 후보이던 노태우가 손을 들고 항복했다. 대통령직선제 개헌을 통해서 1988년 2월에 정권을 평화적으로 이양하겠다고 약속하는 이른바 '6·29선언'을 발표한 것이다.

　　　　* * *

　1987년 6월 항쟁의 그 역사적인 시점으로 한 걸음 한 걸음 다가가던 1987년 4월 11일에 여의도 여성백인회관에서 행사 하나가 진행되었다. '민중문화운동협의회 창립 3주년 기념대회'였다. 정확하게는 3년 전에 연극, 미술, 음악, 민요, 탈춤, 춤, 사진 등을 망라하는 문화 부문의 단체나 조직이 하나로 모여서 창립했던 민중문화운동협의회를, '협의회'보다는 조직적인 결속력과 집행력을 한 단계 더 높여서 '연합' 조직으로 만드는 작업을 최종적으로 확인하는 자리였다.

　'처들이세 처들이세, 민중문화 처들이세, 민족해방 처들이세'라고 쓴 커다란 플래카드가 세로로 걸린 대회장 단상에서, 이 단체의 공동대표들 가운데 한 명이던 소설가 황석영이 대회사를 했다. 그리고 이 자리에서 '87 문화선언'이 채택되었다. 이 선언의 내용을 소개하면 다음과 같다.

　　　　민주의 횃불 들고 민족자주의 대낮으로!

민주화와 통일을 향한 길고 험한 길도 막바지에 이르고 있다. (…) 성고문 사건과 박종철 군 고문살인 사건을 보라. 위기를 벗어나려는 저들의 발버둥이 오히려 저들을 전국민적 분노라는 헤어날 수 없는 수렁 속으로 처박지 않았는가! (…)

우리는 그동안 온갖 탄압을 뚫고 많은 일을 해냈다. 확고한 민중적 입장을 중심으로 하는 대중노선의 정립, 이 노선에 따라 소집단과 민문연의 유기적 조직화를 이루는 일, 5.3인천항쟁과 통일굿마당 등에서의 헌신적 대중투쟁과 연행 및 선전물 등을 통한 일상적 대중투쟁으로 우리의 노선을 구체화하는 작업에 우리는 혼신의 힘을 기울여 왔던 것이다. 이것이 옳은 길이었고 우리들의 성과 또한 자부할만한 것이었다. 우리는 바로 이 점을 계승하고 발전시켜야 한다.

그러나 (…) 이른바 민중성과 예술성의 관계에 있어서, 후자를 전제하지 않는 민중성이나 운동성이 온전한 것일 수 없고 또 전자를 담보하지 못하는 예술성 역시 온전한 것일 수 없듯이 확고한 민중성 입장과 대중성, 개인 또는 소집단의 활동과 민문연 내지 문화운동 전체적 조직의 전개, 급박한 정세의 요구에 부응하는 일과 문화예술 생산의 원리와 지침을 확립하는 일은 분리될 수도 없고 분리되어서도 안 된다. (…)

그러나 이러한 통일은 (…) 오직 대중 속에서 대중과 함께 호흡하며 그들의 삶과 잠재된 요구를 올바르게 담아 그들의 것으로 분출시키는 노력이 조직적, 집중적으로 전개되는 가운데서만 이룩될 수 있는 것이다. (…)

가자, 우리 모두 민주의 햇불을 들고 민족자주의 대낮으로!

1987. 4. 11.

민중문화운동연합(*『민중문화』제14호, 1987. 6. 28., pp. 16~17. 강

조는 저자.)

그리고 그로부터 2년 반쯤 뒤인 1989년 9월 23일에 이 민중문화운동연합(민문연)은 기존의 조직을 해체하고 문학예술연구회와 함께 노동자문화예술운동엽합(노문연)을 창립했고, 자기 활동의 정체성은 '노동자계급 문예 운동'이라고 강령에서 규정했다.

1. (…) 1987년 7, 8월 투쟁을 통하여 자신의 독자적 이해와 요구를 내세우며 등장하기 시작한 노동자계급의 전국적인 투쟁은 노동자계급이 역사 발전의 기본동력임을 확인해주었고, 나아가 노동자계급이 전체 민중운동의 주도 세력으로 성장할 필연성을 입증해주었다.

(…)

14. 노동자계급 문예운동의 기본이념은 노동자계급의 과학적 세계관이 문예에 반영된 형태로서의 '노동해방 문예'이며, 이는 노동자계급의 계급적 토대, 노동해방 사상, 노동자계급 당파성을 그 본질적 계기로 하는 것이다.(*"노동자문화예술운동연합 강령", 『노동자문화통신』창간호 1990 봄, 새길, pp. 192~195. 강조는 저자.)

1984년에 결성된 노래 모임 '새벽'은, 민중문화 건설이라는 대의에 함께했던 다른 장르의 문화예술 단체들과 나란히, 민문협-민문연-노문연으로 이어지는 과정을 함께 걸어가면서 1980년대를 보내고 또 1990년대로까지 나아갔다. 이 과정에서 작곡가와 가수 그리고 노동 현장 활동가로 구성된 '새벽'의 회원들은 민중성과 예술성을 노래와 활동에 동시에 담아내기 위해서 또 '노동해방 문예'를 실천하기 위해서 노동자 속으로 들어가려고 노력했다. 그런 노력은 야학과 교회를 통해서 노동자들을 만나고 또 노동자 투쟁이 활발하게 전개될 때는 노동조합의 프로그램 현장과 파업 현장이나 농성장에서 노동자를 만나서 노래 활동을 지원하거나 현장 공연을 하는 것으로 나타났다.

이런 노력은 음악 운동에서뿐만 아니라 문학이나 연극 등의 다른 장르에서도 나타났다. 예컨대 1984년에, 노동자교회이던 신명교회에 다니던 노동자들이 대학교 연극반 출신 활동가의 연출 지도를 받으며 자기들의 이야기로 연극을 만들어서 영등포 성문밖교회에서 일반 대중을 대상으로 공연을 했다. 「나도 남들처럼」이라는 이 공연에서 처음 대중에게 발표되었던 「어머님 말씀」이라는 노래는 그 연극에 출연했던 노동자 김건호가 자기 어머니에게서 들은 이야기를 가사로 만들고 또 혼자 흥얼거리던 끝에 완성했던 노래로, 민중가요 운동이 거둔 소중한 성과로 평가된다. (당시에 인쇄 노동자였던 김건호는 나중에 시인으로 등단하고, 『어머님 말씀』이라는 시집도 낸다.) 이 노래의 1절은 다음과 같다.

아들아 내가 너만 했을 때 비누 공장의 여공이었다
우리는 열심히 일을 해서 일본만 좋은 일 시켜줬단다
아들아 네가 커서 어른이 되면 남의 침략 받지 않는 나라 만들고
배고파 우는 사람 없게 하여라 추위에 떠는 사람 없게 하여라

그런데 지식인이 자기 생활 속에서 접할 수 없었던 민중성을 높이 평가하는 태도가 나중에는 도를 넘었다. 예를 들면 이런 식이었다.

"전반적으로 지금의 상황에서는 현장예술, 즉 민중이 스스로 만드는 작품들이 전문가들이 하는 예술 작품보다 질적으로 우수하고 튼튼하고 뛰어나다고 느껴집니다. 물론 이 말에는 전문가라는 기준이 자기의 기능을 가지고 밥 먹고 산다는 의미가 더 강하고, 예술적인 표현력이 더 뛰어나다는 것은 아니라는 전제가 깔려 있는 것이기도 합니다. 따라서 우리도 나이가 더 많아지고 경험도 풍부해져 그분들과 같이 인생을 이야기할 수 있을 때, 민중예술을 이야기할 수 있을 것 같아요."(*"좌담-민중미학 심포지움", 『공동체문화 3집』, 1986, 공동체, p. 35.)

경험이 풍부한 민중이 창조하는 작품은 질적으로나 그 구성적인 면에서 민중적인 경험이 없는 전문가가 만든 작품보다 나으므로, 모든 전문가는 전문성을 추구하려고 나설 게 아니라 우선 민중적인 경험부터 찾아나서야 한다는 말이다. 전문가 혹은 지식인 활동가의 극단적인 자기비하인 셈이다. 이처럼 문화운동의 한쪽에서는 경험주의의 미로를 헤매고 있었다.

그래서 예컨대 노동자계급의 품위라고는 찾아볼 수 없이 천박한 적개심만 북돋우는 노래가사 바꿔 부르기(노가바) 노래가 노동자 투쟁 현장이나 교육 현장에서 활동가의 지도를 통해 불리기도 했다. 예를 들어 김보성 작사·작곡의 민중가요인 「우리 이야기」의 가사를 바꿔놓은 노가바(노래 가사 바꾸기)가 그랬다. [김보성은 노래 「대결」의 작사·작곡가이며 '노래를 찾는 사람들(노찾사)'의 대표를 지내기도 했다.]

(원곡)

사장님 우리 사장님 돈 욕심 좀 그만 내세요, 네?
사우나에 몸보신에 밑 빠진 독이잖아요
우리들은 못 배웠지만 할 말이 많은 걸요
바른말 한다고 나가라시면 아이구 그건 정말 안 돼요(정말 안 돼!)
우리 마음 천사 같지만 화가 나면 무섭다고요

(노가바)
사장 새꺄 씨팔 사장 새꺄 돈 욕심 좀 그만 내 새꺄
사우나에 몸보신에 밑 빠진 독이다 새꺄
(…)
우리 마음 천사 같지만 화가 나면 무섭다 새꺄

　이것은 풍자가 넘치던 노래의 정서가 노가바를 통해서 적개심만 가득한 천박한 정서로 전락하는, 아주 잘못된 사례였고, 이런 사례들은 민중성 획득이라는 이유만으로 당연하고 또 좋은 것으로 포장되었다.
　또 유치원생이 율동과 함께 부르는 동요인 「도깨비 빤스」가 노동자 집회 현장에서 활동가의 지도 아래 율동을 곁들인 떼창으로 불려지기도 했다, 투쟁 현장에서 노동자들이 즐겁게 함께 할 수 있다는 단지 그 이유 하나만으로….

도깨비 빤스는 튼튼해요, 질기고도 튼튼해요
호랑이 가죽으로 만들었어요, 이천 년 입어도 까딱없어요
도깨비 빤스는 더러워요, 냄새 나요 더러워요

호랑이 가죽으로 만들었어요, 이천 년 동안 안 빨았어요(*「도깨비 빤스」의 가사)

중년의 남성 노동자들이 집회 현장에서 줄지어 앉아서 '깜찍한 율동'을 곁들여서 「도깨비 빤쓰」를 부르는 광경은 얼마나 참혹하고 민망한 코메디인가! '새벽'도 처음에는 이런 흐름에 일조했었다. 그리고 여기에 대해서 '새벽'의 이현관은 이 원고의 초고를 피드백하면서 다음과 같이 지적했다.

"당시의 노가바 노래나 그것을 지원하던 활동을 잘못된 것이라고 일방적으로 매도하면 올바른 평가가 될 수 없다. 왜냐하면 당시의 노동자들이나 활동가들이 경험하고 즐겼던 음악이 그런 수준 혹은 그런 부류였는데, 이런 것들은 당시의 폭압적인 사회·노동 환경에서 나올 수밖에 없었던 음악적 대응이었다고 봐야 하니까. 지금도 뽕짝이 최고의 인기 장르가 아닌가."

맞는 말이다. 배고파서 허리가 꺾이는 사람에게 찬밥 더운밥 가려먹으라고 하는 것, 진창에서 허우적거리는 사람에게 손을 깨끗하게 씻고 다니라고 말하는 것, 이런 것은 교양이 아니라 야만인 것과 마찬가지 이치다.

그러나 경험주의는 실용주의를 낳았다. 이것이 노동 운동 현장에 적용될 때 연극운동에서는 촌극이 되었고 음악운동에서는 노가바가 되었고 문학운동은 생활 글쓰기가 되었다. 이렇게 되자 해당 분야의 전문가는 굳이 따로 필요없었다. 적어도 그렇게 보였다. 그래서 선명한 투쟁 노선과 강력한 투쟁 의지를 드러내는 것이 민중문화 또는 민중가요가 지향해야 할 방향으로 부각되었다. 1988년의 「파업가」(김호철 작사·작곡)가 이런 맥락에서 나왔다.

흩어지면 죽는다 흔들려도 우린 죽는다

하나 되어 우리 나선다 승리의 그날까지

지키련다 동지의 약속 해골 두 쪽 나도 지킨다

노조 깃발 아래 뭉친 우리 구사대(救社隊) 폭력 물리친 우리

파업 투쟁으로 뭉친 우리 해방 깃발 아래 나선다

흩어지면 죽는다 흔들려도 우린 죽는다

하나 되어 우리 나선다 승리의 그날까지(*「파업가」의 가사)

학생운동권 출신으로 1980년대 중반에 노동운동에 뛰어들었던 김호철
은 고급스럽고 지적인 노래보다 노동자의 삶을 정직하게 담아 쉽게 따라부
를 수 있는 노래를 만들었다. 그랬기에 그는 노동자들에게 익숙하다는 이
유로 군가풍의 리듬이나 뽕짝 스타일도 피하지 않았고, 그 덕분에 그가 만
든 노래들은 노동 현장에서 뜨거운 호응을 받았다.

그러나 선명한 투쟁 노선과 강력한 투쟁 의지만이 민중가요의 지향점
이 될 수는 없었다. 민중가요는 가요 자체로서의 발전 목표와 운동성을 가
졌고, 그랬기에 1988년에 「대결」(박노해 작사·김보성 작곡)과 같은 노래들
도 나왔다. 「대결」은 류형수의 편곡에 힘입어서 음악적으로 한층 더 풍성하
고 고급스러운(그랬기에, 쉽지도 않고 편하게 부르기도 어려운) 합창곡으
로 탈바꿈해서, 연세대학교 노천강당에서 진행되었던, 민문연의 '제1회 민
중문화의 날' 공연 「민중이 주인 되는 세상」(1988년)에서 선보였다.

라라 라라라라 라라라 라라라라 힘찬 투쟁

라라 라라라라 라라라 민주노조 만만세!

아늑한 사장실 책상을 마구치며 노조를 노조를 포기하라
모두 개새끼들 불순분자 길길이 날뛰는 저들은
아아 기업주와 노동자는 마치 사슴과 돼지들처럼,
동등할 수는 없대요
묵묵히 일하고 시키는 대로 따르고 주는 대로 받고
항상 복종함이 안정사회 이루는 노동자 도리라지만
인간이란 똑같이 존중하며 서로서로 받칠 때 큰 힘 됨을,
우린 몸으로 안다
너흰 돈과 무력 권력만이 전지전능함을 믿지만
우린 온세상이 평등과 사랑 일치될 것을 믿는다
솟구쳐 갈수록 뜨겁게 다가오는 숙명의 대결을,
어찌한단 말이냐
너희들이 짓밟고 깨뜨릴수록 우린 더욱 더 힘차게
우린 인간으로 평등으로 민주주의로 통일로
솟구쳐 갈수록 뜨겁게 다가오는 숙명의 대결을,
어찌한단 말이냐
라라 라라라라 라라라 라라라라 힘찬 투쟁
라라 라라라라 라라라 민주노조 만만세!(*「대결」의 가사)

그리고 새벽이 추구했던 민중가요는 여기에서 한 걸음 더 나아가, 투쟁
가도 아니고 생활가요도 아니면서 노동자의 정서를 세련되게 표현한 서정
적인 노래 「저 평등의 땅에」(류형수 작사·작곡)를 내놓았다.

저 하늘 아래 미움을 받은 별처럼

저 바다 깊이 비늘 잃은 물고기처럼

큰 상처 입어 더욱 하얀 살로 갓 피어나는 내일을 위해

그 낡고 낡은 허물을 벗고 잠 깨어나는 그 꿈을 위해

우리 노동자의 긍지와 눈물을 모아

저 넓디 넓은 평등의 땅 위에 뿌리리

우리의 긍지 우리의 눈물 평등의 땅에 맘껏 뿌리리(*「저 평등의 땅에」
의 가사)

이 노래는 1987년 말에, 구로 지역에 있던 산돌교회의 '일꾼마당'에서 '
새벽'이 공연했던 뮤지컬 「평온한 저녁을 위하여」에서 '부평초의 노래'라는
제목으로 안치환의 목소리로 처음 발표되었다가, 1988년 민문연의 집체극
「민중이 주인 되는 세상」에서 '저 평등의 땅에'라는 제목으로 윤선애의 목소
리로 등장했다.

가사에 등장한 단어들이 과연 민중가요의 가사가 맞나 싶을 정도로 감
성적이었고 정서도 하늘과 바다처럼 풍부했다. 또 이런 정서적인 기반 위
에 노동자의 희망인 평등을 호소했다. 그랬기에 이 노래는 사람들에게 신
선한 충격을 안겨주었다.

노동자라고 하면 무언가 부족하고 어설프고 애잔한 동정의 대상이라
는 인식, 1970년대식 소규모 공장의 어린 여공이라는 인식이 여전히 고정
되어 있었지만, 이미 세상은 그렇지 않았다. 1986년과 1987년을 거치면서
전국의 크고 작은 회사에서 노동조합이 생겨났다. 제조업 분야뿐만 아니
라 임금노동이 이루어지는 모든 사업장에서 노동조합이 만들어져서 노동

자들이 자기들의 정당한 권리를 주장하고 나섰다. 교사, 과학계와 사무금융계의 연구원도 조합을 만들었으며, 심지어 국립극장에 소속된 배우들도 조합을 만들었다. 이제는 노동자라고 해서 1970년대의 노동자처럼 가난하고 못 배웠으며 교양 없는 존재가 아니었다. 이미 사회 변화의 주역으로 우뚝 서 있었다.

이런 인식은 1989년 민문연의 '제2회 민중문화의 날' 공연 「6월의 노래 - 평등의 땅 」에서 다음과 같은 내레이션을 통해서도 드러났다.

내레이션: (…) 노동자들은 하나임을 선언했다. 민주노조 건설하자, 노동해방 쟁취하자! 5월 항쟁보다도 더 조직적으로, 6월 시민항쟁보다도 더 치열하게, 7·8월 파업 투쟁의 불길이 전국에서 타올랐다! 노동자들의 굵은 팔뚝이 망치와 포크레인이 작업장에서는 얌전한 생산도구이지만, 노동 착취의 현장에서는 성난 무기다. 울산에서, 목포에서, 인천에서, 거제에서, 푸른 작업복의 대열이 거리를 뒤덮고 분노한 파도처럼 파업 투쟁의 물결이 일 때, 노동자들은 기계를 움직이는 또 다른 기계가 아니라 세상을 움직이는 세상의 주인임을 가슴 벅차게 선언하고 있었다.

이 내레이션이 끝나면서 노래 「저 평등의 땅에」가 흐르고, 이어서 「5월의 노래」(김정환 작사·이현관 작곡)와 「유월의 노래」(김정환 작사·이현관 작곡) 뒤에 「노동자의 노래」(김정환 작사·류형수 작곡)가 흐르면서 노동자가 민중 해방의 가장 강력한 주체임을 드러냈다.

밝아오는 아침 햇살 아아 찬란한 태양

우리 어깨에 피 흘리는 조국을 위하여
우리 어깨에 피 흘리는 민중을 위하여
어둠 깨고 전진하는 아아 찬란한 태양
아아 만인의 자유, 아아 만인의 평화
아아 우-리-노-동-자---(*노래「노동자의 노래」에서)

노동자와 노동 운동의 리얼리티는 바야흐로, '사장님, 우리 사장님, 돈 욕심 좀 그만 내세요, 네?'를 귀엽게 부르는 나이 어린 여공도 아니고 또 시대적·역사적 전망도 없이 그저 적개심으로만 똘똘 뭉쳐서 '사장 새꺄, 씨팔 사장 새꺄, 돈 욕심 좀 그만 내 새꺄!'를 부르는 파괴적인 노동자도 아니라, 역사 발전의 당당한 주체로서 지배 권력을 상대로 하는 피할 수 없는 숙명적인 대결로 다가서는 전국의 조직된 노동자 대열이었다.

그리고 그 대결에서 이길 수 있을 것 같았다. 잘만 하면….

그랬다, 그때는.

3.

다시 2023년 6월 24일의 류형수 콘서트로 돌아와서….

아직도 아는 얼굴은 나타나지 않았고, 나는 여전히 나무 그늘이 드리운 벤치에 앉아 콘서트「하루」의 팸플릿을 뒤적이고 있었다. 뒷면은 '작곡가 류형수의 이야기'로 채워져 있었다. 그 '이야기'의 앞부분은 이랬다.

중학교 때부터 작곡을 해왔지만 공식적인 작곡 활동을 시작한 것은

1985년 서울대 노래 모임 '메아리'에 가입한 뒤다. 반주반을 하면서 기타라는 악기도 처음 만져보았다. 당시 학교 집회에 사용될 노래들을 만들면서도 노래에 대한 음악적 완성도에 대한 갈증을 느꼈지만 이것을 채울 방법을 찾지 못했다.

　그러던 나에게 노래 모임인 '새벽'은 어쩌면 자연스럽게 가야 할 길처럼 다가왔다. 「선언」, 「철의 기지」, 「해방을 향한 진군」, 「저 평등의 땅에」 등은 그 당시 발표했던 곡들이다. 잠깐의 음악 활동 후 나는 활동 종료를 선언하면서 평범한 직장인으로 살았다. 기타와도 인연이 다했다고 생각했고, 기타는 10년 넘게 만져보지도 않았다.

　'잠깐의 음악 활동을 한 후에' 활동을 중단하고 평범한 직장인으로 살았다고만 했다. 그러나 여기에는 많은 이야기가 생략되어 있다.

　　　＊　＊　＊

　1987년 12월 16일 치러진 제13대 대통령 선거에서 노태우가 36.6퍼센트 득표율로 김영삼(28.0퍼센트)과 김대중(27.1퍼센트)을 누르고 대통령에 당선되었다. (*다음에서 이어지는 내용은 저자의 다른 책인 『유시민 스토리』(일송북)에서 부분적으로 발췌했다. pp. 103~110.) 그러나 이듬해인 1988년 4월의 13대 총선에서 국내 헌정 사상 처음으로 집권 여당이 과반수 획득에 실패하는 여소야대 국회가 만들어졌다. 이렇게 달라진 정치 지형에서 수십 년 군사독재 아래 사회 각 분야에서 자행되었던 온갖 불법과 비리가 드러나기 시작했다. 5.18민주화운동이 재조명되었고, 전두환 일가와 측근들은 수사를 받아야 했다. 그동안 독재정권의 나팔수 역할을 했던 언론 매체들이 제 모습을 찾아가기 시작했으며, 경제 성장의 열매를 나누어 받겠다는 노동자의 요구는 거셌다.

그러나 기득권을 가진 보수 집단은 순순히 물러나지 않고 회심의 반격을 준비했다. 그 카드는 바로 '3당 합당'이었다. 1990년에 집권 여당이던 민주정의당(노태우)과 야당이던 통일민주당(김영삼)과 신민주공화당(김종필)이 합당하여 거대 여당인 민주자유당(민자당)이 탄생한 사건이다(이렇게 탄생한 한국의 최대 보수정당은 그 뒤로 신한국당, 새누리당, 자유한국당, 미래통합당 그리고 국민의힘으로 이름을 바꾸며 이어진다.)

"이제 우리는 모든 당파적 이해관계를 초월하여 역사와 국민 앞에 책임을 다한다는 한 마음으로 이 시대의 과제를 풀기 위해 중대한 결단을 내렸습니다. (…) 새 국민 정당의 출범은 정치의 안정 정치의 선진화를 이룩하여 위대한 역사를 창조하는 새로운 출발이 될 것입니다. (…) 우리 국민 모두 새로운 세계, 희망의 미래를 향해 함께 나갑시다. 국민 여러분의 성원과 동참을 호소합니다. 감사합니다."(*1990년 1월 22일에 발표된 "노태우 대통령, 3당 통합 공동발표문")

이렇게 해서 민자당은 개헌 의석을 확보하면서 국회를 장악했다. 그리고 정부는 '범죄와 폭력에 대한 전쟁'을 선포하면서 반정부투쟁을 강경하게 제압했다. 이 과정에서 1991년 4월에 명지대학교 학생 강경대가 전경대원들에게 집단으로 구타당해 사망하는 사건이 일어났고, 그 뒤로 이를 규탄하며 항의하는 분신이 잇달아 일어났다. 또 강경대 구타 사건에 항의하며 옥중에서 단식농성하던 한진중공업 노조위원장 박창수가 안양병원 마당에서 의문의 죽음을 당한 시신으로 발견되었다. 4월과 5월 두 달 동안 전국에서 2,361회나 반정부 집회가 열렸다. (*유시민, 『나의 한국 현대사』, 돌베개, p. 270.) 바야흐로 정세는 누구든 지는 쪽이 그야말로 치명상을 입을 수밖에 없는 싸움으로 전개되었다.

그렇지만 정부는 이번에도 회심의 카드를 빼들었다. 이른바 '강기훈 유서 대필 사건'을 조작해서 만들어낸 것이다. 1991년 5월 8일에 (이날은 김지하가 조선일보에 저 유명한 칼럼 '젊은 벗들, 역사에서 무엇을 배우는가?'를 써서 운동권에게 "죽음의 굿판을 당장 걷어치워라"라고 질타한 지 사흘 뒤였다. 이 칼럼에 대해서는 4장의 84쪽을 참조하라.) 전국민족민주연합(전민련) 사회부장 김기설이 서강대에서 분신자살하자, 정부는 그의 친구이자 같은 단체의 총무부장이던 강기훈에게 김기설의 유서를 대필했다는 혐의를 씌워서 언론에 대대적으로 선전했다. 운동권에서는 자살을 강요한다는 식으로 운동권의 도덕성에 흠집을 내기 위함이었다(이 '유서 대필' 사건의 피의자 강기훈은 그로부터 24년이 지난 2015년 5월에 최종적으로 무죄가 확정되었다.) .

이런 일련의 타격으로 운동권은 위축되었고, 그다음 해인 1992년 12월에 치러진 제14대 대통령 선거에서는 민자당 후보로 나선 김영삼이 민주당 후보 김대중을 꺾고 대통령이 되었다. 한때 민주화운동의 구심점이었던 김영삼이 타도 대상 정권의 수장이 된 것이다. 6월 민주항쟁의 그 뜨겁던 열기와 희망은 5년이라는 시간이 지난 뒤에 너무도 초라한 결과로 돌아왔다.

게다가 동유럽의 사회주의 국가들이 도미노처럼 무너졌다. 반체제 혹은 반정부의 길을 더듬어 가던 운동권들이 그토록 극복하고자 했던 자본주의 시장 제도를 그들이 도입한 것이다. 1989년 12월에 미국과 소련은 정상 회담을 통해서 냉전이 끝났음을 선언했다. 최종적으로 1991년 말에는 러시아, 우크라이나, 벨라루스의 세 대통령이 한자리에 모여 소련(소비에트사회주의공화국연방)이 더는 존속하지 않는다고 선언했다.

그동안 혁명 혹은 개혁의 경로를 놓고 그들 국가를 모델로 혹은 반면교사로 삼으면서 사회주의니 민족주의니 하면서 목청 높여 떠들던 운동권에서는 그들의 몰락과 정체 앞에서 당황했다. 이제는 한국 사회가 나아가야할 새로운 길을 독자적으로 찾아야 했다. 역사적으로도 유례가 없는 새로운 길을 만들어야 했다. 너무도 아득한 길이었다.

갈 길은 먼데 해는 지고 발길은 무겁고 배는 고프고 주머니에 돈은 떨어지고….

1991년 혹은 1992년 즈음에 쓰인 최영미의 시 「서른, 잔치는 끝났다」는 운동권에 팽배했던 이런 위축된 분위기를 서늘하게 드러낸다.

물론 나는 알고 있다
내가 운동보다도 운동가를
술보다도 술 마시는 분위기를 더 좋아했다는 걸
그리고 외로울 땐 동지여!로 시작하는 투쟁가가 아니라
낮은 목소리로 사랑 노래를 즐겼다는 걸
그러나 대체 무슨 상관이란 말인가

잔치는 끝났다
술 떨어지고, 사람들은 하나둘 지갑을 챙기고

마침내 그도 갔지만
마지막 셈을 마치고 제각기 신발을 찾아 신고 떠났지만
어렴풋이 나는 알고 있다
여기 홀로 누군가 마지막까지 남아
주인 대신 상을 치우고
뜨거운 눈물 흘리리란 걸
그가 부르다 만 노래를 마저 고쳐 부르리란 걸
어쩌면 나는 알고 있다
누군가 그 대신 상을 차리고, 새벽이 오기 전에
다시 사람들을 불러 모으리라
환하게 불 밝히고 무대를 다시 꾸미리라

그러나 대체 무슨 상관이란 말인가(*「서른, 잔치는 끝났다」의 전문)

잔치는 끝났고, 다들 지갑 챙기고 자기 신발 찾아서 자리를 떠날 사람은 떠난다. 잔치가 끝나 술이 떨어지고 음악이 꺼질 때 자기 지갑과 신발을 챙겨서 자리를 떠나는 사람은 잔치판의 주인이 아니고 객이다. 주인은 잔치가 끝나도 떠날 수 없다. 남아서 설거지를 해야 하고, 내일을 맞을 준비를 해야 한다. 그러니 떠날 수가 없다.

1990년대 초반, 한바탕 '잔치'가 끝나고 객들이 자기 신발을 챙겨서 떠난 뒤에 '잔치판'의 주인이던 노동자는 힘들게 설거지를 했다. 그러고는 1995년에 마침내 새로운 잔치판을 벌였다. 전국민주노동조합총연맹(민주노총)을 설립한 것이다. 민주노총은 당시 정부에 순응적이던 한국노동조합총연맹(한국노총)에 한계를 넘어서서 민주노조 진영의 조직적 단결을 모색하며 노동자의 정치 세력화를 내걸었다. 그리고 출범 4년 만인 1999년 11월에 합법화되었다. 다음은 민주노총 창립선언문의 일부분이다.

생산의 주역이며 사회 개혁과 역사 발전의 원동력인 우리 노동자는 오늘 자주적이고 민주적인 노동조합의 전국중앙조직, 전국민주노동조합총연맹의 창립을 선언한다.

(…) 자! 자본과 권력의 어떠한 탄압과 방해에도 굴하지 않고 전국민주노동조합총연맹의 깃발을 높이 들고 인간의 존엄성과 평등이 보장되는 통일 조국, 민주 사회 건설의 그날까지 힘차게 전진하자!

1995년 11월 11일(*전국노동조합총연맹 홈페이지. http://www.nodong.org/about_kctu.)

세상이 그렇게 흘러가던 1991년에 '새벽'의 이현관은 당시 민중가요 운동의 과제를 다음과 같이 정리했다.

우리에게 전범이 될 수 있는, 역사상 진보성을 지녔던 여러 음악의 감동적이고 깊은, 또한 풍부한 서정의 수준에 도달하는 것이다. 이것을 노동자의 재산이자 무기로 만들어주어 더 높은 차원의 노동자계급의 음악, 노동자계급의 노래를 창조할 수 있는 토양을 제공해 주는 일, 이것이 현 시기의 음악 운동이 담당해야 할 임무다.(*이현관, "음악과 노래 운동의 서정에 대하여", 『현실주의 1』, 민맥, p. 273.)

그러나 이런 '새벽'을 바라보는 현장의 시선은 따뜻하지 않았다. 노동조합 간부들과 이른바 '현장' 활동가들은 '새벽'보다 김호철의 '노동자노래단'을 더 좋아했다. 많은 사람이 '새벽'의 노래를 지식인의 관념적 유희에 비유했다.

'새벽'의 노래에는 '노동자노래단'의 「파업가」, 「단결투쟁가」에 비할 만큼 노동'현장'에서 사랑받는 '투쟁가'가 없었다. 「철의 기지」, 「다시 또 다시」, 「해방을 향한 진군」, 「선언」같은 노래들이 있었지만 따라 부르기 쉬운 노래도 아니었고, 김호철의 직설적인 표현과 비교해도 시적 질감이 월등히 뛰어난 것도 아니었다. (…) 무엇보다 문제는 (민중가요의 가장 유력한 유통경로였던) 대학생/노동조합 노래패들이 '새벽'의 대다수 노래를 부르려면 상당한 연주 실력 및 노래 실력이 필요했다는 점이었다.(*박준도, "1993년, 2006년, 새벽이 멈춘 곳", 계간지『사회진보연대 65호, 2006년 6월. http://www.pssp.org/bbs/view.php?board=j2021&nid=2227&-category2=8.)

그렇게 '새벽'은 고립되었다. 그리고 1993년 2월 대학로의 학전소극장에서 「모색」이라는 제목으로 공연을 했다. 이 공연의 팸플릿에 당시 '새벽'의 대표이던 최용만은 다음과 같이 썼다.

모든 것이 흘러갔다. 사라지지 않고 남은 것은 기억뿐이다. 지금의 거리의 표정과 비교하면 한없이 누추한 그리하여 무작정한 반성의 한탄이나 과거에 대한 경멸조의 폄하를 빼면 과거는 온전하게 자리 잡을 그 어느 곳도 찾지 못하고 있다. 우리는 이러한 현실을 인정하고 현실 속에서 새로운 희망의 언어를 찾아 각주(脚註)하려 한다. 어차피 자존심으로 버틸만한 허락할 시대도 아닌 걸 안다. 다만 우리의 노래는 우리의 생애에 있어 결코 단순한 걱정으로 표시되지 않을 쉼 없는 희망으로의 정지 작업임을 잊지 않고자 한다.

　정처 없이 떠도는 과거의 아름다웠던 기억을 뒤로하고 현실에서 새롭게 뿌리를 내리겠다는 다짐이다. 그리고 '새벽'은 마치 유언과도 같은 이 진술을 남기고 길고 긴 침묵에 들어갔다('새벽'의 이름으로 다시 공연된 때는 그로부터 13년이 지난 뒤인 2006년이다.) 이 침묵 속에서 '새벽'의 구성원들은 새로운 희망의 언어를 찾아 각자도생했다. 문승현은 이미 1992년에 러시아로 음악 유학을 떠났었고, 이현관, 여계숙, 임정현 등도 「모색」 이후에 음악 공부를 하러 미국이나 유럽으로 떠났다. 또 윤선애는 정악을 공부하러 한예종으로 갔다. 류형수는 1991년에서 1992년으로 넘어가던 시기에 이미 '새벽' 활동을 하지 않겠다고 선언했었고 그 전인 1990년에 이미 음악대학에 입학해서 다음 해까지 재학했었다. 한편 정윤경은 음악성보다는 현장에 한층 더 밀착하는 것에서 희망을 찾아야 한다는 생각으로 현장으로 더 깊이 들어갔다. 또 다수는 각자 생업의 터전을 찾아서 생활 현장으로 들어갔다.

4.

　다시 류형수 콘서트로 돌아와서….
　팸플릿에 적힌 '작곡가 류형수의 이야기'의 나머지 부분은 다음과 같이 이어졌다.

그러다가 다시 작곡을 하게 된 계기는 2006년 노래 모임 '새벽'의 마지막 공연이었다. 「가을」, 「기억 속 가리워진 노래」, 「겨울 그 가지 끝에서」, 「너의 이름을 불러봐」, 「불면증」등을 만들었다. 나는 잠시의 일탈이 끝난 후에도 여전히 직장인으로 살아가고 있었다. 하지만 그렇게 살아가는 동안에도 세상은 여전히 옳지 못한 일들로 가득했고 그때마다 조금씩 노래를 만들어 왔다.

시간이 흘러 유튜브라는 1인 미디어가 생기면서 유일하게 그런 곡들을 세상에 알릴 수 있게 된 방법이 생겼다. 「가게 문을 내리고」, 「그리운 것이 있다면」, 「숨」등의 곡을 유튜브를 통해 공개했다. 그러다가 「가게 문을 내리고」가 윤선애 님의 공연에서 발표되었는데 반응이 좋았다. 그날 공연 뒤풀이 자리에서 한 선배님이 내가 중심이 되는 공연을 해보라고 제안하시면서 후원을 약속했다. 어찌저찌 하다 보니 음반 작업으로까지 일이 커져버렸다.

콘서트 '하루'는 연주곡 「하루」로 시작되었다. 이 노래의 연주가 끝나자 무대 한편에 앉은 류형수에게 조명이 들어오고, 그가 노래를 설명했다. 그 노래는 비정규직의 상황을 다룬 영화 「안녕? 허대짜수짜님!」의 사운드트랙이라고 소개했다. 이런 식으로 류형수가 무대에 앉아서 노래를 하나씩 소개하고 또 지켜보면서 그 노래에 얽힌 이야기를 들려주는 식으로 공연은 진행되었다. 두 번째 노래는 「저 평등의 땅에」였고, '새벽' 시절부터 그와 함께했던 윤선애가 불렀다. 윤선애로서는 그 노래가 나왔던 1988년 이후로 수없이 많은 무대에서 불렀던 노래, 그때의 그 비장함 그대로 불렀다.

> 저 하늘 아래 미움을 받은 별처럼
> 저 바다 깊이 비늘 잃은 물고기처럼
> (…)
> 우리의 긍지 우리의 눈물
> 평등의 땅에 맘껏 뿌리리(*「저 평등의 땅에」의 가사)

이어서, '노래를 찾는 사람들(노찾사)'에서 함께 했던 동료들인 강은영과 김제섭이 부르는 노래들이 이어졌다. 이어서 류형수가 노래 「숨」을 소개했다. 이태원 참사를 언급하면서 슬픔을 마음대로 슬퍼할 수 없는 나라, 청년들이 제대로 숨을 쉴 수 없는 나라를 이야기했다. 그리고 이런 나라에서 살아가야 하는 이 땅의 청년을 위하여 만든 노래라고 했다. 이 노래는 청년이 불렀다. 이 노래를 청년이 불러주면 좋겠다는 류형수의 바람에 따라서 진행되었던 오디션을 통해 선발된 청년인 김수린이, 그 아픈 감정을 담아서 노래했다.

> 높고 높은 담벼락 너를 주눅 들게 하고
> 미끄러운 바닥길 너를 걷지 못하게 하고
> 전선 위에 매달린 전등 위로
> 하늘은 더욱더 좁아 보이고
> 잠시 눈을 감아보면 한 번쯤은 내일은
> 어떤 모습일지 떠오를 수도 있는데

보이지 않아 어디도, 좁은 계단을 올라 보면

잿빛 하늘에 깔린 낮은 구름

숨을 쉬어보고 또 미치도록 뛰어보고 소릴 질러 본다면

너는 나를 위해 울어줄까, 너는 나를 위해 말해줄까

너의 잘못이 아니라고

너는 나를 위해 웃어줄까, 너는 나를 위해 위로해줄까

너는 꽤 잘해 왔다고(*「숨」의 가사)

그리고 류형수가 기타를 메고 직접 무대에 올라서 「친구」를 불렀다. 먼저 떠나보낸 친구를 생각하는 회한의 노래다.

바람이 몹시도 소리 내며 우는 오늘 같은 날에는

너의 쓸쓸한 웃음 너머 흐르던 강물 소리

외줄 같았던 긴 날들 상냥하지 못했던 세상이

안 해주던 그 대답을 듣고 싶었던 건 아니었나

하여 나는 그 비바람 부는 언덕에 앉아 너를 기다리네

하여 나는 눈보라 치는 바다에 누워 널 기다리네(*「친구」의 가사 중에서)

먼저 떠나보낸 것이 어찌 친구 한 사람의 생명뿐이랴….

그 뒤에 윤선애가 「가게 문을 내리고」를 부르며 1부가 끝났다.

2부의 문은 임정현이 「먼 훗날」로 열었다. 임정현은 유학에서 돌아온

뒤로 민중가요 기획자·가수이자 두 합창단 '이소선 합창단'과 '그날'의 지휘
자로 활동한다.

나 그곳에서 보았네 완전한 평화
피로 물든 저녁놀 인간의 세상 비출 때
아 의로운 자 살은 자 죽어간 넋이
평등을 이루었네 사랑을 이루었네
먼 훗날 혁명의 날에 먼 훗날 혁명의 날에
부활 꽃 피어나는 봄날 함성 비 퍼붓는 여름
벼 이삭 손뼉 치는 가을 축복 눈 내리는 겨울
먼 훗날 혁명의 날에 먼 훗날 혁명의 날에(*「먼 훗날」의 가사)

이어서 '이소선 합창단'과 '그날'이 「너를 위하여」, 「한걸음」, 「선언 1·2」
를 불렀다.

이제는 무너진 장벽 사이로 흐르는 자유의 물결
죽음도 너머 저편에 찬란한 참인간의 세상이어라
아픔과 아픔 한데 모여 비로소 다다를 새 땅
우리의 투쟁과 건설과 희망과 내일이 피어나는 곳
슬픔과 슬픔 한데 부딪혀 우리가 가야 할 저 땅
거리의 눈물과 벅참과 결실이 열매 맺는다!
이제는 불타버린 폐허 위에 건설할 세상
죽음도 너머 저편에 찬란한 참인간의 세상이여!

가자! 가자! 저 자유의 땅에! 억센 팔과 다리로

수천 년 이어온 생산의 힘으로 새 세상 만들어 내리

가자 가자 저 폐허의 땅에 푸르른 생명 위해

참 자유 평화 참 평등 위한 새 세상을 위해

죽은 자 아름다운 곳, 산 자 찬란한 세상

피 흘려 이룩한 새 땅 위에 손 모아 선언하나니

땀 흘려 이룩한 이 땅 위에 뜻 모아 선언하나니

이제 우리 이 무너진 세상 다시 건설하리라

우리의 후손이 자유를 누리며 평등을 누리는 세상

지금 흘린 이 피 한 방울이 아름답게 피리라

참 자유 세상 참 평등 세상 끝내 건설하리라

참 자유 세상 참 평화 세상 우리 건설하리라(*「선언 1·2」의 가사)

그렇게 2부가 끝났다. 그리고 강은영과 윤선애가 앵콜곡으로 「저 평등의 땅에」를 함께 불렀다. 이번에는 비장함을 덜어내고 가볍게 편곡된 버전이었다.

그렇게 류형수의 콘서트 「하루」는 끝났다.

*   *   *

공연의 뒤풀이 장소가 마련되어 있었다. 공연장 근처의 술집이었다. 이 술집의 별실인 지하 1층은 사람들로 꽉 들어찼다. (하긴, 합창단원만 해도 몇 명인가!) 평소에 가끔씩 보던 얼굴들도 있었지만 몇 년 만에 보는 얼굴들도 있었다. 심지어 수십 년 만에 보는 얼굴도 있었다. 노래 모임 '새벽'에서 활동했던 작곡가들과 연주자들도 (당연히!) 있었다. 공연장에서 보았지만 뒤풀이 장소까지 오지 않은 사람까지 치면 아는 얼굴은 무척 많았다. 다들 민문협-민문연-노문연으로 이어지던 1980년대 중후반에 골방에서 머리를 맞대기도 했고 광장에서 구호를 외치며 함께 달리기도 했으며 또 공연을 함께 의논하던 사람들이었다. 많이 아팠던 사람도 있었고, 지금 많이 아픈 사람도 있었다. 많이 바뀐 사람도 있었고 전혀 바뀌지 않은 사람도 있었다. 테이블에 미리 준비되어 있던 닭백숙과 전은 푸짐했으나 짜디짰고, 오고 가는 말은 많았지만 소통은 불가능했다. 소음이 너무 많고 또 컸다.

기묘한 느낌이 들었다. 30~40년 전으로 시간 여행을 간 것 같았다. 세월이 흘러 나도 늙었고 사람들도 늙었는데 그때 들었던 노래와 그때 들었던 말이 현재 시점으로 들리다니….

아닌 게 아니라, 대통령이 '건폭'이라는 신박한 용어를 동원하면서까지 특별하게 관심을 기울이는 가운데 공권력이 '건설 현장의 폭력배'로 낙인찍혀서 조사받던 50세 건설 노동자가 억울함을 호소하며 분신한 게 바로 얼마 전의 일이 아니었던가! 노동시민사회장으로 치러진 이 사람의 장례식 발인은 류형수의 그 공연이 있기 사흘 전인 6월 21일에 진행되었다.

게다가 그 과정에서 『조선일보』는 그 사건이 고의적인 '기획 분신'이며 누군가가 '유서 조작'을 했다는 식으로 악의적인 왜곡 보도까지 했다. 이런 왜곡 시도는, 앞에서도 언급한 1991년에 5월의 이른바 '유서 대필' 사건과 다르지 않다. 2023년 6월의 이 시도는, 한국의 민주주의를 거꾸로 돌리려던 집단이 1990년에 '3당 합당'이라는 정치공학을 통해서 6월항쟁 이후의 개혁

50세의 건설노동자가 남긴 유서

"존경하고 사랑하는 동지 여러분,
저는 자랑스런 민주노총 강원건설지부 3지대장 양회동입니다.
제가 오늘 분신을 하게 된 것은 죄 없이 정당하게 노조 활동을 했는데 집시
법 위반도 아니고 업무 방해 및 공갈이랍니다. 제 자존심이 허락되지가 않
네요.

(…)

먹고 살려고 노동조합에 가입했고 열심히 살았습니다. 그런데 오늘 제가
구속영장실질심사를 받아야 합니다. 억울하고 창피합니다.

(…)

윤석열의 검찰 독재 정치, 노동자를 자기 앞길에 걸림돌로 생각하는 못된
놈 꼭 퇴진시키고, 노동자가 주인이 되는 세상을 꼭 만들어 주세요.
동지 여러분 사랑합니다, 투쟁!
강원건설 3지대장 양회동 올림."
** 양회동은 공사를 방해하겠다는 취지로 건설사를 협박해서 8,000만 원
을 받았다는 혐의로 수사를 받다가 억울하다면서 분신자살을 했다. 그런데
정작 고인에게 협박받았다는 강원 지역 건설업체 관계자 15명은 그런 적이
없다면서 처벌불원서를 법원에 제출했다는 사실이 나중에 드러났다.

적 분위기를 일거에 뒤집고 잠재웠던 것과 마찬가지로, 신자유주의적이며
뉴라이트적인 철학으로 무장한 윤석열 정부를 지렛대로 삼아서 그동안 한
국 사회가 이룩한 민주화의 성과를 일거에 뒤집겠다는 것이었다.

'장기적으로만 보자면' 아무렇지도 않은 사소한 일일 것만 같았던 윤석
열 정부의 등장이 (여기에 대해서는 4장의 89쪽을 참조하라.) 정작 맞닥뜨
리고 보니까 거대한 벽이었다. 이 벽은 1990년과 1991년 그리고 그 이후에
민주주의를 갈망하던 사람들에게 압도적인 암울함을 드리웠던 바로 그 파
장(罷場)의 낭패감을 안겨주었다.

게다가 시간 여행의 그 기묘한 느낌에 또 한 겹의 기묘함이 겹쳐졌다. 내 청춘의 많은 것을 설명할 수 있는 민중가요들을 매개로 해서 그날 소월아트홀에서 연주자와 청중 사이에 오갔던 감정 또 뒤풀이 장에서 사람들에게서 확인했던 감정이, 공연장이나 뒤풀이장 바깥에서 진행되는 현실의 온갖 부조리하고 불의한 일들과는 맥락이 전혀 닿지 않는다는 느낌이었다. 현실과는 완전히 분리된 시공간에 존재한다는 느낌이었다.

'내가 서 있는 자리가 현실의 진창이 아니라 구름 위라서 그럴까? 아니, 거꾸로, 내가 서 있는 자리가 구름 위가 아니라 현실의 진창이라서 그럴까? 이런 불편한 감정은 나 혼자만 느끼는 것일까?'

그런 혼란스러움이 불편해서 나는 본격적인 뒤풀이 행사가 시작되기도 전에 일찌감치 자리를 털고 일어났다. 아직 초저녁이었지만 집으로 돌아가는 발걸음이 무거웠다.

…류형수는 어땠을까?

팸플릿의 '작곡가 류형수의 이야기'에서 나머지 부분은 이랬다.

'뭘 이렇게까지?'라는 생각이 들기도 했지만 지병으로 인해 미래에 대한 불확실성이 커진 나로서는 '다음 기회에.'라고 말할 자신이 없었다. 그리고 과거의 유산을 정리할 것인가 아니면 현재의 내 생각을 담을 것인가 하는 두 개의 방향 앞에서 큰 고민 없이 두 번째를 선택했다. 사실 유산이랄 게 별것 없기도 했거니와 30년 전과 지금을 비교하면 나도, 세상도 많이 변했기 때문이다. 하지만 세상의 문제는 여전히 진행형이고 그것을 나는 여전히 숙제로 안고 고민하고 있다. 그러나 노래는 그 문제를 해결하는 열쇠가 아니다. 그 문제를 해결할 사람들과 공감하는 방법일 뿐이다. 그래서 이 음반은 나의 인생과 사랑에 대한 것이며 다른 길에서 삶의 무게를 감당해왔던 이들의 삶이 교차하는 지점에서 서로 공감하고 싶었던 이야기들에 대한 것이다. 그리고 우리 자리를 이어갈 세대들과 시도해보지 않았던 소통이 과연 가능할까 하는 생각으로 같이 작업을 하게 되었다.

류형수는 과거의 유산을(그는 유산이라고 할 것도 없다고 했다.) 정리하는 쪽보다는 현재에 집중하는 쪽에 콘서트의 초점을 맞추기로 했다. 현재에 진행 중인 잘못된 것들과 씨름하기로 했다는 말이었다. 그래서 자기는 지금도 여전히 현실의 문제를 숙제로 안고 고민한다고 썼다.

나중에 내가 윤선애와 함께 류형수를 따로 만난 자리에서 물었을 때도 그랬다. 노래 「저 평등의 땅에」가 자기 인생에서 지니는 의미가 무엇이냐는 질문에 숙제라고 대답했다.

"해야만 하는 숙제, 풀어야만 하는 과제 같은 거….."

그리고 1991년에서 1992년으로 넘어가던 무렵에 '새벽' 활동을 종료했다가 2006년에 백암아트홀에서 했던 '새벽' 콘서트 '혹시 내가 들리나요? - 사랑, 노래 15'에(이 콘서트는 '새벽'으로서는 1993년의 「모색」 이후 13년 만이다.) 참여하기까지의 공백, 그 긴 침묵이 본인에게는 어떤 의미였느냐는 물음에는 잠깐 생각하더니 이렇게 대답했다.

"글쎄요, 침묵이라… 나는 그렇게 생각하지 않는데… 나이가 들고 결혼해서 가정을 꾸리고 가족을 부양하며 사회의 한 구성원으로서 나름대로 열심히 살고… 이때는 '새벽' 활동을 하면서 가지고 있었던 문제의식이 내가 살아가는 일상에 투영되어서, 오히려 더 살이 붙은 형태로 느껴졌으니까요. 이런 점에서, 침묵이니 단절이니 불연속선이니 하는 개념이 나에게는 없었다는 말입니다."

　노래와 '새벽'과 민중가요 운동이 없는 동안에도 자기의 삶은 과거와 동일한 문제의식 속에서 이어져왔다는 말이다. 이런 맥락에서 보자면 현실의 문제를 해결하는 열쇠는 노래가 아니라 사람이며, 노래는 그 문제를 해결할 사람들과 나누는 공감일 뿐이라는 류형수의 결론은 자연스럽다.

　이런 점에 관한 한 윤선애도 류형수와 다르지 않다. 1992년에 '새벽'은 '윤선애 씨, 어디 가세요?' 콘서트를 열었다. 가수 윤선애가 자기 이름을 걸고 했던 첫 번째 콘서트이기도 했지만, '새벽'의 대표적인 가수인 윤선애가 '새벽'이 나아갈 방향성을 모색하고자 했던 시도였다. 이 공연의 팸플릿에서 윤선애는 "저의 노래가 한 가닥 실마리가 되어 이 혼란한 시대에 우리의 삶을 잠시라도 들어볼 수만 있다면, 저는 노래를 멈추지 않을 것입니다."라고 썼었다. 윤선애는 그 뒤로 30년 세월을 그렇게 살아왔다. 류형수에게 했던 질문을 똑같이 했을 때도 그는 이렇게 대답했다.

　"'저 평등의 땅에'가 내 인생에서 가지는 의미는… 집이에요."

　그냥 먹고 자고 쉬는 집, 복잡하고 힘든 일이 있긴 해도 마음이 저절로 편해지는 집이라고 했다.

　그렇게 윤선애나 류형수나 모두 '새벽'이 밀어올렸던 민중가요 운동의 고민을 일상의 숙제로 여기면서 실천하며 살아왔다. 다른 관심거리를 좇아서 그 문제에서 도망치지도 않았고 그 문제를 외면하지도 않았다. 실패냐 성공이냐 하는 평가와 상관없이…. 그 고민은 그들에게 존재의 문제였다. 그들은, 머리를 아름답고 깨끗하고 우아한 구름 위에 두고 있으면서도 두 다리는 시종일관 남루한 진창에 두고 서 있었고, 그런 사실을 늘 각성했다. 낭만주의자가 아니라 현실주의자였기 때문이다.

짧은 시간이었지만 쉽지 않은 길이었다. 자기 일처럼 팔 걷고 도와주신 모든 분에게 빚을 졌다.

류형수의 콘서트 「하루」의 팸플릿에 실린 '작곡가 류형수의 이야기'의 마지막 문단, 마지막 두 문장이다. 이 진술은 콘서트 「하루」에만 국한되지 않는다. 역설적이게도, 류형수가 대학교에 입학했던 1985년 이후로 지금까지 그가 살아왔던 민중가요-노래 운동의 길은, 긴 세월 동안 이어졌지만 무척이나 쉬웠다. 그의 표현을 빌자면, 그냥 그렇게 사회의 성실한 일원으로 살기만 하면 되는 것이었으니까…. 물론, 서로에게 아름다운 많은 사람의 지지와 지원과 협력이 없이는 불가능한 일이었겠지만.

85학번으로 대학교에 입학하자마자 '새벽' 활동을 시작했던 류형수는 「선언 1·2」와 「저 평등의 땅에」를 거쳐서 지금은 다음 세대로 열려 있는 「숨」까지 걸어왔다.

너는 나를 위해 울어줄까, 너는 나를 위해 말해줄까
너의 잘못이 아니라고
너는 나를 위해 웃어줄까, 너는 나를 위해 위로해줄까
너는 꽤 잘해 왔다고(*「숨」의 가사 중에서)

류형수가 앞으로는 또 어디까지 갈지, 그의 노래와 민중가요 운동은 어디까지 갈지, 그리하여 우리가 사는 세상이 얼마나 긍지와 눈물로 아름다워질지는 두고 볼 일이다. 건투를 빌자, 류형수에게 또 공감과 연민이 넘치는 세상을 꿈꾸는 우리 모두에게!

안데르센의 미운 오리 새끼와 닫힌 사회

○ ○ ○

우리 인생의 동화를 위하여

잃어버린 열쇠를 찾으려면,
열쇠가 놓여 있을 깜깜한 그곳으로 용감하게 들어가라.
열쇠가 있지도 않은 가로등 아래에서
아무리 고함을 지르고 욕을 하고 울어봐야 소용없다.

8장

1.

연못이 있었고, 거기에 살던 엄마 오리가 알들을 품었으며, 이윽고 오리 새끼들이 태어났다. 그런데 한 마리는 외모가 달랐다. 덩치도 컸고 못났다. 그래서 다른 오리들로부터 따돌림과 괴롭힘을 받았다. 그래서 이 미운 오리 새끼는 자의반 타의반으로 연못을 떠난다. 그리고 가난하고 우정 없는 세상을 여기저기 떠돌며 온갖 경험을 한다. 그러다가 어느 순간에 자기는 오리가 아니라 백조였음을 깨닫는다. 구박덩이 미운 오리 새끼가 만인의 칭송을 받는 복덩이 백조가 된 것이다.

2.

우리가 사는 사회는 가난하고 우정 없는 세상이다. 이 세상의 불량한 인물들이 털어놓은 얘기를 몇 개 모았다. 그런데 당사자들은 자기가 불량한 줄 모른다. 혹은, 알아도 그런 사실에 개의치 않는다.

어느 불량 초등 교사의 고백

"하루에 근무하는 시간이 얼마나 되느냐고요? 오전 8시 30분에 시작해서 4시 30분에서 5시 정도에 퇴근한다고 보면 됩니다. 한 일여덟 시간 일한다고 보면 되겠네요. 아이들을 가르치는 시간은 저학년은 보통 9시부터 1시 30분까지이고, 고학년은 6교시까지, 그러니까 2시 30분까지입니다.

아이들을 집으로 돌려보내고 난 뒤에 퇴근할 때까지는 행정 업무를 처리합니다. 그런데 공문이 너무 많아요. 행정 업무가 전산화되면서 교육 활동 성과를 데이터베이스화하다 보니 데이터를 입력하고 정리하는 데 시간이 너무 많이 듭니다. 퇴근 시간에 맞추기가 바쁘다니까요? 물론 일반 회사만큼 일이 빡빡하지는 않죠. 만일 그렇다면 우리처럼 나이든 교사들은 견디기 힘들겠죠, 여태까지 그렇게 살아오지도 않았으니까.

사실 일반 회사에는 업무 목표라는 게 있잖아요. 하지만 학교에서는 그런 게 두루뭉술해요. 잘 한다고 해봐야 표시도 안 나고…. 아이들을 대상으로 하는 교육인데 목표 달성 결과를 수치로 나타낼 수는 없잖아요. 인성 교육 결과를 어떻게 수치로 나타냅니까?

어차피 아이들 공부는 학부모나 학원 선생들이 해주잖아요. 아이들이 집에서 다 배우고 오는데 뭘 더 가르칩니까. 부모가 열심이고 똑똑한 애들 가운데는 나보다 더 많이 아는 애들도 있다니까요, 진짜! 공부 안 해 오는 아이들이 문제죠. 이런 애들은 자기 스스로 할 생각이 아예 없어요. 그런 생각이 있으면 샘이 나서 미리미리 공부를 해오겠지만, 안 그러거든요.

우리 반에 민정이라는 애가 있어요, 뚱뚱한 여자앤데, 얘만 보면 진짜 짜증이 나요. 얘가 공부를 안 해오는 스타일이거든요. 아빠가 없는 아이에요. 작년인가 재작년에 교통사고로 돌아가셨다나 봐요. 그래서 엄마가 남매 둘을 데리고 사나 본데, 이 엄마가 보험설계사인가 화장품 영업사원인가 한다고 해요. 열심히 하시나 보더라고요. 그런데 아무래도 엄마 생활이 그러니 아이들한테 신경을 잘 못 쓰잖아요. 그래서 민정이가 준비물을 잘 안 챙겨와요, 그때마다 벌을 세워도 말을 안 들어요. 그리고 사회성이 떨어져서 애들하고 잘 어울리지도 못해요. 스트레스를 먹는 걸로 푸는 바람에 살도 너무 쪘어요. 50킬로그램도 넘을 걸요? 그러니 다른 아이들이 싫어해요, 옆에 앉으려고 하지도 않고…. 그래서 민정이가 다른 아이들과 자주 싸우는데, 솔직히 왕따를 당하니까 자기도 화가 나겠죠, 그래서 유리창을 깨기도 하고….

그런데 다른 아이 엄마들은 제발 민정이 좀 난속해서 자기 아이한테 피해가 가지 않게 해달라는 거예요. 이 학부모님들 말도 들어줘야 하거든요, 솔직히, 아이들 교육에 아주 열성인 분들이라서…. 그렇다고 해서 민정이를 다른 반으로 보내버릴 수는 없잖아요. 다른 반 선생님이라고 이런 애를 좋아하겠어요? 엄마를 불러서 얘기를 해봐도 소용없더라고요, 민정이가 엄마를 닮았더라고요, 엄마도 민정이랑 똑같이 사교성도 없이 뚱하고…. 그래서 내가 이 엄마한테 그랬어요, 진짜 민정이는 다른 애들 교육에 방해가 되니까, 다른 학교로 전학 갔으면 좋겠다고요. 솔직하게 그렇게 말했죠. 솔직한 게 좋잖아요. 그랬더니 이 엄마가 울더라고요. 우는 모습을 보니까 마음이 약해지긴 하지만, 그래도 나는 내 입장이라는 게 있으니까…. 솔직히 편하게 일하고 싶지, 골치 아픈 애 데리고 머리 썩이며 일하고 싶은 교사가 어디 있겠어요? 그런데 민정이 엄마는 결국, 전학은 하지 못하겠다 그러더라고요. 짜증이 확 나대요. 그다음 날 민정이가 또 준비물을 안 챙겨왔더라고요. 리코더를요. 그래서 음악 시간에 교실 뒤에 가서 서 있으라고 했죠 뭐.

민정이를 보면 애들도 부모 잘 만나야 된다는 생각이 들어요. 우리 아이들이 둘 다 스카이 대학교에 입학해서, 장학금까지 받으면서 공부하고, 지금은 졸업해서 대기업에 취직했거든요. 자랑은 아니지만, 현실이 그렇잖아요. 솔직히, 교사 입장에서 민정이 같은 애들 보면 안 됐어요.

그래도 교사는 괜찮은 직업이라고 봐요, 특히 우리 같은 여자들에게는요. 사회적인 인식이 좋잖아요, 공무원이니까. 솔직히 여가 시간도 많고 쉬는 날도 많고, 또 방학이 있잖아요. 그런데 요즘 젊은 교사들은 안 그런가 봐요. 아동학대법 때문에 스트레스를 많이 받더라고요. 솔직히, 이건 비밀인데, 우리 학교에서도 나처럼 경험이 많은 교사 빼고는 거의 다 그래요. 별난 학부모들을 보면 그냥 그러려니 하고 넘어가면 되는데, 그 꼴을 못 보니까요…. 젊은 교사들이 이러는 거 보면, 솔직히, 교사도 좋은 시절 다 갔나 봐요.

촌지요? 어머, 미쳤어요? 요즘 그런 거 안 받아요, 큰일 나게요? 요즘 학부모들이 얼마나 무서운지 몰라요. 겉으로는 살살 웃으면서 뒤로 무슨 해코지를 할지 모른다니까요. 조심해야 돼요. 애들 시켜서 막 녹음하고 동영상 찍고, 얼마나 무서운지 몰라요, 호호호, 그래서 젊은 교사들이 그렇게 스트레스 받는 게 아니에요?

아참, 나 내년에 정년퇴직한 뒤에도 이 학교 계속 나올 거예요. 방과후 학교 교사로 컴퓨터 가르치려고요. 아무래도 난 교사가 천직인가 봐요. 컴

퓨터 잘 하느냐고요? 호호호, 이제부터 좀 배워야지요."

어느 불량 학부모의 초상

거리, 여자 중학생 연아가 어머니와 함께 걸어간다. 연아는 방금 바이올린 교습을 마치고 나왔고, 두 사람은 편의점에서 아이스크림을 사서 먹으며 주차장으로 가고 있다. 그런데 연아가 바이올린 가방을 다른 손으로 바꿔쥐다가, 아이스크림을 쌌던 비닐봉지를 실수로 떨어뜨린다. 연아가 비닐봉지를 주우려고 허리를 굽히자, 어머니가 연아의 등을 탁 친다.

"줍지 마!"

"왜?"

"줍지 마, 그런 거 청소할 사람은 따로 있으니까, 줍지 마."

하지만 연아는 이미 아이스크림 비닐봉지를 주웠다.

어머니는 연아가 개념이 없어서 걱정이다. 아파트 경비원과 말을 섞지 말라고 그렇게 일렀지만, 성격적으로 붙임성이 좋은 연아는 경비원에게 먼저 인사를 하곤 한다. 그렇게 가르치는 데도 나쁜 버릇을 고치지 못한다.

"우리가 이런 거까지 다 주우면, 청소하는 사람들은 할 일이 없어지잖아. 이런 일은 청소원들한테나 맡기는 거야. 그런 일 하라고 구청에서 월급 주고 고용하는 사람들이니까. 알겠니?"

"어."

"너 아파트 경비원 아저씨하고도 말하지 마?"

"인사도?"

"눈으로만 하면 되잖아."

"그 사람들하고 우리는 달라. 말 섞고 그러면 만만하게 본단 말이야, 자기들하고 우리가 같은 줄 알고…. 아니?"

"몰라."

연아의 어머니는 딸이 마음이 너무 착한 게 탈이라고 생각한다.

"사람이라고 다 똑같지 않아. 달라."

"알았어."

"그 비닐봉지 그냥 버려. 지금 당장."

연아는 어쩔 수 없이 비닐봉지를 버린다.

그런데 연아 어머니는 자기 아파트에서 일하는 경비원들 가운데 한 명은 서울대학교를 졸업하고 대기업에 취직해서 임원까지 승진했던 경력을 가지고 있으며, 지금은 아파트 경비 일을 해서 버는 돈을 다문화가구를 지원하는 단체에 기부한다는 사실을 알 턱도 없다.

어느 불량 학생의 초상 - 1

지하철 3호선 대치역이 있는 대치역사거리에서 서쪽으로 숙명여고사거리까지의 구역, 그리고 대치역사거리에서 남쪽으로 한 블록 떨어져 있는 은마아파트 사거리를 중심으로 동쪽으로는 대치우성아파트사거리 또 서쪽으로는 강남 롯데백화점까지를 아우르는 구역, 여기가 바로 대한민국 사교육 1번지인 대치동 학원가다.

이 사교육 1번지에 괴담이 하나 떠돈다.

괴담의 주인공은 학부모, 구체적으로 말하면 수험생의 어머니다.

남편이 출근하고 고등학교 2학년인 둘째 아이가 등교한 뒤, 여자는 신문을 보다가 그냥 거실 소파에 누워서 잠깐 잠들었다. 어젯밤 늦게까지 둘째 아이 공부하는 걸 지켜보고 두 시에 잠들었다가 아침 여섯 시에 일어났으니 잠이 부족했던 모양이다. 하지만 사실 이것은 그날만 그런 게 아니었다. 늘 그랬다.

여자의 다음 일정은, 이렇게 깜박 한숨 자고 일어나서 스포츠센터에 가서 수영을 한 다음에 사우나를 하는 것이었다. 이는 늘 반복되는 일과였다. 그런데 오늘 점심 때에는 둘째 아이의 학부모 모임에 참석해야 한다. 여자는 이 모임에서, 둘째 아이에게 부족한 언어를 보충시킬 학원에 대한 정보를 추가로 취합할 생각이다. 그리고 모임이 끝나면 학원 순례를 할 참이었다. 그런 생각을 하고 깜박 잠이 들었다.

그런데 어쩐 일인지 누가 자기를 바라본다는 서늘한 느낌이 들었다. 그래서 여자는 퍼뜩 눈을 떴다. 낯익은 얼굴이 자기를 내려다보고 있었다. 큰아들이었다. 올해 서울대 의대에 들어간 자랑스러운 아들이었다. 유치원부터 고등학교까지 14~15년 동안 자기가 심혈을 기울여서 만들어낸 작품이었다. 아들이 잘 따라주긴 했지만, 극성스러울 정도로 휘젓고 다녔던 자기의 열정이 없었다면 오늘의 이 장한 아들이 없었을지도 모른다는 뿌듯한 성취감에 저절로 미소가 지어졌다.

"아직 학교 안 갔니?"

그런데 아들은 아무 대답도 하지 않았다. 물끄러미 여자의 얼굴만 바라볼 뿐이었다.

"너 왜 그러니?"

아들의 얼굴에서는 아무런 표정도 읽을 수 없었다. 평소의 눈빛이 아니었다. 시키면 시키는 대로 어떤 학원이든 어떤 과외든 아무리 힘들어도 다

소화하던 그 착한 아들이 아니었다. 무표정 그 자체였다.

여자는 갑자기 섬뜩한 느낌이 들었다. 소파에서 일어나려고 해도 몸이 말을 듣지 않았다.

"애, 왜 그렇게 바라보니 무섭게?"

그러자 아들이 입을 열었다.

"너는 참 좋겠다."

여자는 잘못 들은 줄 알았다.

"뭐라고?"

"네 큰아들이 서울대 의대 들어가서 좋겠다고, 씨발년아!"

"얘야...?!"

"씨발년아, 너는 내가 얼마나 힘들었는지 모르지? 내 인생 니 마음대로 바꿔놓으니까 기분 참 좋겠다?"

순간, 여자의 시야는 깜깜하게 흐려졌다.

'영화감독이 되겠다는 녀석의 고집을 꺾고 억지로 이과로 보낸 걸 가지고 저러나? 그게 한이 되어서 저러나?'

얼마나 시간이 지났을까. 아주 잠깐일 수도 있었고 제법 많은 시간이 흘렀을 수도 있다.

정신을 차리고 보니 아들은 보이지 않았다. 여자는 일어나 앉았다. 한참 만에 가까스로 일어섰지만 금방 다리에 힘이 풀렸다. 다리가 후들거려서 설 수조차 없었다. 여자는 거실 바닥에 주저앉은 채로 망연하게 눈만 끔벅거렸다. 현실이었는지 꿈이었는지 알 수 없었다.

저녁 때 집으로 들어온 큰아들은 평소와 다름없이 다녀왔다는 착한 인사말을 던지고는 자기 방으로 들어갔다. 여자는 그 뒤로 무서워서 큰아들의 얼굴을 정면으로 바라보지 못했다.

여자는 이 이야기를 남편에게도 하지 못했다. 그러나 도저히 자기 혼자 품고 있을 수 없어서 누군가에게 하기는 해야겠기에 평소 친하게 지내던 ○○논술학원의 원장이자 큰아들 친구의 어머니에게 했다. 물론 그 얘기의 주인공이 자기와 자기 아들이라는 말은 하지 않고 '어떤 사람에게 들은 얘기'라고 했다. 그 뒤로 이 이야기는 대치동 학원가에 '학부모 괴담'이라는 이름으로 떠돌고 있다.

어느 불량 학생의 초상 2, 3, 4, …

현실은 괴담보다 더 끔찍하고 무섭다.

서울에 살던 한 고등학생은 성적으로 닦달하던 어머니를 칼로 찔러 살해한 뒤 무려 여덟 달 동안이나 사체를 안방에 방치한 채 같은 집에서 잠을 자고 밥을 먹으며 태연하게 학교에 다니며 수능시험까지 봤다. 이 엽기적인 사건은 별거 중이던 아버지가 집을 방문한 뒤에야 마침내 세상에 알려졌다.

열다섯 살 청소년 다섯 명이 친구가 말을 함부로 했다는 이유로 며칠 동안 감금해서 폭행한 뒤 살해하고는, 시신을 담요에 둘둘 말아서 서울 양화대교 부근의 한강에 버린 사건도 있다.

또 있다. 2023년 4월 16일 오후 2시 30분경 강남 테헤란로에 있는 역삼동의 19층짜리 건물 옥상에서 10대 여학생 한 명이 거기에 선 자기의 심정과 모습을 사람들에게 휴대폰 SNS 라이브 방송으로 생중계했다.

안녕하세요. 여러분 2시에 뛸게요. 2시에 뛸게요. 2분 남았어요. 2시

에 뛸게요(웃음)

야 하늘… 하늘이 참 맑네요. 여러분, 여러분은 꼭 인생에, 아니 이렇게 하면 좀 꼰대 같으니까, 여러분은 꼭 꿈을 찾으시고, 꿈을 찾으세요. 그리고 꿈을 꼭 이루세요. 저처럼 이렇게 앰생아싸감자녀처럼 살지 마시고요. 저처럼 븅신처럼 살지 마시고, 이렇게 인생 허비하지 마시고, 울갤.(* 디시인사이드 갤러리 안의 '우울증갤러리'를 뜻한다.) 접으시고, 울갤 접으시고, 어… 잘 사셔야 돼요.

(…)

여러분 잔잔하게 노가리나 깝시다. 잔잔하게 노가리나 깝시다, 여러분. 상당히 춥네, 무서워요…. 무서워요. 저기서 사람이 지켜보고 있거든요? 저기 보이시죠, 저기서 사람이, 사람이 지켜보고 있는데 굉장히 무섭네요.

(…)

근데 솔직히 나 뒤진다고 너네한테 뭐 피해 가는 거 없잖아, 인정? 감성… 감성 존나 잡지 말고 얘들아, 현실… 현실적으로 생각을 해봐. 니들 다음 날 라면 존나 맛있게 먹으면서, 라면 존나 맛있게 먹으면서 '어 무슨 일 있었지?'이 지랄하면서 존나 행복해 할 거잖아.

얘들아, 호수야~ 호수야, 사랑해, 사랑한다고 해줘, 호수야, 한 번만 사랑한다고 해줘. 되게 무섭다 얘들아, 무서워. 뭔 개소리야, 여러분 이렇게 거치하면 보일까요? 이렇게 거치하면 보일까요? 여러분, 여러분 갈게요, 갈게요….

그리고 그 학생은 허공으로 몸을 날려 목숨을 끊었다. 중계방송을 본 사람들이 신고를 해서 경찰이 출동했지만, 이미 늦은 뒤였다.

통계청이 OECD 회원국의 자살률을 비교한 「한국의 안전보고서 2022」에 따르면 한국의 자살률은 인구 10만 명당 24.1명으로 OECD 국가 가운데서 압도적으로 1위다. 특히 최근 들어서는 10~20대의 자살률이 빠르게 높아지고 있다.

　　　* * *

이 이 가난하고 우정 없는 세상에서 당신은 오리인가?

아니면, 백조인가?

그것도 아니면 나중에 백조로 밝혀질 오리일 것 같은가, 나중에 오리로 밝혀질 백조일 것 같은가?

또 당신의 자녀는 어떤가?

3.

— 이 가난하고 우정 없는 세상!

이 표현은, 덴마크의 시인이자 작가이던 안데르센이 자기 자서전에서 자기가 평생 몸담고 살았던 세상을 단 한마디로 정의하는 표현이기도 했다.

나폴레옹의 등장과 퇴장, 증기기차와 증기선의 출현, 산업의 급속한 발달, 그리고 민족국가가 성립하면서 인근 국가들 사이에서 일어나는 전쟁 그리고 시민혁명 등이 삶의 방식을 송두리째 흔들어놓던 19세기 초에 가난한 시골 소년 안데르센이 성인이 되어 유럽 각국의 왕과 친교를 나눌 정도로 가까운 친구가 되기까지의 과정은 결코 만만한 것이 아니었다. 그의 좌절과 눈물과 분투가 거대한 역사의 소용돌이 속에서 문학과 역사의 아름 으로 파노라마처럼 펼쳐지는 그의 자서전에는 '내 인생의 동화'라는 제목 이 붙어 있다.

내 인생은 멋진 이야기다. 행복하고 온갖 신나는 일로 가득하다. 만일, 내가 어릴 적 이 가난하고 우정 없는 세상에 처음 발을 디뎠을 때 착한 요 정이 나타나 내게 이런 말을 했다면 어땠을까?

"어떤 인생을 살아갈지 네 마음대로 선택하려무나. 살면서 네가 이루 고 싶은 게 있으면 그것도 얘기하렴. 인생의 모든 단계에서 네가 원하는 대 로 살 수 있게, 내가 옆에서 널 지켜주고 안내할 테니까."

그 어떤 착한 요정이 나를 지켜주고 안내했다 하더라도 지금보다 더 행복하고 신나는 인생을 살지는 못했을 것이다.(*안데르센, 『안데르센 자서전 ─ 내 인생의 동화』, 휴먼앤북스, p. 23.)

이것은 900여 쪽이라는 방대한 분량의 그의 자서전이 시작되는 첫 부 분이다. 자기가 살아왔고 또 지금 사는 세상이 그렇게나 '가난하고 우정 없 는' 고약한 세상이라는 사실을 전제하면서도 안데르센은 자기 인생은 더할 나위 없이 행복했다고 말한다. 그러니 요정에게는 따로 그런 부탁을 하지 않겠다고 말한다.

당신은 어떤가? 당신이라면, 당신이 다시 태어나는 순간으로 되돌아가 서 그 착한 요정에게 당신의 인생에서 일어날 수 있는 일들을 얘기해서 그 모든 것을 보장받을 수 있다면, 과연 지금껏 살아온 인생을 내팽개치고 당신이 살지 못했던 더 아름다운 인생을 보장받겠는가?

그렇다, 이 질문은 어쩌면 앞서 3장에서 살펴보았던 '바퀴벌레 질문'의 또 다른 버전일지도 모른다.

사실 누군들 그러고 싶지 않을까 싶다. 솔직히, 그 어떤 착한 요정이 자기를 지켜주고 다른 좋은 인생 행로를 안내했다고 하더라도 자기가 실제로 살았던 인생보다 더 행복하고 신나는 인생을 살지는 못했을 것이라는 안데르센의 진술은 어쩐지 허세나 허영 같다.

그래, 가난한 구두 수선공의 아들로 오덴세라는 도시의 작고 누추한 방에서 태어나 덴마크를 대표하는 작가가 된 자기의 인생을 멋있게 포장하기 위한 허위의식이겠지….

정말 그럴까?

* * *

안데르센은 1805년에 태어났다. 1805년이면 조선시대로 치면 정조가 죽고 5년 뒤다. 정조 재위 기간에 말발과 글발을 날렸던 『열하일기』의 박지원과 『북학의』의 박제가가 화려했던 시절을 뒤로하고 쓸쓸하게 죽음을 맞이했던 바로 그해이기도 하다.

안데르센은 가난한 제화공인 아버지와 빨래 일을 하던 어머니 사이에서 태어났다. 그러니 학교 교육을 제대로 받을 수도 없었다. 그런데 기가 막히게 운이 좋게도, 안데르센은 꾀꼬리처럼 고운 목소리로 노래를 잘 불렀다.

'그래, 바로 이거다! 가수나 배우로 출세하자!'

열네 살의 어린 안데르센은 오페라 가수나 배우로 출세하겠다는 청운의 꿈을 안고 무일푼으로 무작정 덴마크에서 가장 큰 도시인 코펜하겐으로 갔다. 하지만 세상은 호락호락하지 않았다. 노래 잘하는 청년이 어디 한두 명이었겠는가! 게다가 변성기를 거치면서 목소리도 달라지고 말았다. 결국 오페라 가수의 꿈도 배우의 꿈도 모두 접어야 했다. 하지만 무슨 일로든 가난에서 벗어나야 했다. 그랬기에 성공을 간절하게 바랐다. 그래서 새로운 가능성을 붙잡았다. 그 희박한 가능성의 끈은 바로 작가가 되는 길이었다.

다행히 안데르센은 작가로서의 재능도 가지고 있었다. 그래서 주변 사람들의 도움으로 작품을 하나씩 냈다. 희곡을 내고, 기행문을 내고…(그때는 기행문이 중요한 문학 장르였다.). 대중이 안데르센의 글에 환호했다. 안데르센은 작가로 성공했다. 요즘으로 치면 인기 여행 전문 블로거가 된 셈이다.

그런데 문제가 하나 있었다. 대중으로부터 찬사를 받은 작품들마다 평론가들이 딴지를 걸었던 것이다. 안데르센은 제대로 된 교육을 정식으로 받지 못해서 교양이 부족하고 기본이 안 되어 있다는 게 비판의 요지였다. 문학계의 권력을 가진 사람들로서는 안데르센이라는 '듣보잡·아싸·촌놈'을 도저히 인정할 수 없었던 것이다.

안데르센은 화가 났지만 약자였기에 어쩔 수 없었다. 예나 지금이나 창작자는 평론가 앞에선 고양이 앞의 쥐 신세니까. 아닌 게 아니라, 제대로 배운 것도 없고 여기저기 밥과 잠자리를 구걸하며 청년기를 살아온 가난한 청년이 지위와 가문이 쟁쟁한 문사들과 어깨를 나란히 하겠다고 나선 것 자체가 미운털이 박힐 만한 일이었다. 평론가들에게 좋은 평가를 받지 못하는 한 작가로서 성공할 길은 없었다. 안데르센은 좌절했다.

그런데 그 절망 속에서 안데르센은 꾀를 하나 냈다. 작품을 써서 발표하되 자기 이름이 아니라 익명으로 발표하는 것이었다. 자기가 쓴 작품에 안데르센이라는 이름을 붙이지 않으면 평론가들이 자기가 쓴 작품인 줄 모르고 정당한 평가를 할 것이고, 그러면 그때 가서 '그 익명의 작가가 사실은 바로 나거든!' 하면서 '짠' 하고 나서겠다는 속셈이었다. 작전은 성공했다. 자기를 그렇게 욕하던 평론가들이 자기가 익명으로 쓴 작품을 엄청나게 칭찬한 것이다. 그래서 안데르센은 계획대로 짠하고 나타나서 그 작품을 사실은 자기가 썼다고 밝혔다. 그러자 평론가들은 태도를 180도로 바꿔 버렸다.

"자세하게 다시 따져보니 그 작품은 철자도 엉망이고 상류사회의 예법도 모르고…. 그래서 한 마디로 저질 작품이고, 안데르센은 저질 작가다."

환장할 노릇이었다. 그래서 안데르센은 다시 또 다른 이름으로 작품을 썼다. 이번에도 계획은 성공할 뻔했지만, 결정적인 순간에 평론가들은 등을 돌려버렸다. 약이 오른 안데르센은 복수의 칼을 갈고 휘두르고 갈고 휘두르길 반복했다. 안데르센은 가슴에 비수를 품고서 투쟁했다, 평생, 평론가들로부터 그리고 세상 사람들로부터 칭찬을 받으려고!

그리고 마침내 안데르센은 성공했다. 모두가 안데르센을 성공한 작가로 인정하고 또 그렇게 대우했다. 드디어 미운 오리 새끼에서 백조가 된 것이다. 그가 태어난 도시인 오덴세는 그를 명예시민으로 추대했고, 그가 오덴세를 찾아가자 도시 전체가 들썩거렸다. 오덴세 시민들은 덴마크 국민 작가가 찾아왔다면서 안데르센을 대대적으로 환영하고 나선 것이다. 안데르센은 이 도시에 며칠간 기분 좋게 머물렀다. 안데르센이 오덴세를 떠나는 날에도 오덴세 기차역은 안데르센을 배웅하려는 사람들로 북적거렸다. 그야말로 인산인해였다. 시장이 작별 인사를 하고, 요란한 만세 소리가 몇 번이나 울렸고, 마침내 기차가 서서히 움직이기 시작했다. 기찻길 옆에 늘어서서 손을 흔들며 배웅하는 사람들을 안데르센은 차창으로 흐뭇하게 바라보았다. 그런데 조금 가니까 또 한 무리의 사람들이 기찻길 옆에 서서 안데르센의 이름을 부르며 꽃다발을 든 손을 흔들었습니다. 조금 가니까 또 사람들이 그렇게 서서 그의 이름을 부르며 손을 흔들었다.

이 모습을 본 안데르센의 심정이 어땠을까?

'이겼구나, 드디어 내가 그 얄미운 평론가 놈들을 이겼구나! 평론하는 인간들아, 보고 있나?'

평생을 바친 싸움…. 얼마나 감격했을까?

그런데 바로 그 순간, 안데르센의 머리를 스치는 생각이 있었다.

'가만… 내가 지금 뭘 하고 있지? 이걸 위해서 내가 평생을 그토록 머리를 싸매고 고통스러워하고 때로는 의기양양했었단 말인가?'

문득 든 그 생각에 안데르센은 자기를 구성했고 또 지탱했던 모든 것이 한꺼번에 와르르 무너지는 느낌을 받았다. 그 심정을 안데르센은 자서전 마지막 부분에 다음과 같이 적었다.

드디어 온전히 나 혼자만 남게 되자, 비로소 내가 태어난 곳에서 신이 내게 내렸던 모든 명예와 기쁨과 영광의 의미를 깨달았다.

결국 내가 얻을 수 있었던 가장 크고 위대한 축복은 나 자신이었던 것이다. 나는 생애 처음으로 영혼을 바쳐 신에게 감사하고 기도했다.

'신이여, 장차 시련의 날이 닥쳐올 때 제 곁을 떠나지 마시옵소서.'(*안데르센, 『안데르센 자서전 - 내 인생의 동화』, 휴먼앤북스, pp. 876~877.)

비유가 아니라 실제로 이 부분은 그 두꺼운 분량의 자서전 가운데 마지막 문장이었고, 그 마지막 대여섯 줄에서 지금까지의 900여 쪽 모든 내용을 뒤엎는 반전이 일어난다.

인생이란 거 살아보니 다 부질없더라, 그냥 자기 자신에게 충실하게 살면 되는데 나는 왜 그걸 모르고 평론가들을 이기고 또 그들에게 인정을 받겠다는 생각에 아등바등하면서 여태껏 인생을 허비하고 살았을까, 바보처럼….

요컨대, 인생의 파란만장한 투쟁을 통해서 얻었던 승리와 패배의 갖가지 것이 중요한 게 아니라, 그런 것들이 전혀 중요하지 않다는 점을 미처 깨닫지 못했다는 사실이 중요하다는 것이다. 그 결정적인 깨달음이, 900쪽 가까이 될 정도로 두꺼운 전체 자서전 가운데서 마지막 대여섯 줄에 담겨 있다.

안데르센이 무슨 말을 하고자 했던지는 분명하다.

자기처럼 살지 말라는 것이다. 명예를 위해서든 혹은 돈을 위해서든 간에 그것 하나만 바라보면서 세상을 살지 말라는 말이다. 그렇게 살면 인생의 수많은 다른 즐거운 일이 눈에 보이지 않고, 결국에 가서는 인생의 온갖 풍성한 즐거움이 자기 주변에 있는 줄도 모른 채 지나친다는 말이다. 요컨대 터널 시야의 오류에 빠지는 걸 경계하라는 말이다. 자기는 그렇게 오로지 성공과 출세만을 위해서 살아왔는데, 살아보니 그게 아니더라는 말이다.

안데르센의 이 깨달음을 다르게 표현하면, 오리의 세계라는 닫힌 사회에서 따돌림과 괴롭힘을 당하던 끝에 백조의 세계라는 또 다른 닫힌 사회로 진입하는 데 성공했을 뿐인데, 이게 과연 인생의 모든 것을 희생할 만큼 가치가 있느냐 하는 성찰이다. 세상을 그렇게 닫힌 사회로 바라보지 말자고, 혹은 오리와 백조가 배타적인 집단으로 존재하는 사회가 아니라 이들이 함께 뒤섞이며 서로를 포용하는 열린 사회에서 살아가는 것이 또 그런 사회를 만들어나가는 것이 훨씬 더 소중한 인생의 가치라는 성찰이다.

실수가 가치 있는 이유는 실수 그 자체가 소중하기 때문이 아니라 실수로부터 교훈을 배울 수 있기 때문이다. 우리는 안데르센이 저질렀던 실수나 지금 이 순간에도 수많은 사람이 끝없이 허우적거리며 반복해서 저지르는 실수로부터 교훈을 배워야 한다.

청년의 범위

- 청년기본법: 19세 이상 34세 이하인 사람
 cf. 청소년기본법에서 청소년은 15세 이상 29세 이하인 사람이다.
 - 청년고용촉진특별법: 15세 이상 29세 이하인 사람

4.

청년 세대를 지칭하는 말들은 시대상을 반영한다. 2007년에 세대 간 불균형 문제를 다룬 책이 '88만 원 세대'라는 제목으로 출간되었는데, 이 책은 비정규직 평균임금 119만 원에 전체 소득 대비 20대의 평균적 소득 비율인 74퍼센트를 곱해서 나온 88만 원을 20대가 겪는 세대 간 불평등을 가리키는 용어로 사용했고, 이 책이 사회적 파장을 일으키면서 '88만 원 세대'가 한국의 20대 청년을 가리키는 대명사로 사용되었다.

그 뒤로는 연애·결혼·출산을 포기할 수밖에 없는 세대라는 뜻으로 '3포 세대'라는 명칭이 나왔고, 여기에 덧붙여서 내 집 마련과 취업을 포기한 세

대라는 뜻으로 '5포 세대'가 나왔으며, 여기에 덧붙여서 건강과 외모 관리를 포기한 '7포 세대'가 등장했다. 이어서 인간관계와 희망까지 포기한 '9포 세대'가 등장했고, 삶 자체까지 포기한 '10포 세대'가 등장했으며, 뒤이어서 다른 것도 모두 포기해야 한다는 뜻으로 'n포 세대'까지 등장했다.

청년 세대의 소득과 재산을 보면 왜 수많은 것들을 포기할 수밖에 없는지 알 수 있다.

2022년 기준으로 청년 세대의 연간 소득을 살펴보면, 만 19~24세는 929만 원이고 만 25~29세는 2,509만 원이다. 학력을 기준으로 살펴보면, 고졸 이하가 2,351만 원이고 대졸 이상이 2,738만 원이다. (*"청년 삶 실태조사: 연간소득", 통계청) 또 같은 해를 기준으로 금융재산을 살펴보면, 만 19~24세는 512만 원이고 만 25~29세는 1,591만 원이다. 학력을 기준으로 살펴보면, 고졸 이하가 1,233만 원이고, 대졸 이상이 1,860만 원이다. (*"청년 삶 실태조사: 금융재산", 통계청) 물론 이 금액은 평균치다. 그러니까, 파레토의 지혜를 따라서 80/20 법칙을 적용해서 전체 청년층 가운데서 상위 20퍼센트가 전체 청년층 소득 및 금융재산 80퍼센트를 차지한다고 보면, 나머지 80퍼센트 청년의 소득과 재산은 평균치보다 훨씬 더 열악한 수준이 될 수밖에 없다. 2023년 7월에 통계청이 발표한 '2023년 5월 경제활동인구조사 청년층(15~29세) 부가 조사 결과'에 따르면 청년 10명 중 6명 이상은 첫 월급으로 200만 원 미만을 받는다.

그러니 이 청년 세대가 연애하고 결혼해서 아이를 낳고 집을 사고 알콩달콩 행복한 인생을 살겠다는 희망을 가진다는 것 자체가 그야말로 '오징어 게임'에 참가해서 승자가 되겠다는 꿈, 혹은 복권에 당첨되겠다는 꿈을 꾸는 것일 수밖에 없다.

아닌 게 아니라 오늘날 한국 사회가 안고 있는 불편한 진실의 민낯을 드러내는 영화 「기생충」에서 기우가 아버지 기택에게 근본적인 계획을 세웠다면서 돈을 벌면 그 집부터 사겠다고 하는데, 이 대사를 두고 이 영화의 감독인 봉준호는 평론가 이동진과 대담을 나누는 자리에서, 기우가 그 집을 사는 데 걸리는 기간을 자기가 계산해봤더라면서 그렇게 계산하는 것 자체가 슬프더라고 했다.

정말 슬퍼요. (…) 기우가 받을 만한 평균 급여로 계산해보니까 그 집을 사려면 대략 547년이 걸리겠더라고요. 계산하는 것 자체가 잔인한 일이죠.(*이동진, 『이동진이 말하는 봉준호의 세계』, 위즈덤하우스, p. 147.)

영화 「기생충」에서 기택의 20대 초중반 자녀인 기우와 기정은 둘 다 공부도 어느 정도 잘 하고 나름대로 높은 수준의 생산력을 가지고 있으며 노동의 의지나 사회 적응력도 강하다. 그러나 이 가여운 청년들은 가난한 집안 사정 때문에 대학교에 진학하지 못하고 아르바이트 일자리를 전전할 뿐이다. 이들에게는 가장 원초적인 생존을 위해서 돈을 버는 것만이 가장 중요하고 가치 있는 행위이며, 그 과정에서 문서를 위조한다든가 사기를 친다든가 하는 범죄 행위를 아무런 거리낌도 없이 저지른다. 심지어 살인까지도 할 수 있다. 실제로 기우는 살인을 결심하고 이 결심을 실행하려고 나서기까지 한다. 비록 실패하고 오히려 머리가 깨져서 죽을 위기를 맞지만….

기우는 뇌 수술을 받는다. 그리고 한동안 의식불명 상태로 있다가 깨어난다. 이런 기우 앞에 형사들이 찾아오고, 기우는 미란다 원칙을 고지하는 형사를 바라보면서 히죽거리며 웃는다. 또 납골당에 가서도 그렇게 웃는다. 유골로 변해버린 예쁜 기정의 사진을 바라보면서도 히죽거린다. 기우는 확실히 정상적인 정신 상태가 아니다. 나중에 아버지에게 돈을 벌어서 일단 '그 집'부터 사겠다는 내용으로 편지를 쓸 때도 그렇다. 현실적이고 상식적인 조건 및 상황을 초월하는 기우의 이런 욕망은 기우가 이미 정상적인 인간 상태에서 벗어나서 인간성 상실의 상징적인 존재인 좀비가 되어버렸음을 말해주는 단서다.

자, 그럼 여기에서 안데르센이 상상했던 착한 요정이 기우 앞에 나타나서 이렇게 말한다고 상상해보자.

"어떤 인생을 살아갈지 네 마음대로 선택하려무나. 살면서 네가 이루고 싶은 게 있으면 그것도 얘기하렴. 인생의 모든 단계에서 네가 원하는 대로 살 수 있게, 내가 옆에서 널 지켜주고 안내할 테니까."

좀비가 되어버린 기우가 바라는 인생은 어떤 것일까? 좀비 상태에서 자기가 바라던 것을 얻는다고 해서 기우는 과연 행복할 수 있을까?

…그래도 일단, 그의 앞날에 행운이 함께하길 빌자.

* * *

어느 시점에서 안데르센이 한국의 어떤 청년과 마주보고 있다. 장소는 카페다. 혹은 청년상담소의 상담실일 수도 있다.

두 사람이 대화를 나누고 있다. 하지만 그것은 안데르센의 생각일 뿐이고, 청년은 안데르센이 쓸데없는 말로 자기를 자꾸만 괴롭힌다고 생각한다. 그렇지만 사실 두 사람도 모르는 진실이 있다. 그것은 두 사람이 진지하게, 매우 진지하게 싸우고 있다는 사실이다.

- 내가 태어났을 때 나의 부모님은 나를 위해 신생아 침대를 만들어주셨어. 그때 우리 부모님은 비싼 목재를 구할 수 없어서 어떤 귀족의 시체를 담았던 관짝을 구해다가 아기 침대로 만들었는데, 이런 사실에 대해서 부모님은 마음의 불편함을 조금도 느끼지 않으셨어. 가난이 안겨주는 그 정도의 굴욕은 일상이었거든. 내가 그런 환경에서 성장했으니, 나 역시도 얼마나 힘들었겠어?

"아, 그래….."

- 나도 열 살, 열한 살 때 직물 공장에 취직해서 일을 해야 했어.

"아, 그랬구나."

- 거기서 성추행도 당했어, 다 그렇게 살았어!

"그래서?"

- 다 그래, 아프니까 청춘이야.

"요즘은 알바니까 청춘이라고 해."

- 장난치지 마, 나 지금 진지해.

"어쩌라고? 나도 진지해."

- 다 지나가는 한때의 일이야, 지나고 나서 돌아보면 고통도 아름다울 거야.

"지나고 나서 언제? 언제까지 아파야 하는데? 끝이 보이지 않는 터널에 갇혀 있는데, 언제까지?"

- 시간이 지나면 알 거야. 나중에 백조가 된 네 모습을 상상해 봐.

"내가 백조가 된다고? 백조가 될 수 있다고? 그걸 말이라고 해?"

- 희망을 가져.

"희망은 절망에 가려 보이지도 않는데?"

- 보이즈 비 엠비셔스! 내일을 꿈꿔!

"꿈을 꾸고 싶은데 꿈을 꿀 수가 없어."

- 우는 거야? 울지 마.

"제발 좀 살려줘!"

- 울지 말라니까?

"내가 지금 우는 걸로 보여?"

- 징징 짜는 소리 하지 마, 이건 위로가 아니야, 경고야.

"그렇게 모르겠어? 난 지금 화가 나 있어. 폭발할 거 같아."

- 세상을 긍정적으로 봐.

"죽어버리고 싶다고! 나를 포함해서 모두 다!"

- 눈이 비뚤어졌잖아. 그럼 안 돼.

"세상이 공정하지 않은데, 어떻게 비뚤어지지 않은 눈으로 세상을 볼 수 있어?"

- 다 그런 거야. 우리 때도 그랬어. 모두 가난했고….

"그딴 얘기 제발 그만해. 당신네가 가난했다고 해서 왜 우리가 가난해야 해?"

- 너무 약해, 정신적으로. 넌 백조가 될 수 있어, 그렇게 믿어!

"이건 내 잘못이 아니야."

- 남의 탓은 하지 마.

"미안하다는 말을 듣고 싶어."

- 왜?

"날 이렇게 만들었잖아."

- 그런 말이 왜 필요한데?

"위로받고 싶어, 진심으로."

- 강해져야 해, 그래야 살아남아. 백조가 된 네 모습을 상상해 봐.

"강해지라고? 내가 제일 싫어하는 말이 그 말인 줄 아직도 모르겠어?"

- 미안.

"격려해줘."

- 눈높이를 낮춰, 달라질 거야.

"낮췄어 이미, 많이."

- 그럼 됐어, 그렇게 하고 일을 해.

"일자리가 없다니까."

- 찾아보면 있을 거야, 얼마든지.

"없어."

- 내 말을 안 믿는구나.

"그걸 이제 알았어? 안 믿어. 진작부터 안 믿었어."

- 믿어야 해, 내 눈을 바라봐!

그러자 청년은 더는 대꾸를 하지 않았다. 대신, 옆에 놓인 노트북으로 안데르센의 머리를 내리쳤다. 한 번, 두 번, 마지막 세 번째는 세로로 세워서 가장 세게…. 안데르센은 죽었다. 그 뒤에 청년은 어떻게 됐을까?

…누군들 이야기가 이렇게 끝나길 바라겠는가, 가학 행위 구경을 취미로 즐기는 사이코패스가 아닌 한에는.

그리고 청년과 안데르센에 대해서 한 가지 사실을 덧붙이자면….

안데르센은 청년이 노트북을 세로로 들고 자기 머리를 내리치기 직전에 즉 죽기 직전에 깨달았다, 그 청년이 인생을 갈아넣고 노력해서 자기처럼 오리에서 백조가 된다고 하더라도 사회는 여전히 닫힌 구조일 수밖에 없다는 사실을, 청년에게 닫힌 구조의 그 헛된 신기루를 좇으라고 강요한 자기가 잘못 생각했다는 사실을…. 그래서 안데르센은 자기를 죽인 청년이 원망스럽긴 했지만 충분히 이해할 수 있었다. 그런 다음에 마지막 숨을 거두었다. 그래도 얼마나 다행인가.

5.

지금의 한국 청년 세대가 운이 없긴 하다. 급속한 산업화와 근대화를 거치는 변혁의 시기이던 1955~1963년에 태어난 그 막강한 (혹은 지독한!) 베이비부머 세대의 자식 세대로 그들로부터 양보를 받아내야 하는 위치이기 때문에 그렇다.

베이비부머 세대는 과거 그 어떤 세대보다 높은 수준의 교육을 받은 덕분에 아는 것이 많아 어떤 문제에서든 악머구리처럼 시끄럽게 떠들어대고, 군사독재와 권위주의 통치와 민주화 운동을 두루 거치고 목격하는 과정에서 폭넓은 경험을 한 덕분에 내면이 차돌멩이처럼 단단해 과거 그 어떤 세대보다 자기주장이 강하다.

또 전통적인 가치관 속에서 성장했기에 근면 성실과 헌신을 중시하며 ("안 되면 되게 하라!") 공동체를 소중하게 여기고 (그래서 때로는 전체주의적인 특성을 보이기도 한다.) 또 아래 세대에게 자기를 존중하라고 요구하는 위계적 사고방식을 가지고 있기까지 하다. 요컨대 우리 사회에서 한편으로는 부러움의 대상이 되면서도 다른 한편으로는 '꼰대'라는 멸칭으로 불리는 극복의 대상이기도 하다.

또 있다. 이들은 다른 어떤 세대보다 소득과 재산이 많아서 구매력이 강하고, 따라서 우리 사회에서 내는 목소리도 그만큼 크다. 게다가 이들은 수적으로도 다른 세대들을 압도할 정도로 많아서 1인 1표 제도의 민주주의 아래에서는 가장 유리하다. 적어도 세대별 대결이 펼쳐질 때는 그렇다. (그런데 베이비부머를 이렇게 설명하고 보니, 나폴레옹의 등장과 퇴장, 증기 기차와 증기선의 출현, 산업의 급속한 발전, 그리고 민족국가가 성립하면서 인근 국가들 사이에서 일어나는 전쟁 그리고 시민혁명 등으로 삶의 방식이 송두리째 흔들리던 19세기에 가난한 시골 소년으로 출발해서 유럽 각국의 왕과 친교를 나눌 정도로 가까운 친구가 될 만큼 성공했던 안데르센의 프로필과 베이비부머의 프로필이 확실히 닮은 것 같긴 하다.)

청년 세대는 바로 이 베이비부머 세대의 온갖 잔소리와 닦달하는 소리를 듣고 성장했으며 또 그 과정에서 가스라이팅을 당해왔다. 그렇지만 이제 청년 세대는 이 막강한 집단인 베이비부머 세대와 경쟁해서 그들로부터 양보를 받아내야 한다.

…그런데 어떻게?

어떻게 양보를 받아낼 수 있을까?

분노와 절망과 자포자기 과정을 무한 반복하는 청년이 이 악순환에서 벗어나서 당당하게 사회의 주역이 되려면 어떻게 해야 할까? 어떻게 하면 청년이 희망을 가질 수 있을까? 세상에 실망하고 배신당해서 외롭게 죽음을 준비하러 강남의 고층빌딩 옥상으로 올라가는 청년들 그리고 세상에 분노해서 사람들을 닥치는 대로 죽여버리겠다고 살인 예고를 하는 미성년자들, 어떻게 하면 이들이 그 죽음의 블랙홀에서 발길을 돌려서 가족과 친구와 동료가 있는 따뜻한 세상을 찾고 그 안에서 공감과 연민을 느낄 수 있을까? 그래서 어떻게 하면 그들이 우리 사회의 건강한 엔진이 되어서 대한민국을 행복한 공동체로 만들 수 있을까?

…그 방법이 분명히 있을 것이다.

코끼리를 길들이는 방법

코끼리가 아직 어릴 때 말뚝에 밧줄을 연결해서 발을 묶어두기만 하면 된다. 아기 코끼리는 말뚝을 뽑아서 자기가 가고 싶은 곳으로 가려 하지만 말뚝과 줄이 너무 강해서 도저히 그렇게 하지 못한다. 몇 번 시도해서 모두 실패하면 이 코끼리는 말뚝은 절대로 뽑히지 않는다고 학습한다.

그런데 이 학습 내용이 코끼리를 평생 지배한다. 그래서 이 코끼리가 성체로 성장했을 때도 똑같은 말뚝과 줄로 묶어두면 코끼리는 절대로 달아날 생각을 하지 못한다. 성체 코끼리는 마음만 먹으면 말뚝쯤은 얼마든지 뽑아버릴 수 있지만, 그 말뚝은 절대로 뽑히지 않는다는 믿음 때문에 말뚝을 뽑을 시도조차 하지 않는다. 코끼리를 부리는 인간의 관점에서 보자면 코끼리는 패배주의에 푹 찌들어서 순하게 잘 길들어졌다.

우리 청년들도 이런 코끼리와 마찬가지로 우리 사회의 온갖 부조리에서 이득을 보는 집단이 만들어놓은 갖가지 장치를 통해서 패배주의에 길들어지고 있다. 행복은 기어코 성적순으로 결정되고 만다는 믿음, 이웃과 사회에 관심을 가질 시간을 아껴서 이런저런 스펙을 쌓지 않으면 결국 패배자가 되고 만다는 믿음, 인정머리 없는 신자유주의의 철학과 무기로 철저하게 무장해야만 냉혹한 승부의 세상에서 살아남을 수 있다는 믿음, 명품을 가지지 않으면 왕따를 당한다는 믿음, 그리고 이런 믿음들이 진짜임을 보여주는 온갖 사례 등이 그런 것들이다.

청년들아, 아들들아, 패배주의를 벗어던져라. 네 발을 밧줄로 묶어 너를 구속하는 말뚝을 뽑아라. 그리고 네가 중심인 세상으로 성큼성큼 들어가라.

누가 짜장면을 먹을지 짬뽕을 먹을지 결정하라고 할 때, 둘 다 싫으면서 둘 가운데 덜 싫은 것을 억지로 고르려고 고민하지 마라. 그럴 때면 쫄면을 먹겠다고 해라. 혹은 돈가스를 먹겠다고 해라. 그대들을 옭아매는 질문틀을 깨고, 그대들이 원하는 질문틀을 상대방에게 들이밀어라. 그대들이 이길 수 없다고 판명난 게임을 두 번, 세 번 시도할 필요가 없다. 잃어버린 열쇠를 찾으려면 열쇠가 놓여 있을 깜깜한 '그곳'으로 용감하게 들어가야지, 열쇠가 있지도 않은 가로등 아래에서 아무리 고함을 지르고 욕을 하고 울어봐야 아무 소용이 없다.

청년들아, 아들들아, 그대들이 이길 게임을 제안해라. 그대들이 이길 게임의 룰을 제시해라. 패러다임을 바꿔라. 패배주의의 말뚝을 뽑아버리고, 거부할 수 없는 제안을 세상에 던져라. 그리고 기성세대를 적으로 돌리지 마라. 기성세대는 적이 아니라 연대의 대상이다. 그대들의 목표는 청년이 지배하는 세상을 만드는 것이 아니라, 자본의 이익이 아닌 사람들 사이의 인정을 더 소중하게 여기는 세상을 만드는 것이다. 그러니 기성세대 가운데 그 일에 함께할 사람들에게 연대의 손을 내밀어라. 그대들만의 게임으로, 그대들만의 게임의 룰로.

영화 「기생충」에서 20대 중반이던 기우가 20대 후반 혹은 30대 초반 나이에 시민운동가나 정치인이 되어서 핸드마이크를 들고 사람들 앞에서 연설하는 모습을 보고 싶다. 예전에는 좀비처럼 맹목적인 분노와 증오에 휩싸여서 뚜렷한 목표의식도 없이 그저 개인적이고 단편적인 이익만을 좇았지만, 이제는 어떻게 하면 청년들이 희망을 가지는 세상을 만들 수 있을지 알겠다고 말하는 기우의 모습을 상상한다. 선별적 복지가 아닌 보편적 복지를 주장하며 자본의 이익보다 사람의 인정을 우선하는 행복한 공동체, 오리는 오리끼리 백조는 백조끼리 집단별·계층별로 닫혀 있는 사회가 아닌 서로를 포용하는 열린 사회를 건설하겠는 청년들을 상상한다. 그 청년들의 단단한 목소리를 듣고 싶고 그 청년들의 싱긋 웃는 미소를 보고 싶다. 그들에게 말해주고 싶다. 너의 잘못이 아니라고, 너는 꽤 잘해 왔다고….

높고 높은 담벼락 너를 주눅 들게 하고
미끄러운 바닥길 너를 걷지 못하게 하고
전선 위에 매달린 전등 위로
하늘은 더욱더 좁아 보이고
잠시 눈을 감아보면 한 번쯤은 내일은
어떤 모습일지 떠오를 수도 있는데
보이지 않아 어디도, 좁은 계단을 올라 보면
잿빛 하늘에 깔린 낮은 구름
숨을 쉬어보고 또 미치도록 뛰어보고 소릴 질러 본다면
너는 나를 위해 울어 줄까, 너는 나를 위해 말해 줄까
너의 잘못이 아니라고
너는 나를 위해 웃어 줄까, 너는 나를 위해 위로해 줄까
너는 꽤 잘해 왔다고(*노래 「숨」의 가사 전문)

6.

물고기 이야기 하나…

어떤 개천이 있고, 이 개천에서 늙은 물고기 한 마리와 어린 물고기 두 마리가 만나는 이야기다. 이 이야기는 두 가지 버전이 있는데, 하나는 늙은 물고기 시점이고 다른 하나는 어린 물고기 시점이다.

늙은 물고기 시점 버전

늙은 물고기 한 마리가 개천을 따라서 상류로 올라간다. 자기가 태어난 곳을 향해서 천천히 올라가는 중이다. 거기에서 누구를 만나기로 약속한 것도 아니고 특별한 볼일이 있는 것도 아니다. 그냥 거기에는 어쩐지 마지막에 꼭 가봐야 할 것 같아서 갈 뿐이다. 그러니 가다가 말아도 그만이다. 급할 것도 없다. 그는 세상을 살 만큼 살았다. 충분히 많이 살았다. 그래서 그런지 이제는 세상살이가 시들하다. 예전에는 신기한 것도 많았고 재밌는 것도 많았지만 지금은 그런 게 없다.

그런데 물고기 두 마리가 상류에서 하류로 내려온다. 딱 봐도 어린 티가 난다. 가슴지느러미를 촐싹거리며 자기들끼리 장난치는 모양이나 아무 수초에나 대중없이 입을 갖다대고 뻐끔거리는 모양이나 건방지게 꼬리지느러미를 획획 돌려대는 모양이 그렇다. 그걸 보니 늙은 물고기는 어릴 적 생각이 난다. 자기도 그랬으니까… 왠지 모르지만 가슴이 아련해지고 반갑다. 그래서 그 둘에게 말을 건다.

"이봐 젊은이들, 위쪽에는 물이 좀 어때?"

그러자 어린 물고기들이 대답한다.

"아, 예, 그렇죠 뭐."

"예, 맞아요."

"어떻게?"

"그냥 그렇다고요."

여전히 건성이다. 늙은 물고기는 대화를 더 나누고 싶지만, 어린 물고기들이 자기에게 관심을 보이지도 않고, 게다가 마땅한 화젯거리가 없다. 무슨 말을 해야 할지도 모르겠다. 더 붙잡고 있을 핑곗거리도 없다. 그래서 어린 물고기들을 놔주기로 한다.

"그럼, 잘들 가게."

"예."

그렇게 어린 물고기들은 바쁘게 스쳐지나가고, 늙은 물고기는 혼잣말을 하며 혀를 찬다.

"요즘 젊은 것들은… 쯧쯧쯧! 저래서는 무슨 일인들 제대로 하겠어?"

그리고는 가던 길을 계속 간다.

어린 물고기 시점 버전

어린 물고기 두 마리가 개천을 따라서 하류로 내려간다. 내려갈수록 개천은 수심이 깊어지고 폭도 넓어진다. 이 개천이 얼마나 깊어지고 얼마나 넓어질지 끝까지 가보면 알 수 있을까? 끝까지 내려가면 또 어떤 수초들이 있을까? 그것들은 어떤 맛이고 어떤 촉감일까? 이런 기대를 하면서 부지런히 하류로 내려간다. 모든 게 다 신기하다. 보고 싶은 것도 많고 하고 싶은 것도 많다.

그런데 하류에서 상류로 올라오는 물고기가 보인다. 멀리 있을 때는 알아보지 못했지만, 가까이서 보니까 늙은 물고기다. 비늘이 군데군데 떨어져서 맨살이 드러났고 지느러미들도 여기저기 찢어져 있다. 피부의 살에는 기생충도 몇 마리 박혀 있다. 어린 물고기들은 늙은 물고기를 대하기가 왠지 부담스럽다. 그래서 못 본 척 하고 그냥 지나가기로 자기들끼리 눈짓으로 주고받는다. 그런데 늙은 물고기가 둘 앞으로 가로막으며 말한다.

"이봐 젊은이들, 위쪽에는 물이 좀 어때?"

늙은 물고기의 태도가 아무리 봐도 대답을 듣지 않으면 보내주지 않을 것 같아서 어린 물고기들이 대답한다.

"아, 예, 그렇죠 뭐."

"예, 맞아요."

그런데 그렇게 심드렁하게 대답했으면 알아서 비켜주고 갈 길 가면 될 텐데, 늙은 물고기는 눈치가 없었다. 그래서 갈 길이 멀고 마음이 바쁜 어린 물고기들을 계속 붙잡고 서서 재차 묻는다.

"어떻게?"

"그냥 그렇다고요."

어린 물고기들은 그렇게 퉁명스럽게 대답한 다음에 꼬리지느러미를 홱 틀어서 늙은 물고기 옆으로 돌아 하류로 헤엄쳐간다.

그리고 늙은 물고기가 자기들 말을 들을 수 없을 만큼 멀어졌을 때, 어린 물고기 한 마리가 다른 물고기에게 묻는다.

"그런데 '물'이 뭐야?"

"나도 그게 궁금했어. '물'이 뭐지?"

…당신은 이 두 가지 버전 가운데 어느 쪽이 마음에 드는가?

혹은, 어느 쪽에 공감하는가?

또 혹은, 이 이야기를 고치고 싶다면 어떻게 고치고 싶은가?

사랑과 가스라이팅 사이의
어딘가에 서 있는 그대를 위하여

1.

기어코 그래야만 할 그날이 언젠가는 나에게도 닥칠 줄은 진작부터 알고 있었다. 그리고 마침내 그날이 왔다. 앞으로도 계속 담배를 피우다가는 경제적으로나 신체적으로 상당히 불편하고 성가실 게 분명한 변화가 내 몸에서 일어날 게 거의 확실하다는 증거가 나타난 것이다. 아내는 그럴 줄 알았다는 눈으로 나를 흘겼고, 의사는 담배를 끊으라고 했다.

또래 친구들도 사정은 다들 비슷하다. 모여서 술을 마시면 이차와 삼차를 외쳐대며 혈연, 지연, 학연보다 더 소중한 인연이 흡연이라고 속삭이고, 또 누가 보더라도 지나쳐 보이는 과도한 취미 활동에 온몸을 던지면서 "인생이 별거냐? 신나게 살다가 죽으면 죽는 거지."라며 흰소리하던 친구들이 어느 틈엔가 슬금슬금 꼬리를 내리고 온순해져서, 술자리에서는 술잔을 만지작거리기만 하고 또 담배를 끊었다고 풀죽은 목소리로 말한다. 그러고는 다들 예전에는 거들떠보지도 않던 별의별 운동에 열심이다. 그렇게 나도 담배를 끊었다.

담배를 끊으니 세상이 달라졌다. 내가 알던 세상이 한순간에 낯선 세상으로 바뀌었다. 밥을 먹은 뒤에 담배를 피울 일이 없으니, 밥을 먹는 행위에 대해서 내가 가지고 있던 의미가 뭉텅 사라져 버렸다. 동네를 산책하다가 개천을 가로지르는 다리 옆으로 난 샛길을 따라 조금 걸어가면 개천이 곡류해서 흐르는 전경이 한눈에 들어오는 명당이 있어서 거기에서 담배를 피우곤 했는데, 거기에서 담배를 피울 일이 없으니 산책의 의미도 뭉텅 사라져 버렸다. 좋은 장소를 가든 좋은 사람을 만나든 혹은 낯선 장소를 가든 낯선 사람을 만나든 간에, 그 방문과 만남을 혼자서 되새기는 과정을 담배를 피우면서 했는데 이제는 담배를 피우지 않으니까 그런 방문이나 만남이 나에게 의미가 없어져 버렸다. 껌을 씹거나 과자를 먹으면서 그렇게 하면 되지 않느냐고? 안 된다, 여태 40여 년 동안 그렇게 하지 않았으니까!

"그래서?"

아내가 걱정스러운 눈으로 묻는다.

"내가 하는 모든 행위…. 사는 게 의미가 없어진 것 같아."

이런 나의 심정을 아내가 공감해주면 좋겠다.

"그러니까…. 인생의 의미를 느끼지 못하겠다고?"

"어."

아내는 내 얼굴을 한참 쳐다보더니, 이윽고 입을 열었다.

"그건 당신이 중독자라서 그런 거야. 거창하게 말하지 마, 그냥 금단 현상이야"

"그게 아니라, 인생의 의미가….”

"그럼 내 인생에는 무슨 의미가 있겠니?”

"당신 인생?”

"그래 내 인생!”

아내는 투병 중이다.

"한 대 처맞을래?”

할 말이 없다. 맞다, 금단 현상이다!

확실히 중독의 힘은 강하다. 내 인생의 의미, 밥을 먹고 산책하는 것의 의미까지도 송두리째 바꿔버리거나 지워버릴 수도 있으니까 말이다.

2.

오스트리아의 10대 소녀 나타샤도 그렇게 중독되어 있었다. 그 아이는 가스라이팅에 중독되어 있었다. (*이하에서 이어지는 나타샤의 이야기는 다음 책을 토대로 했다. 앨런 홀 외,『나타샤 스토리』, 황소자리.)

1998년 3월 2일 아침, 오스트리아의 수도 빈. 학교에 가던 열 살 소녀 나타샤 캄푸시가 연기처럼 사라져버렸다. 이 사건으로 오스트리아가 발칵 뒤집어졌다. 빈뿐만 아니라 오스트리아 전역의 경찰이 동원되었다. 그러나 소녀의 흔적은 그 어디에서도 찾을 수 없었다. 인터폴을 통해서 헝가리를 비롯한 인근 국가까지 이 실종 소녀를 찾느라 법석을 떨었지만 소녀의 소식은 오리무중이었다. 어린 소녀를 노리는 변태성욕자가 소녀를 쾌락의 도구로 삼았다는 주장도 있었고, 연쇄살인범에게 희생되었을 것이라는 주장도 있었다.

그리고 8년 반이 지났다.

2006년 8월의 어느 날 오후, 오스트리아의 작은 도시 슈트라스호프의 한 마을. 나타샤는 진공청소기로 BMW 850i의 바닥을 청소하고 있었고, 남자는 휴대폰 벨이 울리자 휴대폰을 받으려고 잠시 등을 보이며 돌아섰다. 남자의 방심하는 그 짧은 순간을 놓친다면, 길고 긴 감금과 억압의 사슬을 끊을 기회는 영원히 오지 않을 것 같았다. 그런 생각이 드는 순간 나타샤는 진공청소기를 차에 살그머니 내려놓고 돌아서서 달리기 시작했다.

"너무도 긴 시간이었습니다. 실제로는 10분이나 12분 정도밖에 되지 않았지만 영원히 이어지는 시간처럼 길었습니다. 그냥 달렸습니다. 담장을 여러 개 뛰어넘었습니다. 아무 생각이 없었습니다. 미친 듯이 달리고 또 달렸습니다."

열여덟 살 소녀 나타샤의 얼굴은 창백했다. 몇 년 동안 햇볕을 거의 받아본 적이 없었던 터라 피부는 유령처럼 희었다.

그렇게 나타샤는 열 살 때 유괴된 뒤로 8년 반 동안, 범인(유괴 당시 서른다섯 살) 볼프강 프리클로필이 자기 집 지하실에 은밀하게 만들어둔 감옥, 밖에서만 열 수 있게 장치된, 가로 3.5미터, 세로 1.8미터, 높이 1.5미터밖에 되지 않는 작은 방에 갇혀 살다가 탈출한 것이다. 나타샤가 탈출하자 범인은 기차에 몸을 던져서 자살했다.

그런데 이상한 일이 일어났다. 범인이 자살했다는 소식을 들은 나타샤는, 경찰이 범인의 죽음을 방조했다면서 경찰을 격렬하게 비난했다. 그리고 비통한 마음으로 통곡했다. 뿐만 아니라 시체 안치소까지 직접 찾아가, 그의 관 앞에 서서 촛불을 켜두고 십 분 동안이나 애도했다.

그런데 이상한 점은 이뿐만이 아니었다. 탈출을 감행하기 전에도 그녀는 여러 차례 범인과 함께 쇼핑을 하거나 집 바깥으로 산책을 하기도 했다는 것이 드러났다. 심지어 함께 스키 여행을 가기도 했었다.

나타샤는 범인과 함께 집에서 150킬로미터나 떨어진 오스트리아 최고의 스키 리조트인 호호카르 스키장에 갔었다. 2006년 2월이었고, 나타샤가 처음 집 바깥으로 나갈 수 있는 허락을 받은 직후였다. 이 스키장에서 나타샤는 자기 주변 30센티미터 안에서 수많은 사람이 웃고 농담을 하는 가운데 스키를 타고 또 걸어다녔다. 게다가 그날에는 승용차로 이동하던 도중에 경찰관으로부터 검문까지 받았다. 일상적이고 어쩌면 형식적일 수도 있는 검문이었지만, 그래도 검문은 검문이었다. 나타샤가 도움을 청하려면 얼마든지 그렇게 할 수 있었다. 그런데도 나타샤는 아무런 행동도 하지 않았다. 심지어 경찰관에게 미소를 지어 보이기까지 했다. 왜 나타샤는 인질로 계속 남아 있고자 했을까? 나타샤가 납치범과 함께 있었던 것은 자발적인 선택이 아니었을까?

이런 일은 먼 나라가 아니라 우리 주변에서도 흔히 일어난다.

경기도에서 어떤 무속인 부부가 2004년부터 무려 20년 가까운 세월 동안이나 피해자 여성과 이 여성의 세 남매를 가스라이팅을 통해서 심리적·육체적으로 지배하며 특수상해교사, 공갈, 감금, 성폭력 등의 범죄를 저지르며 수억 원의 돈을 갈취했다. 피해자는 남편과 사별한 뒤로 이 무속인 부부에게 의지하기 시작했는데, 이 부부는 자기들이 신성한 힘을 가지고 있다면서 피해자와 세 남매에게 걸린 저주를 풀려면 자기 지시를 들어야 한다는 말로 속였는데 그것이 바로 가스라이팅의 시작이었다. 무속인 부부는 피해자 집에 CCTV 10여 대를 설치해 가족들을 감시하면서 자기 말을 듣지 않을 때는 가족 간 성폭행까지 하게 했다.

그런데 겉으로만 보면 멀쩡하기만 한 피해자와 세 자녀는 어떻게 그 긴 세월 동안 그렇게나 가만히 당하고 있었을까? 이 피해자 가족에게도 나타샤에게 했던 것과 똑같은 질문을 할 수 있다.

"당신들은 가스라이팅을 당한 게 아니라, 자발적으로 그 부부에게 의지하고 또 선의로 그 부부에게 돈을 준 것이 아닌가?"

이 질문에 그 피해자들은 뭐라고 대답할까?

스톡홀름증후군과 가스라이팅의 차이

스톡홀름증후군은 피해자가 자발적으로 가해자에게 동화되는 것이고, 가스라이팅은 가해자가 피해자의 심리를 의도적으로 조작해서 지배하는 것이다.

1973년 스웨덴 스톡홀름에서 은행 강도들이 은행 직원 네 명을 인질로 잡고 경찰과 대치하는 사건이 일어났다. 그런데 인질들은 처음에는 범인을 적대시했으나, 시간이 흐르면서 차츰 그들에게 동화되어 자신들을 구출하려는 경찰들을 적대시했다. 이들은 경찰의 구조 작전에 저항하기까지 했다. 또 사건이 끝난 뒤에는 강도들에게 불리한 증언을 하지 않았다. 심지어 한 여자 인질은 강도들 중 한 명에게 애정을 느껴 약혼자와 파혼까지 했다. 사람은 자신이 인질이 되는 극한 상황에 놓일 때 일반적으로 강한 스트레스와 두려움으로 인질범이 자신을 해치지 않는 것을 오히려 고맙게 여기며, 나아가 차츰 온정을 느끼게 된다고 심리학자들은 설명한다.

가스라이팅은 상대방의 심리나 주변 상황을 교묘하게 조작해서 피해자가 피해자 자신을 스스로 의심하게 함으로써 피해자에 대한 지배력을 강화하는 행위다. 예를 들어, 상대방이 자기의 기억이나 판단을 의심하게 하

거나 상대방에게 거짓 정보나 증거를 제시하거나 상대방의 감정이나 반응을 비난하거나 조롱하거나 하는 방식으로 상대방을 자기의 꼭두각시로 만드는 행위다. 가스라이팅에는 가해자와 피해자 사이의 감정적인 교류가 전제된다. 그리고 이 교류가 가해자의 의도에 따라서 왜곡되면서 가스라이팅이 시작된다.

사람과 사람 사이에서 발동되는 감정적인 교류, 특히 '사랑 대 구속' 혹은 '사랑, 그 무지막지한 불랙홀'이라는 부를 수 있는 감정을 둘러싼 미묘한 심리는 예로부터 예술에서 중요한 소재로 사용되었다. 시나 소설에서 그렇고 노래나 연극에서도 그렇다.

"날카로운 첫 키스의 추억은 / 나의 운명의 지침을 돌 놓고 뒷걸음쳐서 사라졌습니다 / 나는 향기로운 님의 말소리에 귀먹고 / 꽃다운 님의 얼굴에 눈멀었습니다"(*한용운의 「님의 침묵」중에서)

이 시에서도 화자는 '님'과의 정서적인 교류로 눈과 귀가 멀어버린 상황을 말하면서 '님'을 향한 자기의 사랑이 얼마나 깊은지 호소한다.

"그대 가슴에 얼굴을 묻고 오늘은 울고 싶어라 / 세월의 강 너머 우리 사랑은 눈물 속에 흔들리는데 / 얼만큼 나 더 살아야 그대를 잊을 수 있나 / 한마디 말이 모자라서 다가설 수 없는 사람아 / 그대 앞에만 서면 나는 왜 작아지는가 / 그대 등 뒤에 서면 내 눈을 젖어드는가 / 사랑 때문에 침묵해야 할 나는 당신의 여자 / 그리고 추억이 있는 한 나는 당신의 여자"(*대중가요 「애모」의 가사)

이 노래에서 화자는 이유도 모른 채 상대방에게 잘못했다고 느끼지만, 자기가 무엇을 잘못했는지 모른다. 하지만 어쨌거나 자기가 상대방에게 무언가 중대하게 잘못했다고 생각하고, 그래서 상대방 앞에 서기만 하면 주눅이 들어서 아무 생각도 들지 않고 아무 말도 하지 못한다. 그저 눈물만 흘리며 상대방의 처분을 기다린다. 이것은 어쩌면 이것이 가스라이팅의 결과일지도 모른다.

가스라이팅은 상대방의 심리나 주변 상황을 교묘하게 조작해서 피해자가 피해자 자신을 스스로 의심하게 함으로써 피해자에 대한 지배력을 강화하는 행위다. 예를 들어, 가스라이터가 상대방이 자기 기억이나 판단을 의심하게 하거나 상대방에게 거짓 정보나 증거를 제시하거나 상대방의 감정이나 반응을 비난하거나 조롱하거나 하는 방식으로 상대방을 자기의 꼭두각시로 만드는 행위다.

가스라이팅에는 가해자와 피해자 사이의 감정적인 교류가 전제된다. 그리고 이 교류가 가해자의 의도에 따라서 왜곡되면서 가스라이팅이 시작된다. 가스라이팅을 당하면 의도적으로 왜곡된 감정이 진정한 사랑이나 진정한 충성심으로 여겨진다.

* * *

1910년에 프랑스 작가인 가스통 르루가 발표한 소설 『오페라의 유령』은, 19세기 프랑스의 파리 오페라하우스에서 흉측한 얼굴을 마스크로 가린 채 지하에 숨어 살며 유령으로 통하는 천재 음악가 에릭과 그가 사랑하는 크리스틴 그리고 크리스틴을 사랑하는 귀족 청년 라울 사이에서 벌어지는 이야기를 다루는데, 줄거리는 이렇다.

신인 오페라 가수인 크리스틴 다에는 대역으로 무대에 선 뒤에 극찬을 받으며 프리마돈나로 등극한다. 그러나 그녀가 이렇게 노래를 잘 부르게 된 것은 신비한 존재인 '음악의 천사'에게 비대면 비밀 수업을 받았기 때문이다. 크리스틴은 그 사람을 죽은 아버지가 보내준 천사라고 믿고 모든 것을 맡기고 따르는데, 사실 이 천사의 정체는 극장의 지하 공간에 숨어 살던 '오페라의 유령' 에릭이었다. 그는 천부적인 음악적 재능을 가졌으나 흉측한 얼굴 때문에 극장에 숨어 살면서 극장에서 일어나는 모든 일을 조종한다.

에릭은 사랑을 갈구하며 크리스틴 앞에 모습을 드러내지만, 크리스틴은 우물쭈물하면서 뒷걸음질을 친다. 이미 라울 자작을 사랑하기 때문이다. 에릭은 자기의 사랑이 받아들여지지 않자 집착과 광기에 휩싸여 크리스틴을 납치한다. 라울은 실종된 크리스틴을 찾기 위해 오페라 극장의 지하 공간을 뒤지다가 에릭이 설치한 함정에 빠져 잡히고 만다. 그러나 에릭은 진정으로 자신을 동정하고 라울을 위해 희생하려는 크리스틴을 보고는 결국 두 사람을 떠나보낸다. 얼마 뒤 신문에 '에릭 사망'이라는 짧은 부고가 실린다.

이 소설은 영화, 연극, 무용, 뮤지컬 등으로 각색되어 전 세계 사람들의 사랑을 받고 있다. 화려하고 웅장한 오페라 극장의 비밀 장소라는 공간적인 매력뿐만 아니라 거기에서 일어나는 기묘한 사건들 그리고 목숨을 건 불꽃 같은 사랑과 숭고한 희생 등의 소재와 주제 덕분에 100년이 넘는 지금까지도 전 세계 사람들에게 사랑을 받고 있다.

그런데 오페라의 유령은 자기를 천사라고 믿는 크리스틴을 상대로 가스라이팅을 한다. 유령은 크리스틴에게 라울과 결혼하지 말라고 하며, 만약 결혼하면 다시는 자기의 음성을 듣지 못할 것이라고 협박한다. 라울이 극장의 출연자 대기실 문 앞에서 엿듣는 크리스틴과 유령의 대화를 추리면 이렇다.

유령: 크리스틴, 너는 날 사랑해야만 해.

크리스틴: 어떻게 그런 말을 할 수 있어요? 전 오직 당신만을 위해 노래를 불렀는데!

유령: 오늘은 몹시 피곤하겠군!

크리스틴: 오늘 밤 당신에게 영혼을 모두 바쳤으니 전 지금 죽은 목숨이나 다름없어요.

유령: 고마워. 세상의 어떤 제왕도 이런 선물은 받아보진 못했을 거야! 오늘 밤엔 천사들도 감동의 눈물을 흘렸겠지.(*가스통 르루, 『오페라의 유령』, 구름서재, pp. 44~45.)

로이드 웹의 뮤지컬 버전에서는 이 장면에서 유령이 거울 뒤에서 음성으로 등장해서 크리스틴을 상대로 가스라이팅을 한다.

유령: 거만한 아이야! 이 정열의 노예여, 네 영광을 느끼거라!

크리스틴: 천사님! 들려요! 말씀하세요, 듣고 있어요! 제 곁에서 지도해 주세요! 천사님, 결국은 오셨군요, 나의 주인(Master)이시여!

유령: 빛나는 아이야, 넌 나를 알아야 한다, 내가 왜 그림자 속에 숨어 있는지를! 거울 속 네 얼굴을 보아라, 거기에 내가 있다.

크리스틴: 음악의 천사! 지도자이자 보호자! 당신의 영광을 주세요! 음악의 천사! 더는 숨지 말아요! 비밀스럽고 이상한 천사여.

유령: 나는 너의 천사… 내게 오너라, 음악의 천사에게로.

크리스틴이 유령을 '주인'이라고 부르는 것을 보면, 크리스틴은 이미 유령에게 가스라이팅되어 있음을 알 수 있다. 유령은 이런 크리스틴을 자기만의 은밀한 공간인 지하 공간으로 데리고 간 다음에, 다른 누구도 아니고 오로지 자기만을 위해서 노래를 해달라고 한다.

유령: 너만이 내 노래에 날개를 달아줄 수 있다, 내가 밤의 음악을 만들 수 있도록, 네가 나를 도와다오.

대부분의 가스라이팅에서는 피해자가 스스로 그 상황에서 벗어나기 어렵다. 객관적인 시각으로 현실을 바라보기 어렵기 때문에 제3자의 도움이 반드시 필요하다. (*신고은, 『이토록 치밀하고 친밀한 적에 대해서』, 샘터, p. 86.) 다행히 크리스틴에게는 그녀를 사랑하는 라울이 있었고, 라울이 목숨을 걸고 크리스틴에게 진실을 일깨운다. 그 덕분에 크리스틴은 무사히 유령의 손아귀에서 벗어난다. 『오페라의 유령』은 이 과정을, 유령이 크리스틴이 진심으로 자기를 동정하고 또 크리스틴과 라울의 진정한 사랑에 감동했기에 자발적으로 크리스틴을 포기하는 것으로 설명한다. 그러나 현실에서는 이런 일이 일어나지 않는다, 가스라이터에게 가스라이팅 행위는 선택이 아니라 존재의 본질이기 때문이다.

3.

　가스라이터는 세 개의 얼굴을 가지고 있다. 난폭한 얼굴과 선량한 얼굴과 매력적인 얼굴이다. 난폭한 얼굴은 사이코패스를 연상시키고 매력적인 얼굴은 소시오패스를 연상시킨다. 사이코패스와 소시오패스는 둘 다 반사회적 성격장애로 분류되지만, 사이코패스가 선천적으로 공감 능력이 부족한 사람이라면 소시오패스는 학대나 방임과 같은 결핍된 환경에서 성장하면서 점차 그렇게 변한 사람이다. 가스라이터를 이렇게 세 가지 유형으로 분류하지만, 가스라이터가 어느 특정 유형에 고정되는 것은 아니다. 시시때때로 얼굴을 바꿀 수 있다. (*『이토록 치밀하고…』, pp. 102~117.)

사이코패스의 특징

1. 팀 작업을 잘 하지 못한다.
2. 자기가 가진 자원을 남과 공유하지 않는다.
3. 사람을 차별한다.
4. 동정이나 자비를 베풀지 않는다.
5. 진실을 말할 줄 모른다.
6. 겸손할 줄 모른다.
7. 책임을 회피한다.
8. 예상할 수 있는 행동을 하지 못한다.
9. 평정심을 유지할 줄 모른다.
10. 모든 행동을 공격적으로밖에 할 줄 모른다.
--- 『직장으로 간 사이코패스』(폴 바비악 · 로버트 D. 헤어)에서

사이코패스라고 해서 모두 범죄자가 되는 것은 아니지만, 가스라이터 중에는 사이코패스 성향을 가진 사람이 많다. 이 가스라이터는 지금 이 순간에도 카리스마가 넘치는 리더십과 자기 확신을 연상시키는 매력적인 품행과 당당한 말투로 가스라이티를 속이고 착취하고 비틀고 있다. 가스라이터는 누가 설득한다고 해서 마음을 고쳐먹는 인간 유형이 아니다. 『오페라의 유령』에 등장하는 에릭처럼, 자기가 사랑하는 여인 크리스틴 다에를 그녀가 사랑하는 남자에게 무사히 돌려보내는 착한 인물이 애초부터 아니라는 말이다. 그러니 무조건 도망쳐야 한다. 오스트리아의 10대 소녀 나타샤가 8년 만에 그랬듯이 최대한 용기를 내어서, 기회를 봐서, 얼른, 도망쳐야 한다. 가스라이팅을 연구하는 사람은 모두 한목소리로 말한다, 당장의 결단이 두렵다고 고통을 참으며 살아갈 게 아니라 그 잘못된 관계의 고통을 당장 끝내야 한다고.

가스라이팅 전문가는 가스라이팅을 당하며 힘들어하는 사람들에게 다음과 같이 말한다.

미쳐버릴 것만 같은 고통스러운 시간을 지나고 있음을 잘 압니다. (…) 지금 당장은 인간 심리의 복잡성과 같은 어려운 이야기를 하고 싶지는 않습니다. 이런 얘기는 어디까지나 가스라이팅을 벗어난 이후에나 할 얘기입니다. (…) 당장은 묻지도 따지지도 말고 도망부터 쳐야 합니다. 그 원인이 무엇이건 누가 먼저 잘못을 했건 지금 현재 당장 나의 삶을 심각하게 좀먹고 있다면 과감히 잘라내고 후일을 도모해야 합니다.(*『야 너두 당할 수 있어 가스라이팅』, pp. 192~193.)

개인적인 영역에서든 공적인 영역에서든 간에 가스라이팅의 중독에서 탈출하자. 탈출 과정에서 느끼는 불안함과 불편함과 힘듦은 중독의 금단 현상일 뿐이다. 이런 것들은 현실의 실체가 아니라 허상일 뿐이다. 그러니 전문가가 하는 다음 말에 귀를 기울이고 행동에 나서라.

"땅에 발을 단단히 디디고 서보세요. 그렇게 디디고 있다는 걸 느끼면서 '지금 여기'로 돌아오는 거예요. 한번 해보세요. 자, 발바닥을 바닥에 붙이고, 발이 땅에 닿아 있는 느낌에 집중하세요. 그리고 이제… 발뒤꿈치를 들었다가 쿵 내려놓으세요. 그다음에는 발뒤꿈치에 지긋이 힘을 주면서 단단한 바닥을 느껴보세요. '지금 여기'가 느껴지나요? 그게 현실입니다. '지금 여기', 이걸 느끼시면 됩니다. 느껴보세요."

'반공'과 '신자유주의'라는 낡은 깃발로 가스라이팅을 하는 정치 집단의 손아귀에서 벗어나라.

4.

지구가 만들어진 뒤로 맨 처음 생긴 길은 물길이리라. 그리고 식물에 이어서 짐승이 나타났을 테고, 이 짐승들은 생명을 유지하기 위해서 물이 있는 곳으로 드나들었을 것이다. 그렇게 동물의 길이 나타났고, 사람이 동물을 사냥하기 위해서 그 길을 추적하면서 사람의 길이 만들어졌다. 그렇게 길을 중심으로 해서 개인은 집단이 되고 사회를 구성했으며, 이 과정에서 길은 규칙이 되고 규범이 되고 문명이 되었다. 아무것도 없던 상태에서 인간이 맨 처음 개인과 집단의 생명을 위해서 길을 만들어 나갔던 과정은 그 자체로 새로운 문명의 건설 과정이었다. (*이상은 『바다의 편지』에 수록

된 최인훈의 산문 '길에 관한 명상'을 대략적으로 요약한 것이다.)

지금 대한민국에는 새로운 길이 필요하다.

우리나라는 조선이라는 봉건 왕조 사회가 일본 제국주의라는 외부의 힘에 무너지면서 식민지 피지배를 경험했으며, 일제에서 해방된 뒤에는 21세기 들어선 지금까지 전 세계에서 유일하게 냉전의 유산을 안고 있다. 이런 가운데에서도 문화적으로나 경제적으로나 선진국으로 불릴 만큼 성장했다. 그것도 눈부시게 빠른 속도로.

그러나 이 과정에서 원치 않던 부작용도 나타났다. 양극화, 출산율 저하 및 인구의 고령화, 기술 발달과 동반해서 새로운 가치관으로 무장한 새로운 세대의 등장 및 거기에 따른 세대 간의 가치관 갈등, 환경 파괴, 팬데믹이 가져다준 생활방식의 변화 등이 그렇다. 이런 사회경제적 모순들이 복잡하게 얽혀 있는 양상 또한 지정학적인 특수성 때문에 특히나 더 특이하다. 그렇기에 우리가 기댈 모범적인 전례는 안타깝지만 전 세계 어디에도 없다. 이런 문제들에 관한 한 우리가 맨 앞에 서 있기 때문이다.

말하자면, 우리 앞에는 아직 그 누구, 그 어떤 사회의 발길이 닿은 적이 없는 지평선이 아스라하게 펼쳐져 있다. 그곳을 우리는 오로지 우리의 힘으로 길을 내며 나아가야 한다. 우크라이나에서 또 팔레스타인에서 또 어딘가에서는 지금도 전쟁의 포성이 그치지 않고, 인종과 종교와 자본을 놓고 벌어지는 갈등의 약한 고리에는 우리나라도 포함되지만, 우리의 문제를 해결하는 길은 죽이 되든 밥이 되든 우리가 스스로 찾아 나서야 한다. 사실 지금까지 그래왔다. 비록 상처나 고통이 없진 않았지만, 썩 잘 해왔다. 누군가 그랬다, 미래를 예측하는 가장 좋은 방법은 스스로 미래를 만드는 것이라고. 우리는 우리가 원하는 미래를 만들기 위해서, 생명의 물이 흐르는 곳으로 나아가는 길을 우리가 스스로 만들어야 한다.

　그런데 지금 대한민국은 뒷걸음질을 치고 있다. 신자유주의가 내거는 편협한 실용주의 깃발 아래에서 낡아빠진 반공주의를 내세운 이념 전쟁으로 퇴보하며, 자율과 자치가 아닌 강압과 독재로 뒷걸음질을 친다. 인류의 보편적인 발전 방향을 거스르고 있다.

　하지만 우리 역사에서 뒷걸음질이 어디 한두 번이었던가? 그때마다 우리 사회에 내재된 공동체의 힘은 끊임없이 새로운 길을 냈고, 그 덕분에 우리는 여기까지 왔다. 그러니 앞으로도 잘될 것이라고 믿자. 장기적으로는 구름 위의 반짝반짝 빛나는 밝은 풍경을 생각하면서도 단기적으로는 우리 두 발이 놓여 있는 진창의 문제에 집중하자. 그렇게 늙은 물고기 젊은 물고기 다 함께, 여의천의 청둥오리 가족들도 다 함께, 영화 「기생충」의 기택 씨와 「서울역」의 좀비들도 다 함께, 사랑과 가스라이팅 사이에 있는 그 많은 나타샤와 미운 오리 새끼도 다 함께, 애덤 스미스에서 윤석열까지 모두를 다 걸고서, 우리를 탐욕과 공포에 사로잡혀서 떨게 만드는 가스라이팅에서 벗어나서, 대한민국의 길 대한민국의 문명을 열어나가자.

책을 마치며

변변찮은 원고를 소중하게 여기고 선뜻 출판 기회를 마련해준 일송북 출판사의 천봉재 사장이 고맙다. 원고를 쓰는 과정에서도 많은 사람의 도움을 받았다. 우선, 이런저런 일로 정신이 사납고 바쁜 가운데서도 귀중한 시간을 내서 초고를 살펴봐준 김정환 형과 이기원 형에게 고마운 마음을 전한다. 그리고 원고의 방향을 놓고 의견을 내준 후배들인 이현관, 윤선애, 류형수에게도 고마운 마음을 전한다. 이 세 명의 도움이 없었다면 이 책의 중요한 기둥 하나는 세우지도 못했을 것이다. 아울러 초고를 읽고 날카로운 지적과 도움말을 아끼지 않은 친구들인 이재익, 석태문, 김동혁도 고맙다. 또 아파트 커뮤니티 활동을 통해서 알게 된 동네 친구인 박윤영도 초고를 읽고 격려해주었다. 그 밖에도 여러 친구가 의견과 격려를 아낌없이 나누어주었다. 제1번 독자인 아내의 격려와 도움은 더 말할 것도 없다. 여의천의 그 모든 청둥오리 그리고 가난하고 우정 없는 이 세상의 그 모든 좀비까지 모두 고맙다.

…바라건대, 내가 쓴 글들이 모두 내가 머릿속에서 의도하고 계획한 대로 온전하게 표현되었으면 좋겠다. 그리고 이 책에 담긴 내용이 모두 맞는 말이고 또 옳은 말이면 좋겠다. 또 이 내용이 독자에게 조리 있게 전달되면 좋겠다. 더 나아가 이 말들이 우리 사회의 복잡한 문제들을 해결하는 데 조금이라도 도움이 되면 좋겠다.

한국 인물 500인 선정위원회가 추천한 신간도서

고대 배달 민족의 얼인 고대 동아시아 지배자

나는 **치우천황**이다

대동 세상을 열려는
너희 본디 마음이 나 치우다

"나는 천산산맥 넘어 해 뜨는 밝은 곳을 향해 내려와
신시 배달국을 열었다. 너도 하느님 나도 하느님, 너도 왕이고
나도 왕이니 서로서로 섬기는 대동 세상 터를 닦고 넓혀왔다.
하여 뭇 생명이 즐겁고 이롭게 어우러지는 세상을 열려는
너희 본디 마음이 곧 나일지니."
- 치우천황이 독자에게 -

이경철 지음 l 값 14,800원

근세 현모양처의 대명사인 한 여성의 삶과 꿈

나는 **사임당**이다

많이 알려졌어도 실제
내 삶을 아는 사람은 드물구나

"나만큼 많이 알려진 인물도 없다. 그러나 나만큼 제대로
알려지지 않은 인물도 없다. 율곡의 어머니, 겨레의 어머니,
현모양처의 모범으로 교육의 어머니로 많이 알려졌어도
실제 내 삶이 어떠했는지 아는 사람은 거의 없다.
나는 내 삶을 바르게 살고 싶었을 뿐이다."
- 사임당이 독자에게 -

이순원 지음 l 값 14,800원

근대 지킬 것은 굳게 지킨 성인군자 보수의 표상

나는 **퇴계**다

'완전한 인간'을 위한
자기 단련의 길이 나 퇴계다

"나는 책이 닳도록 수백 번을 읽었다. 그랬더니 글이
차츰 눈에 뜨였다. 주자도 반복해서 독서하라고
이르지 않았던가? 다른 사람이 한 번 읽어서 알면,
나는 열 번을 읽는다. 다른 사람이 열 번 읽어서
알게 된다면, 나는 천 번을 읽었다."
- 퇴계가 독자에게 -

박상하 지음 l 값 14,800원

근대 보수의 대지 위에 뿌린 올곧은 진보의 씨앗

나는 **율곡**이다

바꾸자는 개혁의 길
너의 생각이 나 율곡이다

"나라는 겨우 보존되고 있었으나, 슬픈 가난으로
시달리는 백성들은 온통 병이 깊어 숨이 넘어갈
지경이었다. 백척간두에 선 채 바람에
이리저리 위태롭게 흔들리고 있었다.
내가 개혁을 외치고 나선 이유다."
- 율곡이 독자에게 -

박상하 지음 l 값 14,800원

현대 모국어로 민족혼과 향토를 지켜낸 민족시인

나는 백석 이다

깊은 슬픔을 사랑하라

분단의 태풍 속에서 나는 망각의 시인이었다.
하지만 한국의 독자들은 다시 내 시에 영혼의 불을 지폈다.
나는 언제나 외롭고 높고 쓸쓸한 시인이다.
- 백석이 독자에게 -

이동순 지음 | 값 14,800원

현대 남북한과 동서양의 화합을 위해 헌신한 삶과 음악

나는 윤이상 이다

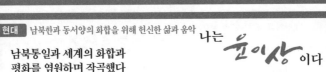

남북통일과 세계의 화합과 평화를 염원하며 작곡했다

"나는 남한과 북한, 동양과 서양, 고전과 현대의 경계에 서서
화합을 모색해 왔다. 우리 민족혼을 바탕으로 민주화와
통일을 갈망했고 세계가 전쟁과 핵 공포에서 벗어나
평등과 평등의 세상으로 나가기를 바랐다.
내 음악은 이 모든 염원의 표상이다"
- 윤이상이 독자에게 -

박선욱 지음 | 값 14,800원

근대 삼한갑족 노블레스 오블리주의 대명사

나는 이회영 이다

동서고금을 통해 해방운동이나 혁명운동은 자유와 평등을 추구하는 운동이었다.

"한 민족의 독립운동은 그 민족의 해방과 자유의 탈환을 뜻한
이런 독립운동은 운동 자체가 해방과 자유를 의미한다.
태고로부터 연면히 내려온 인간성의
본능은 선한 것이다."
- 이회영이 독자에게 -

이덕일 지음 | 값 14,800원

근대 육성으로 직접 들려주는 독립군의 장군 일대기

나는 홍범도 다

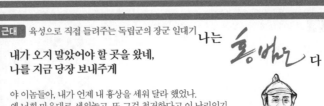

내가 오지 말았어야 할 곳을 왔네, 나를 지금 당장 보내주게

야 이놈들아, 내가 언제 내 흉상을 세워 달라 했었나.
왜 너희 마음대로 세워놓고, 또 그걸 철거한다고 이 난리인가
내가 오지 말았어야 할 곳을 왔네. 나를 지금 당장 보내주게.
원래 묻혔던 곳으로 돌려보내주게.
나는 어서 되돌아가고 싶네.
- 홍범도가 독자에게 -

이동순 지음 | 값 14,800원

고대 신화가 아니라 실재했던 한겨레의 국조

서로 잘 어우러져 하나가 되는
홍익인간 공공사회를 일구었노라

나는 **단군왕검** 이다

"나는 임금이 되어 우리 겨레를 홍익인간의 삶으로 이끌려 애썼다.
그러면서도 자연의 원리에서 떠나지 않으려 했다.
융통성을 바탕으로, 공동체를 사안에 따라 매우
유연하고도 능란하게 운영하려고 했다. 반란과 대홍수를
이겨내고 모두 하나가 되는 공공사회를 일구었노라."
- 단군왕검이 독자에게 -

박선식 지음 | 값 14,800원

근세 여성 최초 상인 재벌과 재산의 사회 환원

가난을 돌이킬 수 없는
수치로 여겨라

나는 **김만덕** 이다

어진 사람이 나랏일에 간여하다가도 절개를 위해 죽는 것이나,
선비가 바위 동굴에 은거하면서도 세상에 이름을
떨치게 되는 건, 결국 자기완성이 아니겠느냐.
여성의 몸으로 내가 상인으로 나선 이유도
이와 다르지 않다."
- 김만덕이 독자에게 -

박상하 지음 | 값 14,800원

고대 민족의 고대사를 개창한 건국 여제

나는 **소서노** 다

내가 바로 고구려, 백제를 건국한 왕이다

"나는 졸본부여의 왕재로 태어나, 추모와 함께 고구려를
건국하였으며 다시 두 아들과 함께 남하하여 백제를 건국하였다.
역사서에 나를 일컬어 왕이라 하지 않았으나,
엄연히 나라를 개창하여 백성들을 위한 정치를 펼쳤으니
더 이상 나의 존재를 부정할 수 없으리라."
- 소서노가 독자에게 -

윤선미 지음 | 값 14,800원

고대 신라의 중흥을 이룬 대장군

나는 **이사부** 다

위대한 장수는 싸우지 않고 이기는 전투를 한다

전장에서 적을 베는 것보다 싸우지 않고 이기는 장수가
지혜로운 장수다. 적국의 백성도 나라를 달리하면
모두 제 나라의 백성이다. 권력을 탐하는 자는
신의를 저버리나 백성은 그저 순리에 따를 뿐이니,
현명한 장수는 백성을 살리는 전투를 한다.
- 이사부가 독자에게 -

김문주 지음 | 값 14,800원

근대　식민지시대 대중문화운동의 진정한 선구자

나는 **왕평**이다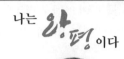

너희가 '황성옛터'를 아느냐

나라 잃은 시대, 나는 민족 저항의 노래인 '황성옛터'
한 곡으로 겨레의 영혼에 불을 지폈다.
그 불이 꺼지지 않고 오늘에 이르렀다.
지금 그 불꽃은 꺼졌는가?
여전히 활활 타고 있는가?
- 왕평이 독자에게 -

이동순 지음 | 값 14,800원

근대　꺾이지 않는 마음으로 행동했던 시인

나는 **이육사**다

인간다운 삶을 위한 해방,
완전한 독립을 위하여!

"나는 꺾이지 않는 마음이다. 의열단 군관학교 출신의 독립운동
비밀요원으로, 감옥에서 죽어가는 순간에도 시를 썼던 시인으로,
내가 꿈꾸었던 것은 자유롭고 평화로운 세상이었다.
인간다운 삶을 위한 해방, 완전한 독립을
완성하는 것은 이제 그대들의 몫이다."
- 이육사가 독자에게 -

고은주 지음 | 값 14,800원

중세　귀주대첩으로 고려를 구한 구국의 영웅

나는 **강감찬**이다

11세기 동북아의 국제질서를 뒤흔들어놓은 귀주대첩

"거란의 2차 침입 때 대신들이 항복을 말했지만
나는 항복은 안 된다고 외쳐 위기를 넘겼다. 동북면병마사,
서경유수로 재직하면서 거란의 재침에 철저히 대비한
나는 거란의 3차 침입 때 귀주 벌판에서 적을 전멸시켰다.
고려는 막강한 저력을 바탕으로 거란, 송나라와
대등한 외교를 펼치며 평화를 누렸다."
- 강감찬이 독자에게 -

박선욱 지음 | 값 14,800원

고대　신화적인 삶을 산 한민족사의 큰 어른

나는 **해모수**다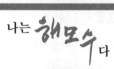

나는 조선인이고, 부여인이며,
고구려인이다

여러분의 말 속, 정신 속에는 나의 삶이 조금씩 배어 있다.
조상이 무엇인가? 역사의 거름이 되는 게 아닌가?
어려운 시기가 오고 있네만 나를 거름으로 삼아
후손들을 위해 맑고 기름진 거름이 되게나.
- 해모수가 독자에게 -

윤명철 지음 | 값 14,800원

현대 타는 목마름으로 연 민주화와 흰 그늘의 길

더 나은 세상을 위해 진흙창 속에 핀 연꽃, 십자가가 되려 했다

"나는 개벽을 향한, 부활을 향한 민중의 고통에 찬 전진 속에서, 내게 주어진 진흙창 삶 속에 피우는 연꽃이 되려 꿈꿨다. 내게 주어진 십자가를 지고 민중들과 함께 있기를 소망했다. 민중의 한 사람인 내가 꿈꾼 이런 소망이 어느 시대, 어느 세상에서든 좀 더 나은 세계로 건너가는 징검다리 돌 하나 됐으면 좋겠다."
- 김지하가 독자에게 -

이경철 지음 | 값 14,800원

한민족의 정체성을 만든 인물들을 통해, 삶의 지혜와 미래의 길을 연다.